Gestão Estratégica de Pessoas com "Scorecard"

Gestão Estratégica de Pessoas com "Scorecard"

Interligando pessoas, estratégia e performance

The HR Scorecard

Brian E. Becker
Mark A. Huselid
Dave Ulrich

Tradução
Afonso Celso da Cunha Serra

ALTA BOOKS
EDITORA
Rio de Janeiro, 2018

Gestão Estratégica de Pessoas com "Scorecard" — Interligando Pessoas, Estratégia e Performance
 ISBN: 978-85-508-0118-6

Impresso no Brasil.

Obra disponível para venda corporativa e/ou personalizada. Para mais informações, fale com projetos@altabooks.com.br

---

Copidesque
Joselita Vieira Wasniewski

Editoração Eletrônica
DTPhoenix Editorial

Revisão Gráfica
Mariflor Brenlla Rial Rocha | Edna Rocha

Produção Editorial
Elsevier Editora - CNPJ: 42.546.531./0001-24

Erratas e arquivos de apoio: No site da editora relatamos, com a devida correção, qualquer erro encontrado em nossos livros, bem como disponibilizamos arquivos de apoio se aplicáveis à obra em questão.

Acesse o site www.altabooks.com.br e procure pelo título do livro desejado para ter acesso às erratas, aos arquivos de apoio e/ou a outros conteúdos aplicáveis à obra.

Suporte Técnico: A obra é comercializada na forma em que está, sem direito a suporte técnico ou orientação pessoal/exclusiva ao leitor.

A editora não se responsabiliza pela manutenção, atualização e idioma dos sites referidos pelos autores nesta obra.

CIP-Brasil. Catalogação-na-fonte.
Sindicato Nacional dos Editores de Livros, RJ

B122g Becker, Brian E.
Gestão estratégica de pessoas com "scorecard": interligando pessoas, estratégia e performance / Brian E. Becker, Mark A. Heselid, Dave Ulrich; tradução de Afonso Celso da Cunha Serra. — Rio de Janeiro: Alta Books, 2018.

Tradução de: The HR scorecard
ISBN: 978-85-508-0118-6

1. Eficiência organizacional — Avaliação. 2. Capital humano. 3. Planejamento estratégico. I. Huselid, Mark A., 1961- . II. Ulrich, Dave, 1953- . III. Título.

CDD – 658.3
06-1190. CDU – 658.3

ALTA BOOKS
EDITORA

Rua Viúva Cláudio, 291 — Bairro Industrial do Jacaré
CEP: 20970-031 — Rio de Janeiro - RJ
Tels.: (21) 3278-8069 / 3278-8419
www.altabooks.com.br — altabooks@altabooks.com.br
www.facebook.com/altabooks

Para Mary, Emily e Ethan
Para Rebecca, Rachel e Robert
Para Wendy, Carrie, Monika e Michael

Apresentação

Bob Kaplan e eu lançamos pela primeira vez o conceito do Balanced Scorecard em um artigo de 1992, na *Harvard Business Review*.[1] Desde então, nós e nossa consultoria tivemos oportunidade de projetar Balanced Scorecards em mais de 200 empresas. Esses projetos sempre começam com a mesma pergunta simples: qual sua estratégia? Essa experiência nos proporcionou ideias de longo alcance sobre a maneira como as equipes executivas raciocinam sobre a estratégia e suas respectivas organizações. A equipe executiva típica é dotada de alto grau de percepção e consenso quanto à estratégia financeira, assim como em relação às prioridades para a melhoria dos processos operacionais. Já seu consenso sobre as estratégias referentes aos clientes (ou seja, quais são os segmentos almejados e qual a proposição de valor) é, em geral, mais limitado, embora a situação tenha melhorado nos últimos anos. Mas as piores notas devem ser atribuídas à compreensão das estratégias a respeito do desenvolvimento do capital humano. O conceito sobre o assunto apresenta baixo consenso e pouca criatividade e não conta com nenhum referencial analítico. Pior ainda, ao longo dos últimos oito anos, raras foram as melhorias significativas na área.

Sob esse aspecto, a grande preocupação é que, na Nova Economia, o capital humano assuma importância primordial como fundamento da criação de valor. (Vários estudos demonstram que até 85% do valor das organizações baseia-se em ativos intangíveis.) Daí decorre um enigma interessante: o recurso mais importante é o menos compreendido, o menos sujeito a mensurações, e o menos suscetível de ser gerenciado. Sem dúvida, vivemos um momento crucial. À medida que um novo modelo econômico se difunde por toda a economia, necessita-se também de uma nova ciência da administração. Numa economia onde a criação de valor é dominada pelo capital humano e por outros ativos intangíveis, não há melhor ponto de partida para o desenvolvimento dessa nova ciência do que a mensuração das estratégias de recursos humanos. A *Gestão Estratégica de Pessoas com Scorecard* desempenha exatamente esse papel e representa importante avanço em nossa capacidade de gerenciar a estratégia.

Várias facetas do livro oferecerão contribuições duradouras. Primeiro, o desenvolvimento de *modelos causais*, que mostram a relação dos vetores de valor de RH com os resultados dos negócios, traz o Balanced Scorecard para um nível de sofisticação mais elevado. Segundo, a pesquisa sobre os vetores das organizações de recursos humanos de alto desempenho proporciona aos executivos um referencial para a construção de estratégias de desenvolvimento do capital humano. E, finalmente, seus insights sobre as competências necessárias aos profissionais de RH preparam o terreno para uma organização capaz de cumprir as metas de seus sistemas de mensuração.

É impossível gerenciar algo que não se pode descrever. A mensuração é a linguagem com a qual se descrevem as organizações e estratégias. Por meio das estruturas, das pesquisas e dos casos relatados deste livro, os autores nos fornecem uma nova geração de ferramentas para medir e gerenciar a criação de capital humano. *Gestão Estratégica de Pessoas com Scorecard* é leitura essencial para os gerentes da Nova Economia.

DAVID NORTON
Boston, Massachusetts

Prefácio

Os profissionais de recursos humanos são cada vez mais desafiados a adotar uma perspectiva mais estratégica quanto a seu papel na organização. Entendemos que, à medida que os profissionais de RH reagem a esse desafio, a mensuração do desempenho de RH e de suas contribuições para o desempenho da empresa emerge como tema crucial. Isso não deve ser surpresa. Os últimos dez anos se destacaram pelo reconhecimento crescente do valor dos ativos intangíveis e pela tendência daí decorrente no sentido da criação de sistemas estratégicos de mensuração do desempenho, como o Balanced Scorecard de Robert Kaplan e David Norton. Novas oportunidades para os profissionais de RH, novas demandas quanto às atribuições de RH, e novas perspectivas quanto à mensuração do desempenho organizacional são realidades convergentes. Este livro pretende orientar os gerentes de RH em meio aos desafios dessas tendências correlatas. Ele se baseia em mais de uma década de pesquisas acadêmicas sobre as relações entre desempenho de RH e desempenho da organização e se fundamenta em nosso trabalho de consultoria em ampla gama de empresas. O resultado é uma nova abordagem para a gestão da "arquitetura de RH" (soma da função de RH, de sistemas mais amplos de RH e do resultante comportamento dos empregados) como recurso estratégico, além da mensuração de suas contribuições para o desempenho da empresa.

Nosso trabalho (alguns o chamariam de obsessão) na área de mensuração de RH começou com nosso esforço para entender se essa arquitetura mais ampla de RH contribui para o sucesso da empresa e, em caso positivo, com que intensidade. Ao longo da última década, coligimos dados sobre a qualidade da gestão de RH em mais de 3 mil empresas e confrontamos esses dados com fatores como rotatividade do pessoal, produtividade, mercado de ações, e indicadores de desempenho contábeis. Visitamos essas empresas, acompanhamos seu desempenho ao longo do tempo, preparamos casos sobre elas, e os submetemos a detalhadas análises estatísticas. Todas essas atividades nos levaram à mesma conclusão ampla: as empresas com sistemas de gestão de RH mais eficazes superam, de maneira consistente, o desempenho de seus pares.

No entanto, em nossas atividades de ensino e consultoria com executivos, sempre nos defrontamos (e fomos afrontados) com o mesmo paradoxo: a evidência de que RH *é capaz de* contribuir para o êxito dos negócios não significa que *esteja de fato* contribuindo com eficácia para o sucesso de determinada empresa. Em geral, os executivos (de RH e de linha) repetidamente nos desafiam com a pergunta: "Com base em suas pesquisas, como posso transformar RH em recurso estratégico de *minha* empresa?"

Chegamos à conclusão de que a capacidade de projetar e implementar um sistema de mensuração de RH — o que designamos neste livro um Scorecard de RH — representa importante alavanca a ser utilizada pelas empresas para elaborar e executar estratégias de RH mais eficazes. Contudo, a implementação de sistemas de mensuração eficazes não é fácil; se assim fosse, os veríamos em muito maior quantidade. Além disso, ser responsabilizado por resultados mediante sistemas de mensuração por vezes parece assustador. Muitos gerentes o evitarão tanto quanto possível. No entanto, com base em nossa experiência, as empresas costumam investir pouco em pessoal — e, igualmente importante, investem da maneira errada. Ademais, muitas empresas parecem não estar conscientes dos resultados de suas decisões de investimento em pessoal. Para nós, a maneira mais eficaz de mudar essa situação é desenvolver sistemas de mensuração destinados a conectar pessoas, estratégias e desempenho. Tal é o intuito deste livro.

Agradecimentos

Este projeto hauriu inspiração e sabedoria do esforço e do apoio de muitas pessoas. Somos especialmente gratos a Garrett Walker, diretor de Planejamento, Mensuração e Análise de RH da GTE (hoje Verizon), e Steve Kirn, vice-presidente de Inovação e Desenvolvimento Organizacional da Sears. Garrett e Steve foram muito generosos em termos de tempo e paciência, fornecendo-nos acesso aos melhores trabalhos atuais sobre sistemas de mensuração de RH. O leitor também perceberá rapidamente nossa dívida intelectual para com Bob Kaplan e Dave Norton. Beneficiamo-nos não só com o trabalho de ambos sobre mensuração "equilibrada" do desempenho estratégico, mas também com a paixão e generosidade com que compartilham suas ideias. Brian Becker e Mark Huselid também gostariam de agradecer a Reed Keller e Bob Lindgren, da PriceWaterhouseCoopers, LLC por sua visão e entusiasmo a respeito da mensuração do impacto de RH sobre o desempenho da empresa. Eles demonstraram confiança nessas ideias, e em nós, numa época em que tais conceitos ainda não eram muito aceitos.

Nosso trabalho também se beneficiou imensamente com a influência de vários colegas. Gostaríamos de agradecer, em especial, a Jane Barnes, Dick Beatty, Wayne Brockbank, Susan Jackson, Steve Kerr, Jeffrey Pfeffer e Randall Schuler, por sua capacidade de estruturar os temas sobre mensuração e pela disposição de discutir essas ideias e compartilhar seus insights. A familiaridade de Carol Tutzauer com o programa Galileo foi uma contribuição decisiva para o Capítulo 6. Wayne Cascio também exerceu importante influência sobre nosso pensamento, sobremodo evidente no Capítulo 4.

Este projeto não teria sido possível sem o apoio financeiro da School of Management and Labor Relations, da Rutgers University, da Human Resource Planning Society e da SHRM Foundation. Além do financiamento de boa parte dessa pesquisa, a Rutgers também ofereceu a Mark um período de licença para a trabalhar neste projeto. Mark também gostaria de agradecer a seus alunos de pós-graduação em Estratégia de RH, Mensuração de RH e Análise Financeira para Gerentes de RH, que constantemente o desafiam e o ajudam a refinar seu raciocínio.

Também temos uma dívida de gratidão especial com os editores da Harvard Business School Press. Os leitores lucrarão com a insistência gentil, mas firme, de Nicola Sabin e Laurie Johnson para que superássemos nossas tendências naturais de escrever como acadêmicos.

Finalmente, somos muito gratos a nossas famílias, cujo amor e apoio são demasiado valiosos para serem medidos.

BRIAN E. BECKER
MARK A. HUSELID
DAVE ULRICH

Sumário

1. RH como Parceiro Estratégico: O Desafio da Mensuração *1*

2. Esclarecendo e Medindo a Influência Estratégica de RH: Introdução a um Processo de Sete Fases *30*

3. Criando o Scorecard de RH *58*

4. Análise de Custos e Benefícios das Intervenções de RH *86*

5. Os Princípios da Boa Mensuração *116*

6. Medindo o Alinhamento de RH *142*

7. Competências dos Profissionais de RH *168*

8. Diretrizes para a Implementação de um Scorecard de RH *198*

Apêndice: Pesquisas e Resultados 223

Notas 232

Os Autores 237

Índice 238

1

RH COMO PARCEIRO ESTRATÉGICO

O Desafio da Mensuração

Como garantir que RH esteja *à* mesa —
e não *sobre* a mesa na forma de uma simples proposta?

Ao começar a ler este livro, reserve alguns momentos para refletir sobre a "arquitetura" dos recursos humanos de sua empresa — o somatório da função de RH, dos sistemas mais amplos de RH, e do resultante comportamento dos empregados. Por que esses três aspectos são importantes? De que maneira a arquitetura de RH contribui para a excelência de sua empresa no mercado?

Se a sua empresa for como a maioria das organizações, você provavelmente terá dificuldade em responder a essas perguntas. Segundo nossa experiência, muitas equipes gerenciais de RH têm uma visão bem desenvolvida do valor estratégico de seu departamento (pelo menos sob a perspectiva de RH), mas o CEO e os gerentes de linha seniores, na melhor das hipóteses, se mostram céticos quanto ao papel de RH para o sucesso da empresa. Pior ainda, em muitas empresas, os executivos querem acreditar que "as pessoas são nosso recurso mais importante", mas simplesmente não conseguem compreender como a função de RH converte essa visão em realidade.

O que explica essa situação? Acreditamos que esses problemas têm a mesma causa básica: é difícil medir a influência de RH sobre o desempenho da empresa. Pense sobre os elementos e os resultados da arquitetura de recursos humanos de sua empresa os quais são monitorados com regularidade. Aí, talvez, se incluam remuneração total, rotatividade de pessoal, custo por contratação, porcentagem dos empregados cujo desempenho foi avaliado nos últimos doze meses e atitudes dos empregados, tal como satisfação no trabalho. Agora, reflita sobre atributos de RH que, na sua opinião, são cruciais para a implementação da estratégia competitiva de sua empresa. Aqui, talvez se mencionem uma força de trabalho capaz e comprometida, desenvolvimento das competências essenciais dos empregados e sistemas de treinamento que ajudem o pessoal a aprender com mais rapidez do que o dos concorrentes.

Até que ponto os atuais indicadores de RH refletem bem os "vetores estratégicos de RH" que você identificou em sua segunda lista? Para a maioria das empresas, a compatibilidade não será muito estreita. Mais importante, mesmo nas empresas onde os profissionais de RH acham que a compatibilidade é estreita, muitas vezes os executivos seniores não concordam que a segunda lista de fato descreva a maneira como RH cria valor. Em ambos os casos, constata-se uma incongruência entre *o que é medido* e *o que é importante*.

Essas questões são fundamentais, pois as realidades da nova economia estão pressionando RH a ampliar seu foco, da sua função administrativa tradicional, para uma função estratégica mais abrangente. À medida que a principal fonte de produção da economia americana migrou do capital físico para o capital intelectual, os gerentes seniores de RH se viram sob intenso fogo cruzado para demonstrar exatamente *como* eles criam valor para suas organizações. Mais importante, o desafio para eles consistia cada vez mais em atuar como parceiros estratégicos na gestão do negócio.

Mas o que significa ser um ativo estratégico? A literatura define o termo como "o conjunto de *recursos* e *capacidades* escassos, apropriáveis, especializados e difíceis de intercambiar e imitar, que conferem vantagem competitiva à empresa".[1] Reflita sobre a diferença entre capacidade de alinhar os esforços de todos os empregados com a visão geral da empresa, de um lado, e alguma política inovadora de RH como avaliações de desempenho de 360 graus. A primeira é um recurso estratégico cujas causas são, em boa parte, invisíveis para os concorrentes; a segunda é uma ferramenta que, embora de início criativa, é visível para os concorrentes e, portanto, rapidamente reproduzível. Em termos simples, os ativos estratégicos mantêm afiado o trunfo competitivo das empresas durante muito tempo — mas, por definição, são de difícil imitação.

Assim, o problema de RH — o fato de seu impacto sobre a estratégia da empresa ser de difícil visualização — é a própria qualidade que também o converte em principal fonte de potencial competitivo *sustentável*. Contudo, para realizar este potencial, os gerentes de recursos humanos devem compreender a estratégia da empresa; ou seja, seus planos para desenvolver e sustentar uma posição vantajosa no mercado. Em seguida, precisam captar as implicações da estratégia em termos de RH. Em síntese, devem evoluir de uma perspectiva "de baixo para cima" (enfatizando a conformidade e as funções de pessoal tradicionais), para uma perspectiva "de cima para baixo" (enfatizando a implementação da estratégia). Finalmente, necessitam de sistemas de avaliação inovadores que lhes permitam demonstrar sua influência sobre os indicadores que de fato importam para os CEOs, principalmente a rentabilidade da empresa e o valor para os acionistas.

A EVOLUÇÃO DA IMAGEM DE RH: DE PROFISSIONAL A PARCEIRO ESTRATÉGICO

As últimas décadas testemunharam mudanças profundas no papel de RH. Tradicionalmente, os gerentes viam a função de recursos humanos como basicamente administrativa e profissional. O pessoal de RH se concentrava no gerenciamento de benefícios e de atividades rotineiras, como folha de pagamento e outras funções operacionais, e não se considerava participante da estratégia geral da empresa.

Os esforços para medir a influência de RH sobre o desempenho da empresa eram produtos dessa mentalidade. Em especial, os teóricos analisavam metodologias e práticas que convergiam para o nível de cada empregado, de cargos específicos e de práticas isoladas (tais como seleção de empregados, pagamento de incentivos e assim por diante). A ideia era que a melhoria do desempenho individual dos empregados se refletiria automaticamente no desempenho da organização.

Embora tais pesquisas tentassem ampliar o alcance da influência de RH, elas pouco contribuíam para o avanço de RH como nova fonte de vantagem competitiva. Ofereciam poucos insights sobre as complexidades de uma arquitetura estratégica de RH. E, em termos simples, não estimulavam os gerentes de RH a pensar de maneira diferente sobre seus papéis.

Na década de 1990, desenvolveu-se nova ênfase sobre estratégia de negócios e sobre a importância dos *sistemas* de RH. Os pesquisadores e profissionais passaram a reconhecer o impacto do alinhamento desses sistemas com o esforço de implementação da estratégia mais ampla da empresa — e da avaliação da qualidade dessa compatibilização. Com efeito, embora muitos modelos de RH estejam em uso hoje, nós os encaramos como representando a seguinte evolução de recursos humanos como um ativo estratégico:

Perspectiva do Pessoal: a empresa contrata e remunera pessoas, mas não se empenha em atrair os melhores ou em desenvolver empregados excepcionais.

Perspectiva da Remuneração: a empresa usa bônus, pagamento de incentivos e diferenças expressivas na remuneração para recompensar os que apresentam alto e baixo desempenho. Trata-se de um primeiro passo no sentido de confiar nas pessoas como fonte de vantagem competitiva, mas ainda não explora integralmente os benefícios de RH como ativo estratégico.

Perspectiva do Alinhamento: os gerentes seniores veem os empregados como ativo estratégico, mas não investem na reformulação geral dos recursos de RH. Portanto, o sistema de RH é incapaz de alavancar a perspectiva da gerência.

Perspectiva do Alto Desempenho: os executivos de RH e outros veem RH como um sistema embutido dentro do sistema mais amplo de implementação da estratégia de negócios. A empresa gerencia e mede as relações entre esses dois sistemas e o desempenho da empresa.

Vivemos numa época em que um novo paradigma econômico — caracterizado pela velocidade, pela inovação, pela curta duração do tempo dos ciclos, pela qualidade e pela satisfação dos clientes — acentua a importância dos ativos intangíveis, tais como identificação da marca, conhecimento, inovação e, sobretudo, capital humano. Esse novo paradigma talvez seja o marco de uma nova era de ouro para RH. Todavia, mesmo quando os profissionais de recursos humanos e os gerentes de linha seniores apreendem este potencial, muitos deles não sabem como dar o primeiro passo para a sua realização.

Na nossa opinião, a iniciativa mais poderosa dos gerentes de RH para garantir sua contribuição estratégica é o desenvolvimento de um sistema de mensuração que demonstre, de maneira convincente, o impacto de RH sobre o desempenho da empresa. Para projetar tal sistema de mensuração, os gerentes de RH devem adotar uma perspectiva radicalmente diferente, que se concentre no modo como a área de recursos humanos pode desempenhar um papel central na *implementação* da estratégia da empresa. Com uma arquitetura estratégica adequada, os gerentes de toda a empresa serão capazes de compreender exatamente *como as pessoas criam valor* e *como medir o processo de criação de valor*.

Aprender a atuar como parceiros estratégicos não é apenas um meio para que os profissionais de RH justifiquem sua existência ou defendam suas funções. Também tem implicações para sua própria sobrevivência e para a sobrevivência da empresa como um todo. Se a função RH for incapaz de demonstrar que agrega valor, ela corre o risco de ser terceirizada. Só por si, isso não é necessariamente ruim; a terceirização de funções ineficientes é capaz de efetivamente melhorar o resultado final da empresa. Contudo, também pode significar o desperdício de potenciais imprescindíveis. Com a preocupação correta e boas ferramentas de mensuração, a arquitetura de RH pode significar a diferença entre uma empresa que apenas acompanha a concorrência e outra que dispara na dianteira.

Uma de nossas experiências recentes ilustra com cores vivas esse princípio. Numa empresa que visitamos, perguntamos ao presidente o que mais o preocupava. Ele logo respondeu que o mercado financeiro avaliava a expectativa de lucros de sua empresa em metade do valor atribuído aos concorrentes. Em termos simples, US$100 de geração de caixa em sua empresa tinham um valor de mercado de US$2 mil, ao passo que os mesmos US$100 de geração de caixa do concorrente tinham um valor de mercado de US$4 mil. Ele receava que, se não fosse capaz de mudar a percepção do mercado quanto ao valor de longo prazo dos lucros de sua empresa, ela continuaria subavaliada e provavelmente se converteria em um alvo de controle. Ele também tinha boa parte de seu patrimônio pessoal na empresa, e preocupava-se com o fato de a avaliação não refletir o potencial da empresa.

Quando lhe perguntamos como ele estava envolvendo seu executivo de RH na busca de soluções para o problema, ele descartou a pergunta, com um aceno de mão, e observou: "Meu chefe de RH é muito talentoso; mas isso é negócio, não RH." Ele reconhecia que o departamento de RH desenvolvera técnicas avançadas de recrutamento, sistemas de pagamento baseados no desempenho e vários canais de comunicação com os empregados. Contudo, não via a relevância dessas funções para o seu problema de mudar a percepção dos investidores quanto ao valor de mercado da empresa.

Seis meses depois de nossa reunião, a empresa foi adquirida por um concorrente.

A triste verdade é que o executivo de RH desta história perdeu uma valiosa oportunidade. Se ele tivesse compreendido e soubesse medir a relação entre os investimentos na arquitetura de RH e o valor, para os acionistas, as coisas talvez tivessem sido diferentes. Munido de conhecimentos sobre o modo como os investidores avaliam os intangíveis, ele talvez tivesse sido capaz de ajudar seu presidente a formular as justificativas econômicas do aumento do valor para os acionistas.

A história da recente transformação da Sears, Roebuck sobressai em forte contraste com esse caso e mostra o que as empresas conseguem realizar quando de *fato* alinham RH à estratégia mais ampla da organização.[2] Depois de debater-se com falta de foco e com prejuízos de bilhões, a Sears, em princípios da década de 1990, reformulou totalmente seu processo de implementação da estratégia. Sob a liderança de Arthur Martinez, uma equipe gerencial sênior incorporou à execução da estratégia toda a gama de vetores de desempenho, desde os indicadores de pessoal até os indicadores financeiros. Depois, articularam uma nova visão inspiradora: para que a Sears seja um lugar cativante para investir, disseram, a empresa primeiro devia transformar-se em um lugar cativante para trabalhar.

Mas a Sears não se limitou a deixar essa visão estratégica na suíte executiva ou a imprimi-la em pequenos cartões para a carteira dos empregados. A empresa realmente *validou* a visão com dados concretos e, então, *concebeu* uma maneira de *gerenciar* a estratégia por meio de um sistema de mensuração que refletia a visão em toda a sua riqueza. Especificamente, a equipe desenvolveu indicadores objetivos para cada uma das três dimensões "cativantes". Por exemplo, "apoio a ideias e inovações" ajudou a promover a Sears como "lugar agradável para trabalhar". Do mesmo modo, ao empenhar-se para ser um "lugar divertido para comprar", a Sears se transformou em "lugar cativante para comprar".[3] A equipe ampliou ainda mais a abordagem, ao desenvolver uma série associada de competências necessárias aos empregados e a identificar objetivos comportamentais para cada um dos "3-Cs" nos vários níveis da organização. Depois, essas competências passaram a ser os alicerces sobre os quais a empresa desenvolveu suas especificações de cargos, critérios de recrutamento e seleção, gerenciamento do desempenho, políticas de remuneração e sistemas de promoção. A Sears até fundou a Universidade Sears, onde ensina os empregados a cultivar as novas competências.

O resultado foi uma expressiva reviravolta financeira que não só deixou clara a influência "estratégica" de RH, como ainda possibilitou sua mensuração direta.

Poucas empresas adotaram métodos tão abrangentes para monitorar a implementação da estratégia, como a Sears. Sem dúvida, os setores de serviços varejistas se caracterizam por uma "linha de visão" clara entre empregados e clientes. Assim, a criação de valor nessas empresas é mais fácil de articular. Mas isso não significa que a proeza não seja possível em outros setores. Os desafios talvez sejam maiores — mas as recompensas também são mais atraentes.

POR QUE RH? POR QUE AGORA?

Reflita sobre o seguinte:

> *Hoje, na maioria dos setores, é possível comprar no mercado internacional máquinas e equipamentos comparáveis aos das principais empresas globais. O acesso a itens de ativo fixo não mais representa o fator diferenciador; atualmente, a distinção resulta da capacidade de usar esses recursos com eficácia. A empresa que perder todos os seus equipamentos, mas preservar as habilidades e conhecimentos da força de trabalho, retornará aos negócios com razoável rapidez. A empresa que perder sua força de trabalho, mas mantiver seus equipamentos, jamais se recuperará.*[4]

Esse trecho mostra a diferença entre capital físico e intelectual — e revela as vantagens exclusivas do último. A experiência da Coca-Cola Company atesta essa realidade. De acordo com o então CFO (principal executivo financeiro) James Chestnut, depois de transferir o grosso de seus ativos tangíveis para seus engarrafadores, o valor de mercado de US$150 bilhões, da Coca-Cola, decorre principalmente da marca e de seus sistemas gerenciais.[5]

As evidências são inquestionáveis. O potencial estratégico emergente, de RH, gira em torno do papel cada vez mais central dos recursos intangíveis e do capital intelectual na economia da atualidade. O desempenho superior duradouro, no mundo dos negócios, exige que a empresa cultive continuamente sua margem competitiva. Tradicionalmente, esse esforço assumia a forma de barreiras à entrada no nível setorial, de proteção de patentes, e de normas governamentais. Mas as mudanças tecnológicas, a rapidez das inovações e a desregulamentação eliminaram boa parte dessas barreiras. Como hoje o desempenho superior duradouro exige flexibilidade, inovação e agilidade do mercado, a vantagem competitiva decorre basicamente dos recursos e das capacidades internas de cada organização — inclusive da aptidão de a empresa desenvolver e reter uma força de trabalho capaz e comprometida. Como principal fator capacitante do capital humano, RH desfruta também de condições privilegiadas para alavancar muitos outros intangíveis, tais como fundo de comércio, pesquisa e desenvolvimento e propaganda.

A Tabela 1.1 examina mais de perto as principais diferenças entre ativos tangíveis e intangíveis. Também sugere que a gestão de RH exige habilidades muito diferentes das necessárias aos gestores de ativos tangíveis. Em especial, os benefícios de RH como ativo nem sempre são visíveis — eles vêm a lume apenas quando o papel de RH alinha-se habilmente a outro ativo intangível: o sistema de implementação da estratégia da organização.

OS ATIVOS INTANGÍVEIS GERAM BENEFÍCIOS TANGÍVEIS

A importância crescente dos recursos organizacionais e dos ativos intangíveis é muito mais do que mera especulação acadêmica. As tendências dos

Tabela 1.1 Ativos tangíveis *versus* intangíveis

Ativos Tangíveis	Ativos Intangíveis
Prontamente visíveis	Invisíveis
Rigorosamente quantificáveis	Difíceis de quantificar
Parte do balanço patrimonial	Não monitorados pela contabilidade
Investimentos produzem retornos conhecidos	Avaliação com base em pressupostos
Facilmente duplicáveis	Não suscetíveis a compra ou imitação
Depreciam-se com o uso	Valoriza-se com o uso inteligente
Aplicações finitas	Têm múltiplas aplicações sem redução de valor
Mais bem gerenciados com a mentalidade da "escassez"	Mais bem gerenciados com a mentalidade da "abundância"
Mais bem alavancados por meio do controle	Mais bem alavancados por meio do alinhamento
Acumuláveis e armazenáveis	Dinâmicos, curta permanência na prateleira quando fora de uso

Fonte: Hubert Saint-Onge, Apresentação na Conference Board, Boston, MA, 17 de outubro de 1996, reproduzido com permissão.

mercados de ações nos Estados Unidos também refletem essa mudança. Especificamente, os preços das ações vêm mostrando aumento constante do índice entre o valor de *mercado* (ou seja, a avaliação do empreendimento pelos acionistas) e o valor *contábil* (ou seja, o investimento inicial dos acionistas) das empresas. Esse índice mais do que dobrou, só nos últimos dez anos (ver Figura 1.1). Embora amplo, o fenômeno é sobretudo notável nas empresas que dependem intensamente de capital intelectual como fonte de vantagem competitiva. Algumas dessas empresas inventaram modelos de negócios inteiramente novos, baseados principalmente em ativos intangíveis. Por exemplo, a Dell e a Amazon.com, que essencialmente lidam com *commodities*, auferiram ganhos extraordinários em valor para os acionistas por meio de seus sistemas gerenciais.

Além disso, muitos analistas financeiros hoje incluem os intangíveis em seus modelos de avaliação. Pesquisa recente entre analistas financeiros e gerentes de carteiras revela que, para a média dos analistas, 35% de suas decisões de investimento são determinadas por informações não financeiras (ver Tabela 1.2).

Esses resultados são impressionantes por várias razões. Primeiro, observe que pelo menos sete desses intangíveis são afetados por sistemas

Figura 1.1 Valor de mercado em relação ao valor contábil do S&P 500

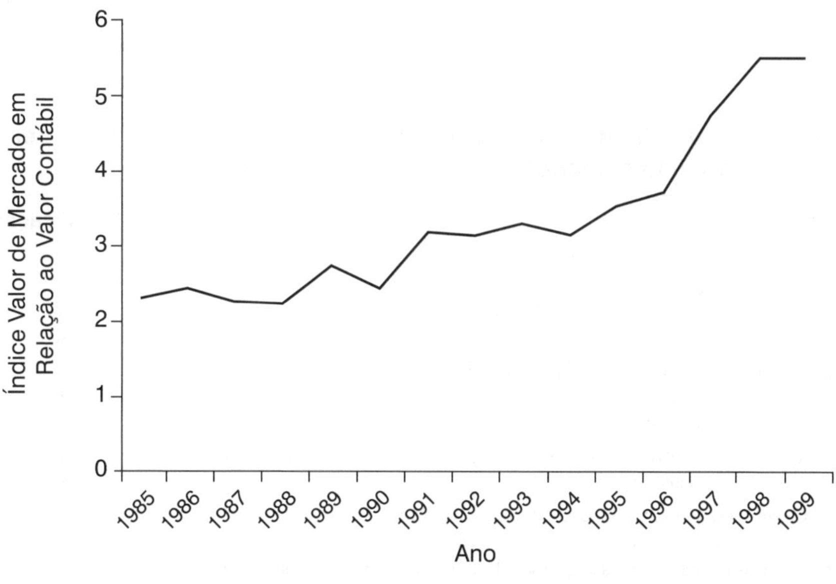

de RH direta ou indiretamente orientados para a estratégia. Segundo, veja que o intangível mais importante citado pelos analistas financeiros é a capacidade de implementar a estratégia. Essa descoberta é compatível com um dos temas básicos de nosso livro, ou seja, que a capacidade de executar a estratégia pode ser mais importante do que a estratégia em si. De fato, uma analogia muito comum compara a diferença entre conteúdo e implementação da estratégia com a diferença entre estilos num jogo de pôquer. A primeira enfatiza o jogo em si; a outra, a maneira de jogar.

No entanto, apesar da alta classificação da implementação da estratégia no quadro, os analistas financeiros geralmente se frustram em seus esforços para obter informações sobre essa forma de competência organizacional. Não raro recorrem a fontes não convencionais como contatos pessoais na empresa ou no setor, contatos com clientes e rumores. Assim, as organizações que *de fato* interligam mensuração do desempenho do negócio com implementação da estratégia estão mais bem posicionadas para se comunicar com os analistas e, assim, influenciar suas percepções do mercado. Ao alinhar a arquitetura de RH com a estratégia geral da empresa, os profissionais de RH podem desempenhar um papel crítico na formação dessas percepções.

Também os gerentes frustram-se com a qualidade das informações não financeiras recebidas. Ao longo de várias categorias de dados referentes a finanças, operações, clientes e empregados, J. Low e T. Siesfield, autores do estudo de classificação das variáveis não financeiras, perguntaram a gerentes seniores o quanto consideravam valiosas essas informações e se

Tabela 1.2 Dez principais variáveis não-financeiras consideradas pelos analistas financeiros

Variável	Classificação
Execução da estratégia corporativa	1
Credibilidade da gerência	2
Qualidade da estratégia corporativa	3
Inovação	4
Capacidade de atrair e reter pessoal talentoso	5
Participação no mercado	6
Habilidade gerencial	7
Alinhamento da remuneração com os interesses dos acionistas	8
Liderança em pesquisa	9
Qualidade dos principais processos internos	10

Fonte: J. Low e T. Siesfield, *Measures That Matter* (Boston: Ernst & Young, 1998).

estariam dispostos a apostar o próprio cargo quanto à qualidade dessas informações em suas próprias empresas. Como era de esperar, os gerentes atribuíram grande valor aos dados financeiros, e também manifestaram alto grau de confiança nas informações financeiras das próprias empresas. Também valorizaram as informações referentes ao capital humano. No entanto, deram às respectivas empresas notas extremamente baixas quanto à qualidade dos dados referentes a pessoal. A discrepância entre a qualidade almejada e a efetiva dessas informações foi superior a 50 pontos percentuais — substancialmente maior do que a diferença encontrada em qualquer outra categoria do estudo.

ANÁLISE MAIS MINUCIOSA DOS INTANGÍVEIS: O DESAFIO DA MENSURAÇÃO

A GTE (agora parte da Verizon) tem sido líder nas iniciativas para desenvolver indicadores de ativos intangíveis, tais como o capital humano. A empresa reconheceu tanto as limitações dos indicadores contábeis tradicionais, quanto o potencial representado por sistemas de mensuração do desempenho mais "equilibrados". De acordo com Lawrence R. Whitman, CFO substituto na GTE:

> *A vinculação direta entre capital humano e resultados financeiros da empresa não é imediatamente evidente nas práticas contábeis tradicionais. Neste exato momento, estamos apenas começando a compreender o potencial dessa ferramenta, mas o importante mesmo é o processo de mensuração... Quando formos capazes de medir os ativos intangíveis com mais exatidão, acho que os investidores e os profissionais de finanças começarão a encarar os critérios de mensuração do capital humano como outro indicador do valor da empresa.*[6]

Sem dúvida, as pessoas de negócios em geral reconhecem a importância dos intangíveis nos mercados de hoje. No entanto, o gerenciamento desses intangíveis é tarefa desafiadora por vários motivos. Para começar, os sistemas contábeis hoje em uso evoluíram numa época em que o capital tangível, tanto financeiro quanto físico, constituía a principal fonte de lucros. Nessa época, as organizações que tinham mais acesso a financiamentos e equipamentos desfrutavam de enorme vantagem competitiva. Com a ênfase da atual economia no conhecimento e nos ativos intangíveis, os sistemas contábeis tradicionais realmente criam perigosas distorções nas informações. Apenas como exemplo, os atuais métodos contábeis encorajam a visão de curto prazo em relação ao gerenciamento de intangíveis. Por quê? Porque os gastos nessas áreas são tratados como despesas e não como investimentos em ativos. Em contraste, os investimentos em edifícios e equipamentos são capitalizados e depreciados durante sua vida útil. Reflita sobre o caso de um gerente sênior que se defronta com a decisão de investir US$10 milhões em ativo fixo ou US$10 milhões em pessoal. Em termos práticos, quando a empresa investe US$10 milhões em um edifício ou em outro item de ativo fixo, o investimento é depreciado ao longo do tempo, com a gradual redução dos lucros durante um período de vinte ou trinta anos. Por sua vez, um investimento de US$10 milhões em pessoal é totalmente lançado em despesa de uma só vez (reduzindo, portanto, os lucros em US$10 milhões de uma só tacada), durante o exercício social em curso. Para os gerentes cuja remuneração está vinculada aos lucros do ano, como ocorre em muitos casos, a melhor opção de investimento é óbvia.

Em consequência, as empresas sob pressão financeira tendem a investir no capital físico às expensas do capital humano — ainda que este último seja bem capaz de gerar mais valor. Esse tipo de distorção pode levar a decisões inadequadas: por exemplo, deflagrar uma onda de demissões de pessoal exclusivamente para gerar "economias de custo" de curto prazo. As pesquisas já demonstraram repetidamente que, depois dos desligamentos em massa, o mercado talvez até reaja, de início, com um salto no preço das ações. No entanto, com frequência, os investidores acabam perdendo todos esses ganhos, e às vezes até mais.[7] Esse padrão não surpreende, considerando que o pessoal é fonte crucial de vantagem competitiva, em vez de luxo dispendioso a ser minimizado.

A conclusão final é a seguinte: se os atuais métodos contábeis são incapazes de oferecer aos profissionais de RH as ferramentas de mensuração necessárias, eles terão de desenvolver seus próprios meios de demonstrar sua contribuição para o desempenho da empresa. O primeiro passo é descartar a mentalidade contábil segundo a qual RH é basicamente um centro de custos em que a minimização de custos é o principal objetivo e indicador de sucesso. Ao mesmo tempo, os gerentes de RH devem agarrar a rara oportunidade que lhes é oferecida por este período de transição. Os investidores já deixaram claro que valorizam os ativos intangíveis. Cabe a RH desenvolver um novo sistema de mensuração que crie real valor para a empresa e assegure a recursos humanos um lugar legítimo como parceiro estratégico.

A ARQUITETURA DE RH COMO ATIVO ESTRATÉGICO

Se o foco da estratégia corporativa é criar vantagem competitiva sustentável, o da estratégia de RH é igualmente nítido. Consiste em maximizar a contribuição da área para o mesmo objetivo, de modo a gerar valor para os acionistas. O fundamento do papel estratégico de RH são as três dimensões da "cadeia de valor" representadas pela arquitetura de RH: a função, o sistema e o comportamento dos empregados. A reflexão a respeito da influência de RH sobre o desempenho da empresa exige que se concentre a atenção em vários níveis da análise. Utilizamos a expressão "arquitetura de RH" para descrever, de maneira ampla, o todo que se estende desde os profissionais na função de RH até os sistemas de políticas e práticas de RH, passando pelas competências, motivações e comportamentos dos empregados da empresa.[8] (Ver Figura 1.2.)

A Função de RH

O fundamento da estratégia de RH criadora de valor, é uma infraestrutura gerencial que compreenda e seja capaz de implementar a estratégia da empresa. Normalmente, os profissionais na função de RH deveriam liderar esse esforço. Isso implica afastar-se da tradicional orientação funcional de muitos gerentes de RH e compreender, de maneira mais ampla, o papel estratégico que a área de RH deve desempenhar na empresa. Por exemplo, Mark Huselid, Susan Jackson e Randall Schuler observam que a eficácia da gestão de recursos humanos (GRH) tem duas dimensões essenciais. A primeira, *GRH técnica,* inclui a prestação dos serviços básicos de RH, como recrutamento, remuneração e benefícios. A segunda, *GRH estratégica,* envolve a prestação desses serviços de maneira que respalde diretamente a implementação da estratégia.

Huselid e seus colegas descobriram que a maioria dos gerentes de RH era muito eficiente na execução das atividades tradicionais ou técnicas de GRH, mas muito menos capaz no fornecimento dos recursos estratégicos de GRH. Numa amostra de quase trezentas empresas de grande porte, o nível médio de proficiência técnica de GRH foi 35% mais alto do que na dimensão estratégica. Os gerentes de RH se mostraram especialmente limitados quanto à sua capacidade de traduzir a estratégia e os objetivos operacionais da empresa em metas factíveis de RH e de, em seguida, implementar essas metas. Contudo, foi exatamente essa capacidade de inserir RH dentro do sistema mais amplo de implementação da estratégia que se revelou capaz de exercer influência mais importante sobre o desempenho financeiro da organização. A afirmação é verdadeira para o desempenho em termos de vendas por empregado, geração de caixa por empregado, ou valor de mercado por empregado. Os autores concluem que a maioria das empresas já demonstra níveis aceitáveis de competência e eficácia em GRH técnica, observando que as habilidades tradicionais de RH não perderam valor, mas simplesmente não são mais adequadas para satisfazer às demandas estratégicas mais amplas que recaem sobre a função de RH.[9] As competências a serem desenvolvidas pelos gerentes de RH — e aquelas com maior impacto sobre o desempenho da empresa — são competências de GRH de natureza estratégica e relacionadas com os negócios.

O *Sistema de RH*

O sistema de RH é o fator crítico da influência estratégica da área de recursos humanos. O modelo defendido neste livro, para o sistema de RH, é o que chamamos de High-Performance Work System — HPWS (Sistema de Trabalho de Alto Desempenho). No HPWS, cada elemento do sistema de RH destina-se a maximizar a qualidade geral do capital humano em toda a organização. Para construir e manter um estoque de capital humano talentoso, o HPWS faz o seguinte:

- vincula suas decisões de seleção e promoção a modelos de competência validados
- desenvolve estratégias que ofereçam apoio oportuno e eficaz às habilidades necessárias à implementação da estratégia da empresa, e
- promulga políticas gerenciais referentes a desempenho e remuneração que atraiam, retenham e motivem empregados de alto desempenho.

Os itens dessa lista talvez pareçam óbvios. Contudo, eles são passos vitais para a melhoria da qualidade do processo decisório em toda a organização — algo que faz bastante sentido em termos de negócios, à me-

Figura 1.2 Arquitetura estratégica de RH

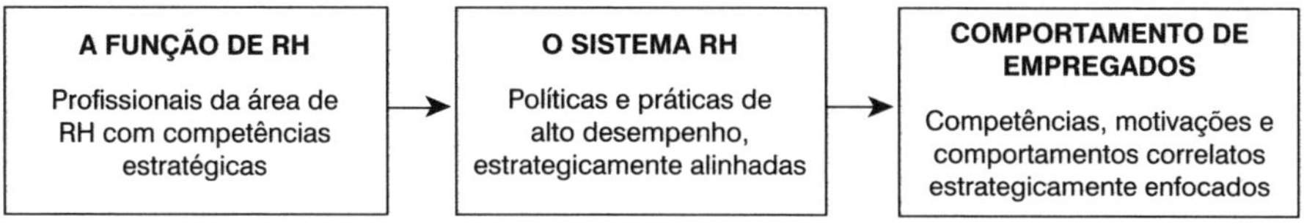

dida que os modelos gerenciais tradicionais de comando e controle cada vez mais saem de moda. Em síntese, para que RH crie valor, a empresa precisa estruturar cada elemento de seu sistema de RH de maneira que, implacavelmente, enfatize, respalde e reforce uma força de trabalho de alto desempenho.

Mas adotar um foco de alto desempenho para cada uma das políticas e práticas de RH não é o suficiente. Usamos aqui o termo *sistema* intencionalmente. O pensamento sistêmico enfatiza as *inter-relações* dos componentes do sistema de RH entre si e o vínculo entre RH e o sistema mais amplo de implementação da estratégia. São essas conexões entre os componentes do sistema — não qualquer componente individual em si — que torna o sistema maior do que a soma das partes (ver o quadro "As Leis do Pensamento Sistêmico").

Nossa descrição do HPWS levanta uma questão óbvia: quais, exatamente, são as políticas e práticas específicas que induzem ao alto desempenho?

AS LEIS DO PENSAMENTO SISTÊMICO

O pensamento sistêmico é competência básica em diversos passos de nosso modelo, pois algumas dessas iniciativas exigem compreensão do que acontece na interseção de vários sistemas. Embora a abordagem abrangente do pensamento sistêmico vá bem além do escopo deste livro, gostaríamos de rever várias "leis do pensamento sistêmico" aplicáveis ao caso, descritas pelo teórico em gestão de negócios, Peter M. Senge.*

Os Problemas de Hoje Decorrem das "Soluções" de Ontem. Os gerentes de RH atuam dentro de um sistema organizacional mais amplo, assim como dentro do sistema de RH. Os problemas "resolvidos" em determinada parte do negócio muitas vezes afloram como novo problema em algum outro lugar da organização. Por exemplo, os altos executivos enfrentam pressões crescentes dos investidores para impulsionar os lucros. E, assim, eles cortam custos demitindo empregados, sobretudo gerentes de nível médio. Isso satisfaz Wall Street, mas em três ou quatro anos a empresa se defrontará com uma crise de liderança. Além disso, o RH se atola em problemas de recrutamento e desenvolvimento. Gerentes de RH, imbuídos de mentalidade sistêmica, têm condições de apontar as relações entre esses problemas e sugerir maneiras de reduzir o pessoal, de modo a preservar o quadro de futuros líderes da empresa.

As Saídas Fáceis Geralmente Desembocam no Retorno ao Ponto de Partida. Um dos mais importantes benefícios do pensamento sistêmico é o fato de ele contribuir para a adoção de novas perspectivas sobre os problemas. É muito comum confiarmos em soluções confortáveis e familiares que funcionaram no passado. Para realmente servir aos parceiros estratégicos, os profissionais de recursos humanos devem perceber o papel de RH na criação de valor — sobretudo dos capacitadores de recursos humanos — sob uma perspectiva inteiramente nova e resistir à tentação de aplicar ideias "experimentadas e comprovadas", mas ultrapassadas.

As Causas e Efeitos Não Apresentam Relações Diretas no Tempo e no Espaço. Essa lei trata da diferença entre *leading indicators* (indicadores antecedentes) e *lagging indicators* (indicadores consequentes). A influência de RH sobre o desempenho da empresa tende a ser muito menos explícita do que a de outros vetores estratégicos. Esse hiato entre causa e efeito quanto aos vetores de desempenho de RH não diminui sua influência final. Muitos gerentes seniores confiam basicamente em indicadores convencionais de desempenho financeiro — que são indicadores consequentes. Eles geralmente tentam resolver os problemas financeiros mediante cortes de custos imediatos, em vez de identificar as causas fundamentais do problema. Pressionados pelas demandas de curto prazo dos mercados de capital procuram a improvisação — apenas para descobrir que tais soluções ou não são duradouras ou realmente agravam as dificuldades originais.

Os Pontos de Mais Alta Alavancagem Geralmente São os Menos Óbvios. Pensadores sistêmicos experientes geralmente buscam as soluções menos evidentes para os problemas. Não surpreende que, para a maioria dos CEOs, as propostas óbvias para a melhoria do desempenho raramente incluam RH.

Esse é o desafio com que se defrontam os profissionais de recursos humanos. Os problemas de desempenho financeiro chamam a atenção de todos, mas ninguém pensa nas possíveis contribuições de RH. Contudo, por serem tão fundamentais, pequenas mudanças no gerenciamento dos vetores de RH ganham impulso à medida que percorrem o processo de implementação da estratégia. Na Sears, por exemplo, a pequena melhoria de apenas 4% nos níveis de satisfação dos empregados repercutiu na cadeia de lucros e acabou aumentando em mais de US$250 milhões a capitalização de mercado da empresa.+

Cortar um Elefante pela Metade Não Resulta em Dois Elefantes Menores; o Produto É uma Grande Confusão. Em outras palavras, quando se tenta dissecar um sistema, na expectativa de conseguir analisar suas partes isoladas, às vezes acaba-se destruindo o todo. As organizações são sistemas complexos que envolvem interações dentro de diferentes subsistemas e entre eles. Assim, são mais bem compreendidos sob uma perspectiva holística. Contudo, a maioria dos gerentes pensa nos subsistemas da empresa como funções e restringem a atenção a seu próprio "feudo". Os líderes funcionais devem "ver os problemas da empresa com clareza, mas raramente eles entendem como a política de *seus* departamentos interage com as de outros".++ Conforme argumenta Senge, são as *interações* entre os sistemas e entre as partes dos sistemas que geram problemas e pontos de alavancagem potenciais para as mudanças. Dependendo da situação, diferentes interações sistêmicas serão mais ou menos importantes em vários momentos. Os gerentes habilidosos — inclusive os profissionais de RH que pretendem ser mais do que apenas administradores — conhecem as interações que mais exigem sua atenção — e quando.

* Peter Senge, *The Fifth Discipline* (Doubleday: Nova York, 1990), 57-67.
\+ Anthony J. Rucci, Steven P. Kirn e Richard T. Quinn, "The Employee-Customer-Profit Chain at Sears", *Harvard Business Review* 76, n. 1 (1998): 87.
++ Senge, *The Fifth Discipline*, 66.

Desde 1990, dois dos autores deste livro vêm realizando levantamentos bianuais sobre os sistemas gerenciais de RH de organizações de capital aberto dos Estados Unidos. O fundamento desse trabalho de pesquisa tem sido um estudo anual de sistemas de RH abrangendo amplo grupo representativo de empresas: os requisitos são vendas acima de US$5 milhões e mais de 100 empregados. Esses dados sobre os sistemas de RH são, então, confrontados com informações de conhecimento público referentes ao desempenho financeiro das mesmas empresas. Esse programa de pesquisa é contínuo e, hoje, abrange mais de 2.800 organizações.[10]

Esses levantamentos nos permitiram construir um índice HPWS que mede até que ponto o sistema de RH de uma empresa é compatível com os princípios de uma estratégia de RH de alto desempenho. A Tabela 1.3 compara empresas de nossa amostra de 1998, situadas nos dois extremos do todo de alto desempenho em RH. Com base em nosso índice HPWS, calculamos a classificação, em percentis, de cada empresa da amostra e então comparamos as empresas classificadas no decil superior do índice HPWS com aquelas enquadradas no decil inferior, quanto a diferentes

Tabela 1.3 Comparação entre gestões de RH de alta e baixa qualidade

	10% inferiores no Índice RH (42 empresas)	10% superiores no Índice RH (43 empresas)
Práticas de RH		
Número de candidatos qualificados por posição	8,24	36,55
Porcentagem de pessoal contratado, com base em testes de seleção validados	4,26	29,67
Porcentagem de vagas preenchidas com pessoal interno	34,90	61,46
Porcentagem de planos de RH formais, envolvendo recrutamento, desenvolvimento e sucessão	4,79	46,72
Horas de treinamento para novos empregados (menos de um ano)	35,02	116,87
Horas de treinamento para empregados experientes	13,40	72,00
Porcentagem de empregados sujeitos a avaliações de desempenho regulares	41,31	95,17
Porcentagem da força de trabalho cujos aumentos salariais por mérito ou o pagamento de incentivos se relaciona com o desempenho	23,36	87,27
Porcentagem da força de trabalho que recebeu feedback de várias fontes sobre o desempenho	3,90	51,67
Meta de percentil para remuneração total (taxa de mercado = 50%)	43,03	58,67
Porcentagem da força de trabalho com direito a receber incentivos	27,83	83,56
Porcentagem da diferença no recebimento de incentivos entre empregados de baixo e de alto desempenho	3,62	6,21
Porcentagem da força de trabalho que atua rotineiramente em equipes de projetos autogerenciadas e multifuncionais	10,64	42,28
Porcentagem do orçamento de RH destinada a atividades terceirizadas (por exemplo, recrutamento, benefícios, folha de pagamento)	13,46	26,24
Número de empregados por profissional de RH	253,88	139,51
Porcentagem da força de trabalho incluída em acordos sindicais	30,00	8,98
Resultados de RH*		
Extensão em que a estratégia é articulada com clareza e bem compreendida em toda a empresa	3,40	4,21

	10% inferiores no Índice RH (42 empresas)	10% superiores no Índice RH (43 empresas)
Resultados de RH* *(continuação)*		
Extensão em que a média dos empregados compreende a maneira como o seu trabalho contribui para os resultados da empresa	2,80	4,00
Extensão em que a gerência sênior vê os empregados como fonte de criação de valor em vez de custo a ser minimizado	3,31	4,21
Extensão em que a equipe de liderança executiva é visionária	3,02	4,33
Extensão em que a empresa tenta proporcionar segurança no emprego, mesmo quando enfrenta declínio no desempenho financeiro	2,71	4,11
Extensão em que o estilo de tomada de decisões na empresa pode ser descrito como participativo	3,02	3,81
Extensão em que os profissionais de RH da empresa são vistos, em geral, como especialistas administrativos	3,76	4,56
Extensão em que os profissionais de RH da empresa são vistos, em geral, como paladinos dos empregados	3,69	4,40
Extensão em que os profissionais de RH da empresa são vistos, em geral, como agentes de mudança	3,31	4,12
Extensão em que os profissionais de RH da empresa são vistos, em geral, como parceiros de negócios	3,19	4,30
Extensão em que os gerentes de linha acreditam, em geral, que o gerenciamento eficaz, da diversidade, é um imperativo dos negócios	2,45	3,65
Extensão em que a alta gerência demonstra comprometimento e liderança no compartilhamento do conhecimento	2,99	4,05
Extensão em que a empresa desenvolveu e divulga indicadores de desempenho financeiro	3,38	4,63
Extensão em que a empresa desenvolveu e divulga indicadores das reações dos clientes	3,02	4,27
Extensão em que a empresa desenvolveu e divulga indicadores dos principais processos internos	3,09	4,13
Extensão em que a empresa desenvolveu e divulga indicadores de aprendizado e crescimento	2,26	3,12
Desempenho da Empresa		
Rotatividade do pessoal	34,09	20,87
Vendas por empregados	US$158,101	US$617,576
Valor de mercado em relação ao valor contábil	3,64	11,06

* Cada uma das variáveis em "Resultados de RH" é avaliada numa escala de 1 a 6, onde 1 = "absolutamente nada" e 6 = "em alto grau".

características. Os resultados constantes da Tabela 1.3 baseiam-se nas 429 empresas de nossa amostra de 1998. No entanto, os resultados são seguros e muito semelhantes aos das amostras de 1992, 1994 e 1996.[11]

As diferenças entre esses dois grupos de empresas são muito grandes, e não resultam apenas de fatores como tamanho, setor e idade. As empresas detentoras de sistemas de trabalho de alto desempenho seguem práticas gerenciais de RH muito diferentes das adotadas por aquelas com sistemas de trabalho de baixo desempenho. Destinam bem mais recursos a recrutamento e seleção, treinam com muito mais afinco, dedicam-se mais intensamente ao gerenciamento do desempenho, vinculam a remuneração ao desempenho, utilizam equipes intensamente, dificilmente o número de profissionais de RH é proporcional ao de empregados, e tendem a ter muito menos empregados sindicalizados. Com efeito, o aspecto mais impressionante dessas comparações não é qualquer uma das práticas gerenciais de RH isoladas — não é recrutamento, *ou* treinamento, *ou* remuneração. Em vez disso, as diferenças são muito mais abrangentes — e sistêmicas.

Os resultados de RH associados a esse sistema também são abrangentes. Em comparação com os sistemas de gestão de RH de baixo desempenho, é muito mais provável que as melhores empresas de nossa amostra tenham desenvolvido uma intenção estratégica clara e a tenham comunicado com eficácia aos empregados. Além disso, também é mais provável que seus profissionais de RH recebam avaliações positivas em seus papéis tradicional e estratégico e que disponham de sistemas de mensuração abrangentes para a divulgação de informações não financeiras aos empregados.

Finalmente, as empresas com os sistemas de gestão de RH mais eficazes exibiram níveis de desempenho drasticamente mais elevados: a rotatividade do pessoal reduzia-se à metade, as vendas por empregado eram quatro vezes maiores, e o índice entre valor de mercado e valor contábil — indicador crucial da qualidade da gestão, pois mostra a extensão em que a gerência aumentou o investimento inicial dos acionistas — foi mais de três vezes superior no caso das empresas de alto desempenho.

O HPWS é em si um sistema de implementação da estratégia, embutido no sistema mais amplo de implementação da estratégia da empresa. RH relaciona-se com o sistema mais amplo em muitos pontos diferentes e talvez com vários elementos do sistema de RH no mesmo ponto. Saber como identificar esses pontos de interseção e como assim alinhar o sistema de RH é a chave para garantir o papel estratégico de RH e para medir o impacto de RH na criação de valor. Além disso, as empresas devem continuamente aguçar a consciência sobre até que ponto os componentes do sistema de RH estão bem alinhados entre si, ou seja, o quanto essas partes ou subsistemas se reforçam ou se conflitam mutuamente. Como exemplo de reforço, a empresa pode combinar política de remuneração acima do mercado, com sistemas abrangentes de gerenciamento do desempenho. Essa combinação permite que a empresa cultive um pool de empregados e candidatos talentosos, reconhecendo e recompensando os melhores talentos pelo desempenho superior. Em contraste, quando esses componentes são conflitantes, a organização talvez encoraje os empregados a trabalhar em equipes, mas conceda aumentos salariais com base nas contribuições individuais.

Em síntese, o HPWS gera, diretamente, valor único para os clientes ou alavanca outras fontes correlatas de tal valor. Em certos setores de serviços, o relacionamento empregado-cliente é tão visível que seu impacto sobre a criação de valor é inquestionável. Contudo, na maioria das empresas, o valor para os clientes deriva de processos operacionais e de inovações tecnológicas que os afetam de maneira menos óbvia. São essas empresas que mais precisam explicitar o processo de implementação da estratégia e então alinhar o sistema de RH como elemento de apoio. E RH se reveste de maior potencial exatamente nas empresas onde tais alinhamentos e estratégias não são facilmente observáveis e imitáveis pelos concorrentes.

Em nossa opinião, tal processo de alinhamento deve começar com a compreensão clara da cadeia de valor da empresa — o conhecimento fundamentado, em toda a empresa, sobre o tipo de valor gerado pela organização e exatamente como se cria esse valor. Por exemplo, toda empresa deve ser capaz de descrever como suas metas financeiras se relacionam com os fatores críticos de sucesso no nível de clientes, operações, pessoas e sistemas de TI. Robert Kaplan e David Norton cunharam o termo "mapa estratégico" para descrever essas relações.[12] Com essa compreensão compartilhada do processo de criação de valor, a empresa torna-se então capaz de projetar um modelo de implementação da estratégia que especifica as competências e comportamentos necessários em toda a empresa. Assim, é possível direcionar o sistema de gerenciamento de pessoal da empresa para a geração dessas competências e comportamentos. Com efeito, uma das principais características distintivas dos Sistemas de Trabalho de Alto Desempenho não é apenas a adoção de política e de práticas de RH adequadas, tais como contratação, desenvolvimento, remuneração e gerenciamento do desempenho de pessoal talentoso, mas também a *maneira* como se utilizam essas práticas. Num HPWS, as políticas e práticas de RH da empresa apresentam estreito alinhamento com a estratégia competitiva e com as metas operacionais. Além disso, cada HPWS será diferente. Não existe um único melhor exemplo; cada organização deve adaptar seu sistema de maneira compatível com seus pontos fortes e com suas necessidades singulares. Por exemplo, a Tabela 1.3 mostra que as empresas de alto desempenho caracterizam-se pelo uso mais intenso de pagamento de incentivos. Contudo, os comportamentos e resultados almejados diferirão substancialmente entre empresas e estratégias.

Comportamentos Estratégicos dos Empregados

Em última instância, qualquer discussão sobre o papel estratégico dos recursos humanos ou do capital humano convergirá implicitamente para os comportamentos produtivos das pessoas na organização. Sob certo aspecto, essa afirmação é quase uma redundância, pois é apenas por meio de seus comportamentos que os seres humanos afetam seus contextos de atuação. Contudo, estamos interessados em certos tipos de comportamento do pessoal, e não em outros. No Capítulo 2, descrevemos nossas próprias pesquisas, relacionando o *foco estratégico do empregado* com o desempenho da empresa. Esses trabalhos enfatizam a importância de alinhar os processos organizacionais e os sistemas de apoio, para que eles estimulem e motivem a visão do "grande quadro". Do mesmo modo, definimos *comportamentos estratégicos* como o subconjunto de comportamentos produtivos que contribuem diretamente para a implementação da estratégia da empresa. Esses comportamentos estratégicos se enquadram em duas categorias gerais. A primeira é a dos *comportamentos essenciais*, que fluem diretamente das competências essenciais comportamentais definidas pela empresa. Trata-se de comportamentos considerados fundamentais para o sucesso da empresa, envolvendo todas as unidades de negócios e todos os níveis organizacionais. A segunda é a dos *comportamentos específicos por situação*, que são fundamentais em pontos críticos da cadeia de valor da empresa ou da unidade de negócios. Um exemplo de comportamento dessa segunda categoria seriam as habilidades de venda cruzada, necessárias na área de um banco de varejo.

A integração do foco aos comportamentos, dentro do esforço geral de influenciar e medir as contribuições de RH para o desempenho da empresa é um desafio. Quais são importantes? Como devem ser "gerenciados"? Precisamos ter em mente alguns pontos importantes. Primeiro, a importância dos comportamentos será definida por sua relevância para a implementação da estratégia da empresa. A compreensão de como as pessoas e processos dentro da organização efetivamente criam valor é o ponto de partida. Essa análise revelará os tipos de comportamento geralmente necessários em toda a empresa e os que se revestem de valor específico em pontos críticos da cadeia de valor. Segundo, é essencial lembrar que não afetamos diretamente os comportamentos estratégicos. Eles são o resultado final da arquitetura de RH mais ampla. Especialmente importante é a influência de um sistema de RH alinhado com a estratégia da empresa.

ALINHANDO MENSURAÇÃO DO DESEMPENHO E IMPLEMENTAÇAO DA ESTRATÉGIA

Sem dúvida, todos conhecemos o mote "o que é medido é gerenciado — e o que é gerenciado é alcançado". Mas, realmente, até que ponto é verdadeira essa asserção? Será que a mensuração dos processos organizacionais resulta em vantagem competitiva? Acreditamos que o desenvolvimento de competências em mensuração *é* de fato importante, pois pode gerar valor para a empresa. Mas poucos gerentes (de RH ou de outras áreas) são muito competentes nesse assunto. Nos últimos anos, pediu-se aos gerentes de RH que aprendessem finanças e contabilidade. Agora, também devem aprimorar suas habilidades em mensuração.

Não somos os primeiros a enfatizar a importância da mensuração do desempenho da empresa, sob a perspectiva de implementação da estratégia, em vez de confiar apenas nos resultados financeiros. A abordagem do Balanced Scorecard, de Robert Kaplan e David Norton, desbravou o conceito de ir além da simples avaliação financeira.[13] Para usar essa ferramenta, a empresa deve especificar não apenas os elementos financeiros de sua cadeia de valor, mas também os fatores relacionados com os clientes, com os processos internos e com as perspectivas de aprendizado e crescimento. Em seguida, deve desenvolver formas tangíveis de avaliar cada elemento.

A premissa subjacente à abordagem do Balanced Scorecard é a de que os gerentes seniores dedicam atenção excessiva às dimensões financeiras do desempenho e negligenciam as forças que levam a esses resultados. Afinal, os indicadores financeiros são inerentemente retrospectivos. Como os "vetores de desempenho" *agora* encontram-se sob controle gerencial, todo o sistema de mensuração do Balanced Scorecard estimula os gerentes a se envolverem ativamente no processo de implementação da estratégia, em vez de simplesmente monitorarem os resultados financeiros. Ao especificar os indicadores vitais dos processos internos, avaliá-los e divulgar rotineiramente entre os empregados o desempenho da empresa, com base nesses critérios, os gerentes garantem que toda a organização participa da implementação da estratégia. Assim, a abordagem do Balanced Scorecard transforma a estratégia em tarefa de todos.

O PROPÓSITO DESTE LIVRO

Neste livro, tratamos da questão crucial de como os profissionais de RH podem medir sua contribuição para a implementação da estratégia da empresa — e, assim, estar *à* mesa, e não simplesmente *sobre* a mesa, na forma de propostas. Acreditamos que os sistemas de mensuração eficazes servem a dois importantes objetivos: orientam o processo decisório em toda a organização e constituem a base para a avaliação do desempenho. A abordagem de mensuração aqui descrita cuida desses dois objetivos de três maneiras: primeiro, estimula a construção de uma perspectiva clara, consistente e compartilhada sobre o modo como a empresa implementará sua estratégia em cada nível da organização. Ela não garante que cada empregado seja capaz de expressar todo o processo de criação de valor, mas deve assegurar que todos os indivíduos compreendam com nitidez seu papel no processo. O uso de nosso modelo também contribui para o consenso em torno do modo como os diferentes fatores organizacionais contribuem para a criação de valor.

Segundo, nossa abordagem força os gerentes a se concentrarem nos "poucos indicadores vitais" que realmente fazem diferença. Qualquer pessoa é capaz de imaginar, com facilidade, cinquenta ou mais indicadores de desempenho da empresa, abrangendo várias categorias. No entanto, esse exercício provavelmente seria contraproducente, pois tal quantidade de indicadores seria de difícil monitoramento. Sustentamos que os sistemas de mensuração realmente eficazes não contêm mais de vinte e cinco indicadores.

Terceiro, a abordagem permite que os profissionais expressem esses poucos indicadores vitais em termos de fácil compreensão — e valorização — pelos gerentes de linha e executivos seniores. Em RH, os indicadores convencionais de controle de custos, tais como horas de treinamento, prazo médio de preenchimento de vagas e até índices de rotatividade e de satisfação dos empregados, continuarão a carecer de credibilidade, caso não se demonstre que influenciam os principais vetores de desempenho do negócio.

Também organizamos o livro em torno de dois princípios centrais. O primeiro é que a arquitetura de RH — sobretudo o sistema de mensuração de RH — é capaz de exercer impacto substancial sobre o desempenho da empresa. A tese, decerto, não será surpresa para a maioria dos profissionais de RH. Eles sempre acreditaram na importância de sua área de atuação, ainda que muitos gerentes distanciados da função de RH não reconheçam seu verdadeiro valor. Mas, pela primeira vez, RH tem oportunidade de impulsionar o resultado final por outro método que não seja a simples minimização de custos. Parafraseando C.K. Prahalad e Gary Hamel, os profissionais de RH estão agora em condições de se transformar em gerentes de numeradores (contribuindo para as linhas de receita), deixando de ser apenas gerentes de denominadores (cortando custos e reduzindo as despesas gerais).[14] No entanto, para exercer essa influência sobre o desempenho da empresa, o sistema de RH deve ser parte integrante do processo de implementação da estratégia da organização, o sistema gerencial mais amplo, de importância crítica para a vantagem competitiva sustentável e para o sucesso financeiro duradouro.

Esse papel estratégico também exige que os profissionais de RH desenvolvam novas competências. Por certo, o campo de RH empreendeu enormes avanços nos últimos vinte anos. Todavia, continua fazendo basicamente as mesmas coisas, embora melhor e com mais eficiência. O novo paradigma econômico exige que os novos profissionais de RH façam coisas diferentes e desempenhem papéis totalmente diversos. Isso significa mais do que apenas compreender a estratégia explícita da empresa. Ser um parceiro estratégico requer que os profissionais de RH entendam exatamente que habilidades contribuem para o êxito na implementação da estratégia — e como RH afeta essas habilidades. A tarefa é desafiadora, pois as funções tradicionais dos profissionais de RH como especialistas administrativos, paladinos dos empregados ou agentes da mudança não mais são importantes no novo ambiente de negócios.

O segundo princípio central deste livro é decorrência direta do primeiro. Ele reflete as duas perguntas mais comuns que ouvimos dos profissionais de RH:

- Como podemos medir o valor do que fazemos em RH, para que os gerentes de linha e os gerentes gerais compreendam e respeitem nosso papel? Por exemplo, como determinar o retorno sobre o investimento (ROI) de um novo programa de treinamento e desenvolvimento?
- Como os critérios de mensuração de RH seriam incorporados aos indicadores de desempenho de minha empresa?

A fim de demonstrar aos gerentes seniores a contribuição estratégica de RH, precisa-se de um sistema de mensuração que se concentre em duas dimensões:

- controle de custos (reduzir custos em RH e aumentar a eficiência operacional fora de RH), e
- criação de valor (garantir que a arquitetura de RH parcialmente se sobreponha ao processo de implementação da estratégia).

Como vimos, o referencial do Balanced Scorecard de Kaplan e Norton tem sido alvo de enorme atenção, em parte porque incorpora indicadores que descrevem os verdadeiros processos de criação de valor, em vez de focalizar apenas os *resultados* financeiros apurados pelos métodos contábeis tradicionais. Trata-se de um arcabouço no qual muito nos basearemos em todo este livro. Além disso, procuramos reforçar um aspecto da abordagem que os próprios Norton e Kaplan reconhecem como um de seus aspectos mais frágeis — a questão de como melhor integrar o papel de RH à mensuração do desempenho da empresa. Eles observam o seguinte:

> *[Q]uando se trata de indicadores específicos referentes a [RH e a questões relacionadas com pessoal] as empresas praticamente não empreenderam nenhum esforço para medir os resultados ou os vetores dessas capacidades. Essa lacuna é decepcionante, pois uma das metas mais importantes para a adoção do Scorecard como referencial de mensuração e gerenciamento é promover o crescimento dos recursos individuais e organizacionais... [Isso] reflete o progresso limitado da*

maioria das organizações na integração dos empregados... e no alinhamento da organização com os objetivos estratégicos.[15]

Este livro destina-se a fechar a lacuna descoberta por Kaplan e Norton. O referencial aqui apresentado ajudará os profissionais de RH a desenvolver as ferramentas conceituais e operacionais necessárias para a reestruturação de seu papel nas organizações, de maneira a agregar valor inquestionável. Ademais, também mostrará como demonstrar esses ganhos de maneira que os gerentes seniores de RH e outros líderes os considerem irrefutáveis.

NOSSO FOCO NOS GERENTES DE RH

O leitor verá que organizamos nosso trabalho em torno do papel do profissional de RH e não do gerente geral. Ao adotar essa abordagem, não pretendemos dar a impressão de que os gerentes de linha desempenham papel secundário na transformação de RH em ativo estratégico. De fato, os valores e comportamentos apropriados da equipe de liderança de uma organização são condições essenciais para que RH realize seu papel essencial descrito neste livro. Ademais, muitos são os gerentes gerais cuja visão tradicional do papel de RH se beneficiaria com a absorção dessas ideias. No entanto, os gerentes de RH têm o maior interesse profissional no futuro papel da própria área em suas organizações e, portanto, optamos por orientar o livro para o desafio com que se defrontam esses profissionais.

COMO USAR ESTE LIVRO

Os próximos cinco capítulos do livro mostram como desenvolver um sistema de mensuração que leve em conta a contribuição de RH para a criação de valor na empresa. O Capítulo 2 descreve um processo de sete passos que lançará as bases da influência estratégica de RH. Destacamos especificamente a importância de uma arquitetura de RH orientada para a estratégia, como requisito de um sistema de mensuração capaz de conectar RH com o desempenho da empresa.

O Capítulo 3 desenvolve um método para o desenvolvimento do Scorecard de RH, com base nos conceitos discutidos no Capítulo 2. Analisamos com maior ênfase a maneira de incorporar conceitos como eficiência, criação de valor e alinhamento no sistema de mensuração de RH.

Nesse contexto, mensuração também significa ser capaz de avaliar os programas e iniciativas de RH com o mesmo rigor do processo decisório de outras áreas da empresa. No Capítulo 4, descrevemos um processo de análise custo-benefício que permitirá aos profissionais de RH determinar o retorno sobre o investimento resultante dessas decisões.

O Capítulo 5 propõe um processo para a validação da qualidade do sistema de mensuração assim desenvolvido, e dos dados dele decorrentes. Também exploramos maneiras de determinar quando o "bastante já é suficiente", definimos responsabilidades pelo processo de mensuração e oferecemos orientação para o desenvolvimento de paladinos da mensuração na empresa.

O Capítulo 6 aborda um dos mais árduos desafios de mensuração para as empresas que tentam gerenciar RH como ativo estratégico — o problema do alinhamento. Nesse capítulo, descreveremos várias maneiras de raciocinar sobre alinhamento e apresentaremos diversos métodos de mensuração alternativos.

O Capítulo 7 analisa padrões de competências predominantes para os profissionais de RH e mostra como nossa visão daquilo que constitui um conjunto apropriado de competências em RH é influenciada pelas demandas de um sistema de mensuração estratégico.

No Capítulo 8, concluímos com uma análise dos desafios da implementação de uma arquitetura de RH e de um Scorecard de RH orientados para a estratégia. Desenvolvemos um modelo de sete passos para o planejamento e avaliação das atividades de gerenciamento das mudanças associadas ao programa de implementação.

Para os leitores interessados em todo o escopo da base teórica de nossa abordagem, fornecemos um apêndice, no fim do livro, descrevendo nossas pesquisas com mais detalhes.

NOTA FINAL DE ORIENTAÇÃO E ESTÍMULO

Sem dúvida, o desenvolvimento de qualquer novo sistema de mensuração de ativos intangíveis não é tarefa fácil — se fosse, a maioria das empresas já o teria feito. O enfrentamento desse desafio exige tempo e muita reflexão. Sugerimos que os leitores percorram cada capítulo deste livro em sequência, envolvendo-se com os conceitos tão ativamente quanto possível. Isso significa raciocinar sobre o modo como opera sua própria arquitetura de RH e identificar maneiras pelas quais seja possível adaptar nossa abordagem, de modo a atender às necessidades e características exclusivas de cada empresa. Também é muito recomendável que todo o pessoal de RH se empenhe ao máximo para dominar as ferramentas descritas neste livro. Afinal, a verdadeira inovação só ocorre quando as pessoas trabalham juntas para a solução das questões mais prementes do ambiente de trabalho.

2

ESCLARECENDO E MEDINDO A INFLUÊNCIA ESTRATÉGICA DE RH

Introdução a um Processo de Sete Fases

Era algo estimulante. Víamos como as atitudes dos empregados impulsionavam não apenas os serviços aos clientes, mas também as vendas, além da probabilidade de que o próprio pessoal recomendasse a Sears e suas mercadorias aos amigos, à família e aos clientes. Descobrimos que a capacidade de o empregado perceber a conexão entre seu trabalho e os objetivos estratégicos da empresa era um vetor de comportamento positivo... também fomos capazes de estabelecer relações estatísticas muito precisas. Começamos a ver exatamente como as mudanças nos programas de treinamento ou nas noções básicas de negócios afetavam as receitas.

ANTHONY J. RUCCI, STEVEN P. KIRN E RICHARD T. QUINN[1]

Essa citação reflete a energia que se libera quando a organização alinha sua arquitetura de RH ao seu plano mais amplo de implementação da estratégia — e desenvolve meios de medir esse alinhamento. Se analisarmos com mais cuidado a experiência de transformação da Sears, veremos que o esforço da empresa girou em torno da narrativa da "história" de como se criar valor dentro da organização. Especificamente, os executivos da Sears esclareceram de que maneira os empregados são capazes de promover a satisfação dos clientes e como esta, por sua vez, impulsiona todo o desempenho da empresa. Em seguida, reforçaram o enredo, envolvendo um amplo grupo representativo de gerentes seniores, oferecendo oportunidades de desenvolvimento aos supervisores que careciam das habilidades de liderança necessárias à implementação da nova estratégia, e realinhando o sistema de RH em respaldo à estratégia.

Igualmente importante, eles desenvolveram um sistema de mensuração que lhes permitia testar suas hipóteses sobre como se interligavam os comportamentos dos empregados, a satisfação dos clientes e o desempenho financeiro. Em outras palavras, a Sears foi além das hipóteses e concebeu maneiras de demonstrar objetivamente a contribuição de RH para a implementação da nova estratégia competitiva. Agora, os gerentes de recursos humanos podiam citar provas concretas de que "melhorias de 5 pontos nas atitudes dos empregados induzirão a um aumento de 1,3 ponto na satisfação dos clientes, o que, por sua vez, resultará em aumento de 0,5% nas receitas".[2]

MENSURAÇÃO DO DESEMPENHO EQUILIBRADO

Para atingir o tipo de alinhamento estratégico alcançado pela Sears, a empresa deve desenvolver um processo de duas fases. Primeiro, os gerentes precisam compreender inteiramente a "história" de como se cria valor na empresa. Uma vez obtido esse grau de compreensão, eles serão capazes de projetar um sistema de mensuração baseado nessa realidade. Podemos refletir sobre esse processo em termos de duas questões genéricas:

> *Primeira: como implementar a estratégia em nossa empresa?* Essa é outra maneira de perguntar de que maneira a empresa gera valor. A formulação dessa pergunta focaliza a organização nas duas dimensões da implementação da estratégia:
>
> > *Amplitude*: a empresa deve ir além de considerações meramente financeiras, que são apenas o resultado da implementação da estratégia. Para efetivamente apreender o processo de criação de valor, a organização também deve concentrar-se nos vetores de desempenho (como fidelidade dos clientes), já identificados como "fatores críticos de sucesso".
> >
> > *Fluxo causal*: trata-se da série de conexões entre os determinantes financeiros e não financeiros do desempenho da empresa. Todos os gerentes precisam compreender esse fluxo (embora isso não ocorra

com a maioria). A compreensão do fluxo causal induz os gerentes a irem além dos aspectos financeiros e a apreciarem a importância de outras espécies de indicadores de sucesso. E não basta ter uma lista de importantes indicadores não financeiros. Os gerentes também precisam compreender e incorporar a "lógica causal" que valoriza esses aspectos não financeiros. A Figura 2.1 mostra o tipo de referencial básico a ser concebido pela empresa, ao perguntar-se como a estratégia deve ser implementada.

Segunda: que indicadores de desempenho refletem esse amplo processo de implementação da estratégia? Essa pergunta estimula os gerentes a adicionarem critérios de mensuração à base conceitual visualizada após compreenderem o processo de criação de valor na empresa.

Depois que os gerentes de alto nível tiverem respondido a essas duas perguntas, eles devem transmitir as respostas aos gerentes de nível médio e ao pessoal da linha de frente. Assim, todos os membros da organização saberão como contribuir para o sucesso da empresa. Essas perguntas tam-

Figura 2.1 Ilustração simples da criação de valor

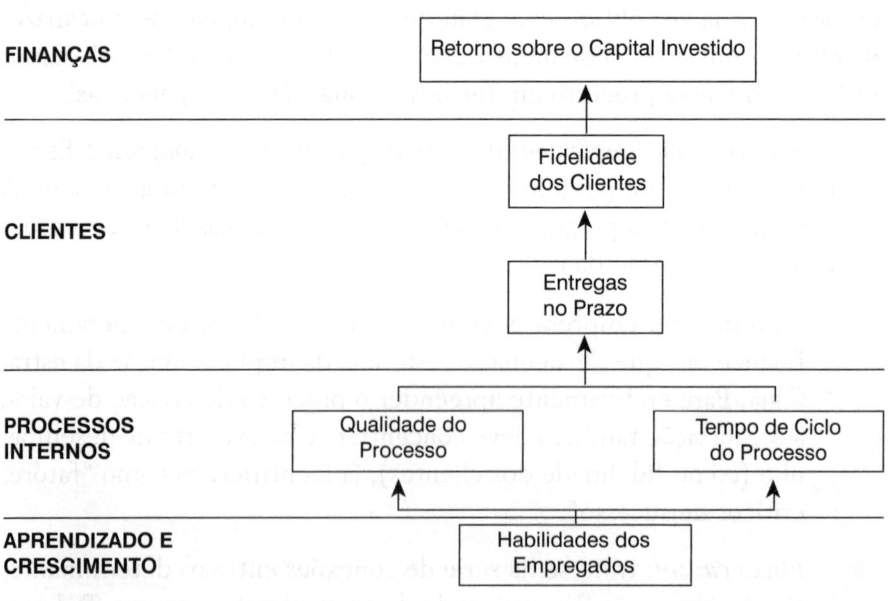

Fonte: Robert S. Kaplan e David P. Norton, *The Balanced Scorecard* (Boston, MA: Harvard Business School Press, 1996), 31.

bém ajudam a organização a decidir como alocar recursos, de modo a dar vida ao processo de criação de valor. Finalmente, e mais importante, os insights gerados pelas perguntas orientam as decisões cotidianas de todos os empregados.

Modelos equilibrados de mensuração do desempenho, tal como o apresentado neste livro, reúnem as respostas a essas duas perguntas em poderosa ferramenta de avaliação. O modelo reconhece a importância dos ativos tangíveis e intangíveis, e dos indicadores financeiros e não financeiros. Ele também identifica as complexas conexões geradoras de valor entre os clientes, as operações, os empregados e as tecnologias da empresa,[3] e integra o papel de RH de maneira sem precedentes. Finalmente, o modelo enfatiza a importante distinção entre indicadores consequentes (*lagging indicators*) e indicadores antecedentes (*leading indicators*). Os *indicadores consequentes*, como as métricas financeiras, refletem, tipicamente, apenas o que já aconteceu no passado. Tais métricas talvez mostrem com precisão o impacto de decisões anteriores, mas não ajudam na tomada de novas decisões nem são garantia de resultados futuros. A analogia mais comum compara o uso dos indicadores consequentes na tomada de decisões futuras, como dirigir um carro olhando pelo espelho retrovisor! Assim, também precisa-se de outras métricas, que são os *indicadores antecedentes*. Eles serão diferentes para cada empresa, mas os exemplos incluiriam o tempo de ciclo de P&D, satisfação do cliente ou foco estratégico dos empregados. Esses indicadores avaliam o status dos fatores críticos de sucesso que impulsionam a implementação da estratégia da empresa. E, por sua própria natureza, enfatizam o futuro e não o passado.

INTEGRAÇÃO DE RH À MENSURAÇÃO DO DESEMPENHO DO NEGÓCIO: COMPREENDENDO OS PRODUTOS DE RH

Perceber as relações entre os fatores críticos para o sucesso é essencial para a mensuração do papel tradicionalmente fugidio de RH na condução do desempenho organizacional. Depois da estreita integração de RH ao seu sistema de implementação da estratégia, a organização será capaz de visualizar as conexões entre RH e os fatores críticos para o sucesso. Ao medir os efeitos de RH sobre esses vetores, a organização terá condições de quantificar toda a intensidade de seu impacto estratégico.

Para integrar RH ao sistema de mensuração do desempenho do negócio, os gerentes precisam identificar os pontos de interseção entre recursos humanos e o plano de implementação da estratégia. Podemos raciocinar sobre esses pontos como os *produtos estratégicos de RH*, a saber, os resultados da arquitetura de RH que contribuem para a execução da estratégia da empresa, em oposição às "rotinas" de RH, que focalizam a eficiência operacional e os aspectos quantitativos. Esses produtos manifestam-se sob duas formas: vetores de desempenho e capacitadores.

Os *vetores de desempenho* de RH são as capacidades ou recursos essenciais relativos a pessoal, tais como produtividade dos empregados ou satisfação dos empregados. Embora possam parecer tão importantes a ponto de serem genéricos, não existe efetivamente um único conjunto certo de vetores de desempenho. Cada empresa identifica individualmente seu próprio conjunto, com base em suas características exclusivas e nas exigências de seu processo de implementação estratégica.

Os *capacitadores* reforçam os vetores de desempenho. Por exemplo, determinada mudança na estrutura de recompensas de uma empresa estimularia a manutenção preventiva, em vez da manutenção corretiva. A ênfase na manutenção preventiva, por sua vez, "capacitaria" um vetor de desempenho chamado "entregas no prazo". Qualquer vetor de desempenho pode ter vários capacitadores. Os capacitadores em si, isoladamente, talvez sejam pouco significativos, mas seu efeito cumulativo pode ter importância estratégica.

Examinemos agora essas duas categorias de produtos de RH.

Vetores de Desempenho de RH

Talvez não seja surpreendente que os gerentes de recursos humanos tendam a concentrar-se nos vetores de desempenho de RH na tentativa de demonstrar sua influência estratégica. Contudo, com muita frequência, eles simplesmente enaltecem a importância de determinado vetor, como a satisfação dos empregados, mas não são capazes de apresentar argumentos convincentes, em termos de negócios, quanto à sua relevância. Essa mazela decorre das dificuldades inerentes ao discernimento das efetivas contribuições de RH para a missão e para a estratégia geral da empresa. Em face desse entrave, as empresas geralmente enfrentam um descompasso entre suas métricas e as políticas de RH. Por exemplo, uma empresa de nosso conhecimento incorpora vários indicadores sofisticados a seu sistema de bônus, mas os indicadores de RH nada mais são que simples obstáculos superáveis por qualquer gerente (por exemplo, "100% dos subordinados diretos apresentaram planos de desenvolvimento de carreira"). Esses indicadores simplistas comprometem a credibilidade de RH na organização mais ampla.

A credibilidade dos indicadores de RH é sobremodo importante nas situações de conflito entre indicadores financeiros e não financeiros. Inevitavelmente, chega um momento em que os indicadores de pessoal estão em alta, mas os indicadores financeiros estão em baixa. Evidentemente, o CFO (principal executivo financeiro) se opõe ao pagamento de bônus quando o "desempenho" não é satisfatório. Contudo, tais reações ignoram um aspecto essencial: o equilíbrio das mensurações de desempenho significa prestar atenção *tanto* aos indicadores consequentes quanto aos indicadores antecedentes. E são os indicadores *antecedentes* — como os de RH — que efetivamente impulsionam a criação de valor nas organizações. Hesitar em recompensar os gerentes, quando os indicadores de pessoal estão em alta e os indicadores financeiros estão em baixa, reflete falta de consenso entre os executivos no sentido de que os indicadores de RH de fato impelem o desempenho de toda a empresa. Neste exemplo, o sistema de recompensa foi "balanceado" para tratar de algumas preocupações vagas a respeito de "questões de pessoal", mas ninguém é capaz de mostrar claramente como esses indicadores se refletem na criação de valor na empresa.

Ademais, os gerentes em geral não compreendem os descompassos inerentes aos indicadores antecedentes. Altas pontuações em RH, em oposição a indicadores financeiros desfavoráveis, sinalizam melhores indicadores financeiros no futuro, presumindo-se que os demais indicadores antecedentes também sejam positivos. Evidentemente, a recíproca é igualmente verdadeira. Indicadores financeiros fortes em contraste com vetores de RH fracos e outros indicadores antecedentes são motivos de preocupação quanto ao desempenho financeiro no futuro. Qual a lição? Uma vez que os sistemas de mensuração do desempenho, efetivamente equilibrados, refletem o desempenho financeiro presente e futuro, os gerentes devem interpretá-los diferentemente da maneira como analisam os indicadores de desempenho tradicionais.

A identificação dos principais indicadores de desempenho de RH pode ser uma tarefa desafiadora, pois eles compõem um conjunto específico de cada empresa. A experiência na Quantum Corporation oferece um bom exemplo. Na Quantum, importante fabricante de discos rígidos e equipamentos periféricos de computador, os executivos enfatizam algo que chamam de *time-to-volume* (tempo para atingir o volume). Na visão da Quantum, ser a primeira a chegar ao mercado não significa ser a primeira a anunciar ou a demonstrar um novo produto.[4] Em vez disso, significa que os clientes efetivamente adquirem os novos produtos de sua preferência, no momento em que os desejam e nas quantidades necessárias. O conceito de *time-to-volume* depende do rápido desenvolvimento de produtos — sem o sacrifício da qualidade — mais a capacidade de aumentar a produção com rapidez suficiente para atender às necessidades dos clientes. A Quantum identificou um conjunto de comportamentos de valor (*value behaviors*), tais como manter-se flexível e adaptável, tomar iniciativas quanto ao próprio desenvolvimento, e resolver problemas de maneira objetiva, como vetores do *time-to-volume*. Nada há de casuístico ou simbólico quanto à importância desses comportamentos para o sucesso da empresa. A Quantum os integra diretamente a seus critérios de avaliação do desempenho e lhes atribui o mesmo peso dos indicadores de desempenho tradicionais. Com efeito, metade dos bônus e dos aumentos por mérito baseia-se nos resultados financeiros e a outra metade, na observância dos comportamentos de valor pelos empregados. Conforme observou um executivo sênior, "não se pode simplesmente 'conseguir resultados' contínuos, deixando uma pilha de cadáveres em sua esteira".

Capacitadores de RH

Conforme foi mencionado, os capacitadores de RH reforçam os vetores de desempenho essenciais. Oferecendo um outro exemplo, se a empresa identifica a produtividade dos empregados como vetor de desempenho essencial, então a "requalificação" talvez seja um poderoso capacitador. Encorajamos os gerentes de recursos humanos a se concentrarem tanto quanto possível nos capacitadores de RH, como o fazem em relação aos vetores de desempenho de RH, mas também a expandirem drasticamente o conceito. Por exemplo, em vez de pensar apenas em termos de capacitadores *focados em RH* em sua organização (aqueles capacitadores que influenciam os vetores de desempenho de RH mais centrais), tente refletir sobre a maneira como certos capacitadores *específicos* de RH também reforçam os vetores de desempenho nos segmentos referentes a operações, clientes e finanças da organização.

Nossa experiência com uma grande instituição financeira ilustra o que pode acontecer quando os gerentes *não* conectam os capacitadores de RH aos vários vetores de desempenho na organização mais ampla. O banco em questão decidira deslocar o foco do seu negócio de varejo, da área de serviços para a área de vendas. A empresa identificou um conjunto de vetores de desempenho, entre os quais se incluíam aumento das vendas cruzadas para os clientes existentes, desenvolvimento de conhecimentos sobre caixas automáticos e aumento das habilidades em vendas. Contudo, os capacitadores de RH ainda enfatizavam os serviços. Por exemplo, a organização ainda preservava o seguinte:

- Programas de treinamento que se concentravam em serviços e não em vendas.
- Avaliações de desempenho e aumentos por mérito que recompensavam serviços e não vendas.
- Práticas de recrutamento baseadas na competência dos serviços e não na competência de vendas.
- Índices de rotatividade que comprometiam o relacionamento entre os caixas e os clientes de varejo.
- Baixos salários e benefícios para os caixas, que ainda por cima eram vistos como despesa, em vez de fonte de crescimento da receita.

Em face da incongruência entre os novos objetivos e os superados capacitadores de RH, o banco não atingiu suas metas de vendas e rentabilidade. Sem capacitadores alinhados de maneira adequada, simplesmente não conseguiu implementar sua nova estratégia de vendas. O ensinamento aqui é que todo o *sistema* de RH influencia, sob muitos aspectos, o comportamento dos empregados. Assim, RH dispõe de numerosas oportunidades para capacitar — ou inibir — os principais vetores de desempenho da empresa.

Outro exemplo, ainda do setor bancário, mostra como é fácil negligenciar o poder dos capacitadores de RH. Quando a Wells Fargo Online Financial Services (OFS) implementou o Balanced Scorecard para medir o progresso geral da empresa rumo a suas metas de crescimento da receita e maximização dos lucros, ela identificou três vetores estratégicos críticos:[5]

- Agregar e reter clientes de alto valor atual e potencial.
- Aumentar a receita por cliente.
- Reduzir o custo por cliente.

A Figura 2.2 narra a "história" de como a OFS esperava atingir essas metas. A OFS também identificou vários vetores de desempenho de RH que, na sua percepção, desempenhariam importante papel no sucesso de sua estratégia, conforme mostra a área de Aprendizado e Crescimento da figura:

- Atrair e reter principais atores e membros do staff da OFS.
- Reforçar as reservas de pessoal e o planejamento de sucessões da OFS.
- Aumentar a competência gerencial e a competência funcional em todos os níveis.
- Prosseguir com o desenvolvimento da organização e da cultura da OFS.
- Implementar o Scorecard e embuti-lo na organização da OFS.

De acordo com Mary D'Agostino, vice-presidente de estratégia da OFS, o reconhecimento desses vetores de RH sinalizou um importante passo para a Wells Fargo, no sentido de a cultura "abraçar os indicadores financeiros". Mas os gerentes da OFS nunca chegaram a um consenso sobre o modo *como* esses vetores de RH afetavam diretamente as três metas estratégicas. Em consequência, embora a empresa tenha concordado em monitorar esses vetores anualmente, ela descuidou de embuti-los formalmente no Scorecard.

Em síntese, os gerentes de recursos humanos devem avaliar o grau em que todo o *sistema* de capacitadores da empresa — da seleção de empregados, aos planos de desenvolvimento e recompensas — suporta os vetores que *não* são de RH, delineados no Scorecard da empresa. Por exemplo, um vetor de desempenho comum é "desenvolver serviços de qualidade superior". Mas se os gerentes de linha estiverem enfrentando problemas de alta rotatividade de pessoal e de recompensas insuficientes pelos serviços de qualidade, de que maneira conseguirão atingir os níveis almejados de qualidade dos serviços? A título de mais um exemplo, suponha que a área de P&D de uma organização tenha identificado o lançamento oportuno de inovações em novos produtos como fator de desempenho crítico. Ao compreender como a unidade de P&D contribui para o processo mais amplo de implementação da estratégia da empresa, o gerente de RH seria capaz de rapidamente gerar ideias que possibilitassem o sucesso da unidade de P&D. Em especial, talvez sugerisse um sistema de recompensas que encorajasse inovações comercializáveis, uma área de compras que opor-

Figura 2.2 Mapa preliminar das conexões

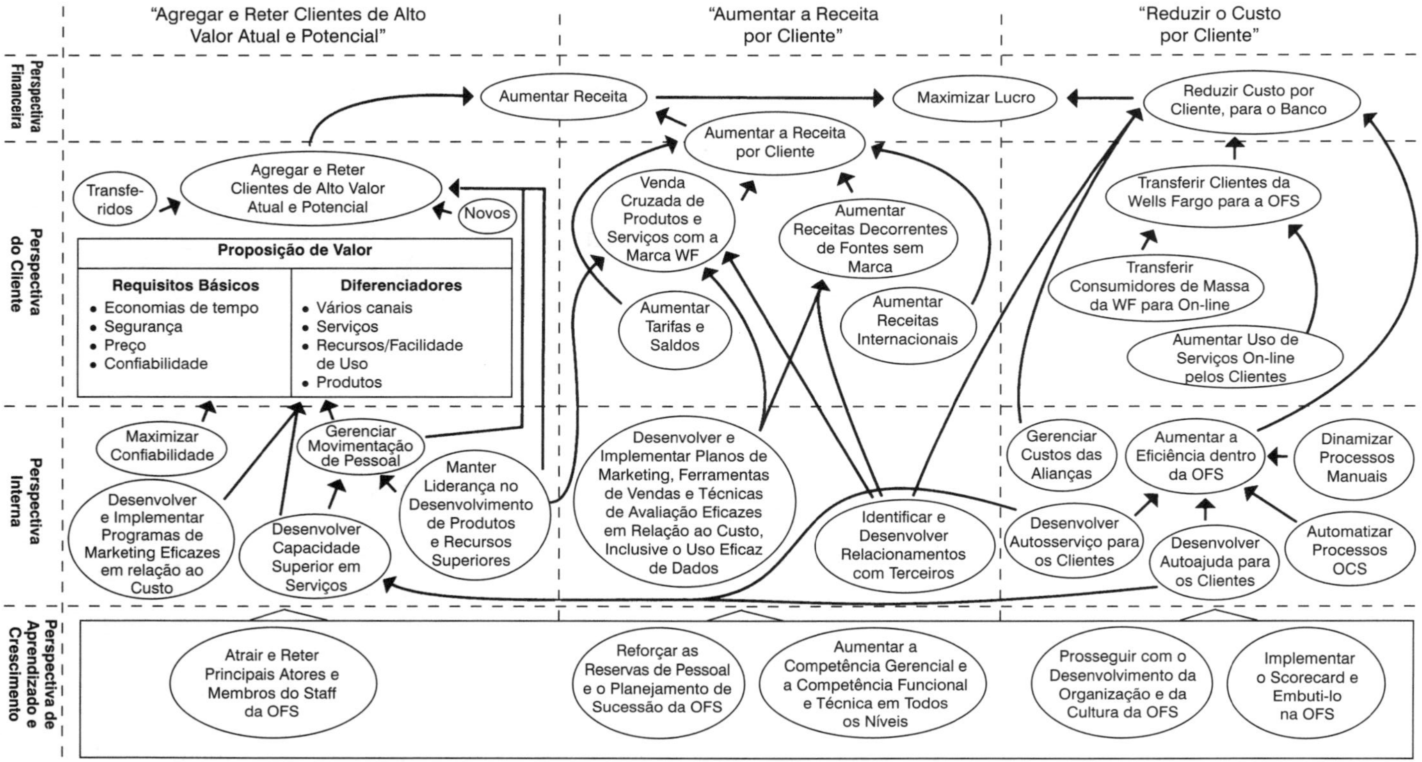

Fonte: Adaptado de Robert S. Kaplan e Nicole Tempest, "Wells Fargo Online Financial Services (A)", Case 9-198-146 (Boston, MA: Harvard Business School, 1998, ver. 1999), exhibit 7.

tunamente oferecesse excelência tecnológica, e um sistema de incentivos que promovesse a redução da rotatividade de pessoal entre os principais talentos de P&D. Esse tipo de sinergia possibilita verdadeiras parcerias de negócios entre RH e o resto da organização.

MODELO DE SETE PASSOS PARA A IMPLEMENTAÇÃO DO PAPEL ESTRATÉGICO DE RH

De que maneira RH formalizará esse tipo de papel estratégico? A Figura 2.3 ilustra como RH é capaz de vincular seus produtos ao processo de implementação da estratégia da empresa. Desenvolveremos os vários componentes desse modelo nos capítulos subsequentes, mas vamos resumi-los de antemão nos sete passos seguintes:

Passo 1: Defina com Clareza a Estratégia de Negócios

Como componentes da "mesa" onde se desenvolve a estratégia, os líderes seniores de RH oferecem uma perspectiva crucial. Ao se concentrarem no modo como *implementar* a estratégia, em vez de apenas naquilo de que consiste a estratégia, eles facilitam a discussão sobre como divulgar as metas da empresa em toda a organização. Quando *não* se desenvolvem as metas estratégicas visando ao modo como elas serão implementadas e divulgadas em toda a organização, elas tendem a se tornar muito genéricas — por exemplo, "maximizar a eficiência operacional", ou "aumentar a presença nos mercados internacionais", ou "melhorar a produtividade". Esses objetivos são tão vagos que os empregados simplesmente não saberão como agir para alcançá-los. Pior ainda, os empregados não os perceberão como algo exclusivo da empresa. A título ilustrativo, geralmente realizamos um experimento simples em nossos cursos de educação executiva. Pedimos aos participantes que escrevam a declaração de missão ou de visão de suas empresas, que depois reeditamos, excluindo qualquer referência ao nome da empresa, e a redistribuímos entre o grupo. Em seguida, pedimos aos participantes que identifiquem no conjunto suas próprias declarações de missão ou de visão. Em geral, as declarações são tão vagas — e semelhantes — que a maioria tem dificuldade em chegar a resultados satisfatórios.

Esclarecer a estratégia da organização, em termos exatos, exige prática. O aspecto crucial é expressar os objetivos da empresa de maneira que os

Figura 2.3 Transformando a arquitetura de RH em ativo estratégico

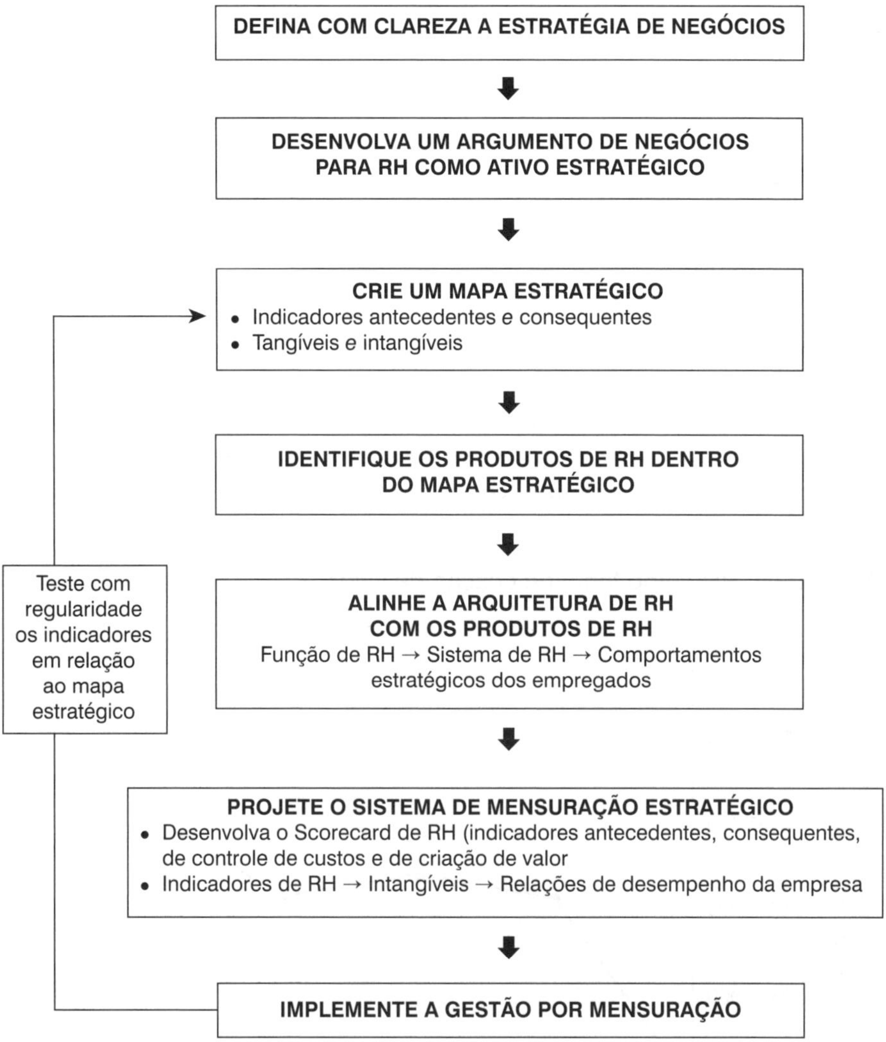

empregados compreendam seu papel e a organização saiba como medir seu sucesso com base em tais parâmetros.

Passo 2: Desenvolva um Argumento de Negócios para RH como Ativo Estratégico

Uma vez esclarecida a estratégia da empresa, os profissionais de recursos humanos precisam desenvolver um argumento de negócios claro sobre por que e *como* RH é capaz de respaldar a estratégia. Ao desenvolver esse argumento de negócios, você desfrutará do benefício de uma década de pesquisas sistemáticas para apoiar suas recomendações. Embora a análise ampla dessas pesquisas esteja além do escopo deste livro, podemos destacar os principais resultados. Primeiro, indícios resultantes de levantamentos de âmbito nacional em mais de 2.800 empresas sugerem enfaticamente que os sistemas de trabalho de alto desempenho exercem influência positiva e nítida sobre o desempenho financeiro da empresa. A Figura 2.4 ilustra esses resultados.

O eixo x da Figura 2.4 reflete a extensão em que o sistema de RH é compatível com nossos princípios de um Sistema de Trabalho de Alto Desempenho, variando de 0, para as empresas com a avaliação mais baixa em nossa pesquisa, até 100, para as empresas com a avaliação mais alta. O eixo y representa o valor de mercado por empregado, associado a diferentes pontuações em nosso índice RH de 1996. Mais uma vez, os resultados

Figura 2.4 RH como fonte de criação de valor

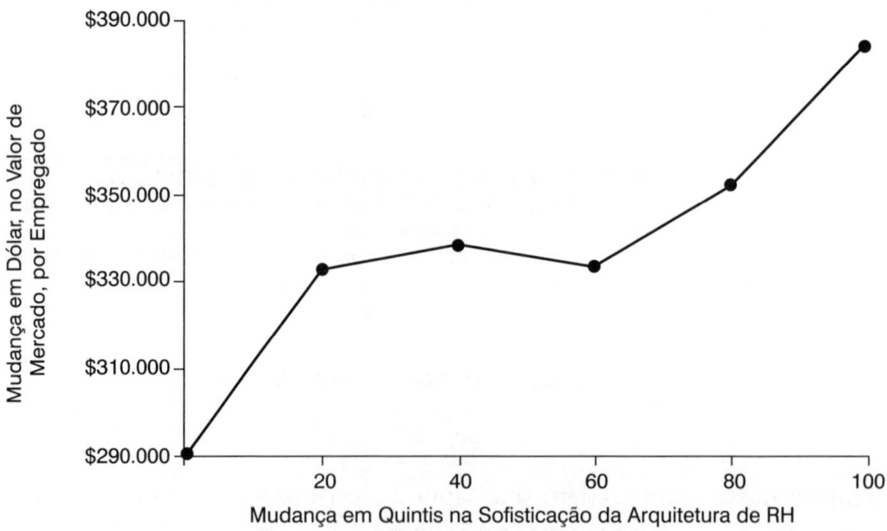

Nota: As relações entre o índice HPWS e o índice valor de mercado/valor contábil estão ajustadas pelas diferenças entre as empresas, em termos de pesquisa e desenvolvimento, setor de atividade, crescimento das vendas, nível de emprego, e sindicalização. Observe-se também que os valores de mercado, por empregado, refletem os níveis de 1996 e terão aumentado com o tempo.

Fonte: Mark A. Huselid e Brian E. Becker, "High Performance Work Systems and Organizational Performance", trabalho apresentado na reunião anual de 1995 da Academy of Management, Vancouver, B.C. agosto de 1995.

demonstram que a qualidade da gestão de RH é importante — e o é de maneira relevante *fora* da área de recursos humanos.

A Figura 2.4 também indica que os retornos decorrentes de investimentos em estratégias de RH de alto desempenho não são lineares. As empresas da amostra parecem ter três experiências distintas, à medida que seus sistemas de RH tornam-se mais orientados para o desempenho. Primeiro, as empresas que se deslocam de classificações no mais baixo percentil para o vigésimo percentil exibem expressivas melhorias de desempenho. Nessa situação, as funções de RH evoluem de constituírem impedimento à implementação da estratégia à influência neutra sobre a implementação da estratégia. Em outros termos, ao melhorar para o vigésimo percentil, o sistema de GRH cria valor simplesmente por sair do caminho.

Segundo, para a ampla faixa do meio (do vigésimo ao sexagésimo percentil), a melhoria da qualidade do sistema de GRH exerce pouco impacto marginal sobre o desempenho da empresa. Esse estágio consolida a evolução da empresa, da ênfase na administração de pessoal para o foco profissional em recursos humanos. Contudo, a GRH ainda não é um parceiro estratégico.

Finalmente, as empresas acima do sexagésimo percentil não só adotam práticas de GRH apropriadas e as implementam com eficácia em toda a organização, como também já começam a entremear o sistema de GRH no "tecido" estratégico da empresa. Em termos práticos, acima do sexagésimo percentil, o impacto marginal de GRH sobre o desempenho da empresa é o mesmo do daquelas situadas abaixo do vigésimo percentil, mas por motivos diferentes. As melhores empresas de nossa amostra usufruem as recompensas resultantes da combinação de políticas e práticas apropriadas de GRH, dentro de um sistema dotado de coerência interna, diretamente alinhado às prioridades de negócios e às iniciativas operacionais que, mais provavelmente, criarão valor econômico. Em essência, nossas descobertas acenam com retornos financeiros significativos para as empresas que melhorarem drasticamente a qualidade de seus sistemas de GRH.

Embora esses efeitos sejam financeiramente significativos, tenha em mente que eles não são a bala mágica. Ou seja, simples mudanças nas práticas de RH não lançarão, imediatamente, à estratosfera os preços das ações. Lembre-se de que nossa avaliação de RH diz respeito a um *sistema* integral. A mudança desse sistema, na magnitude necessária para gerar esses ganhos, exige tempo, insight e muito esforço. Seria justo afirmar que isso demanda a *transmutação* da função e do sistema de RH. Caso se tratasse de algo a ser feito da noite para o dia, os sistemas de recursos humanos seriam imitados com facilidade e logo perderiam boa parte de seu caráter estratégico.

O argumento de negócios referente ao papel estratégico de RH também deve incorporar a influência crucial de RH sobre a implementação da estratégia e sobre o papel dos sistemas de mensuração orientados para a estratégia. A Figura 2.5 descreve o modelo desse argumento de negócios, com base em nossa mais recente pesquisa entre mais de 400 empresas.[6] Esses resultados narram uma história simples, mas contundente. Em consonância com as premissas deste livro, nossos estudos sugerem que a *implementação* da estratégia, e não o *conteúdo* da estratégia, diferencia as empresas vitoriosas e fracassadas. É muito mais fácil desenvolver uma estratégia adequada, do que implementá-la com eficácia. Ademais, a implementação estratégica bem-sucedida é induzida pelo foco estratégico dos empregados, pelo alinhamento estratégico de RH, e pelo sistema equilibrado de mensuração do desempenho. O fulcro da implementação estratégica bem-sucedida é a força de trabalho orientada para a estratégia, que poderíamos considerar o mais importante vetor de desempenho de RH. Finalmente, o sistema equilibrado de mensuração do desempenho, em paralelo com o alinhamento do sistema de RH e com a eficácia da gestão do conhecimento, são os alicerces de uma organização orientada para a estratégia.[7]

Figura 2.5 Sistema de RH e implementação da estratégia

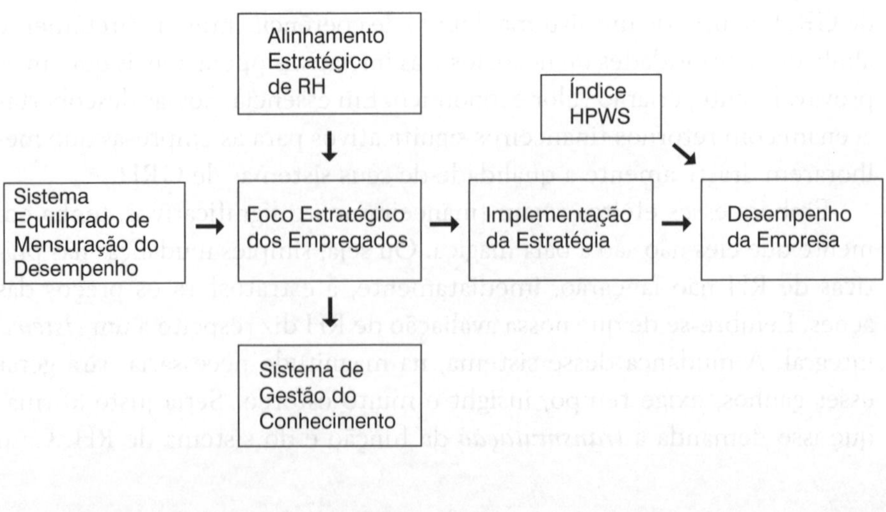

Passo 3: Crie um Mapa Estratégico

O esclarecimento da estratégia prepara o cenário para a implementação da estratégia. Mas trata-se apenas do primeiro passo. Na maioria das organizações, o valor para o cliente, incorporado nos produtos e serviços da empresa, é o resultado de um processo complexo e cumulativo — a que Michael Porter se refere como a *cadeia de valor* da empresa.[8] Todas as empresas têm uma cadeia de valor — até mesmo aquelas que não a explicitaram — e o sistema de mensuração do desempenho da empresa deve levar em conta todos os elos dessa cadeia.

Para definir o processo de criação de valor na organização, recomendamos que os altos executivos e os gerentes de nível médio, responsáveis pela implementação da estratégia, desenvolvam o que Bob Kaplan e Dave Norton chamam de mapa estratégico para representar a cadeia de valor da empresa.[9] Trata-se de diagramas da cadeia de valor, como os constantes das Figuras 2.1 e 2.2. Tais gráficos mostram *como* a empresa cria valor, de modo a ajudar os gerentes e empregados a apreenderem o processo e a atuarem com base nele. O mapeamento da cadeia de valor deve envolver gerentes de todas as funções da organização. Essa ampla participação não apenas melhora a qualidade do mapa estratégico, mas também favorece a adesão dos atores indispensáveis. Para iniciar o processo de mapeamento em sua própria organização, examine com cuidado os objetivos estratégicos da empresa e faça a si próprio as seguintes perguntas:

- Que metas, objetivos e resultados estratégicos são imprescindíveis, e não apenas convenientes ou oportunos?
- Quais são os vetores de desempenho de cada meta?
- Como medir o progresso rumo a essas metas?
- Quais são as barreiras à consecução de cada meta?
- Como devem comportar-se os empregados para garantir que a empresa alcance essas metas?
- A função de RH está fornecendo à empresa empregados com as competências e comportamentos necessários para atingir esses objetivos?
- Caso contrário, o que precisa ser mudado?

Essas perguntas simples são capazes de gerar uma profusão de informações sobre até que ponto a função de RH vem contribuindo bem para o sucesso da organização. Também sugerimos a suplementação dessas análises com várias outras ferramentas de coleta de informações, inclusive questionários para testarem a compreensão das metas da empresa pelos empregados, além de pesquisas para a geração de dados adicionais sobre os vetores de desempenho e os recursos organizacionais. Ao concluir que já dispõe de um quadro completo da cadeia de valor da empresa, converta as informações assim reunidas em um modelo conceitual, usando linguagem e gráficos adequados ao contexto organizacional. Em seguida, teste a compreensão e aceitação do modelo em pequenos grupos de líderes de opinião e de líderes na empresa.

O mapa estratégico do processo de criação de valor contém *hipóteses*, ou previsões, sobre os processos organizacionais que impulsionam o desempenho da empresa. Em geral, a empresa valida essas hipóteses apenas depois de alcançar certos alvos com os vetores de desempenho e de observar o impacto desses resultados sobre a atuação da empresa. Contudo, se a organização for capaz de representar graficamente as relações entre os vetores de desempenho, ao mesmo tempo em que mapeia a cadeia de valor da empresa, ela terá muito mais confiança no plano de implementação da estratégia.

A Sears é um bom exemplo de empresa que teve a chance de testar suas hipóteses e depois refinar seu mapa estratégico, com base na experiência efetiva. A partir do modelo "trabalho, compra, investimento" descrito no Capítulo 1, a Sears ampliou drasticamente sua compreensão desses constructos, à medida que ganhava mais experiência com o modelo — que em seguida utilizou para melhorar a qualidade de seu sistema de mensuração. A Figura 2.6 descreve o mapa estratégico mais abrangente ("indicador do desempenho total") que a Sears desenvolveu no nível das lojas de varejo de linha completa.

Passo 4: Identifique os Produtos de RH Dentro do Mapa Estratégico

Já mencionamos antes que RH cria boa parte de seu valor nos pontos de interseção entre o sistema de RH e o sistema de implementação da estratégia. A maximização desse valor exige que se compreendam ambos os lados da interseção. Historicamente, os gerentes de RH careciam dos conhecimentos necessários a respeito do lado da interseção referente aos negócios e tampouco os gerentes gerais compreendiam integralmente o lado da interseção concernente a RH. Embora esse hiato tenha ficado mais

Figura 2.6 Modelo "Indicador de desempenho total" da Sears para lojas de varejo de linha completa

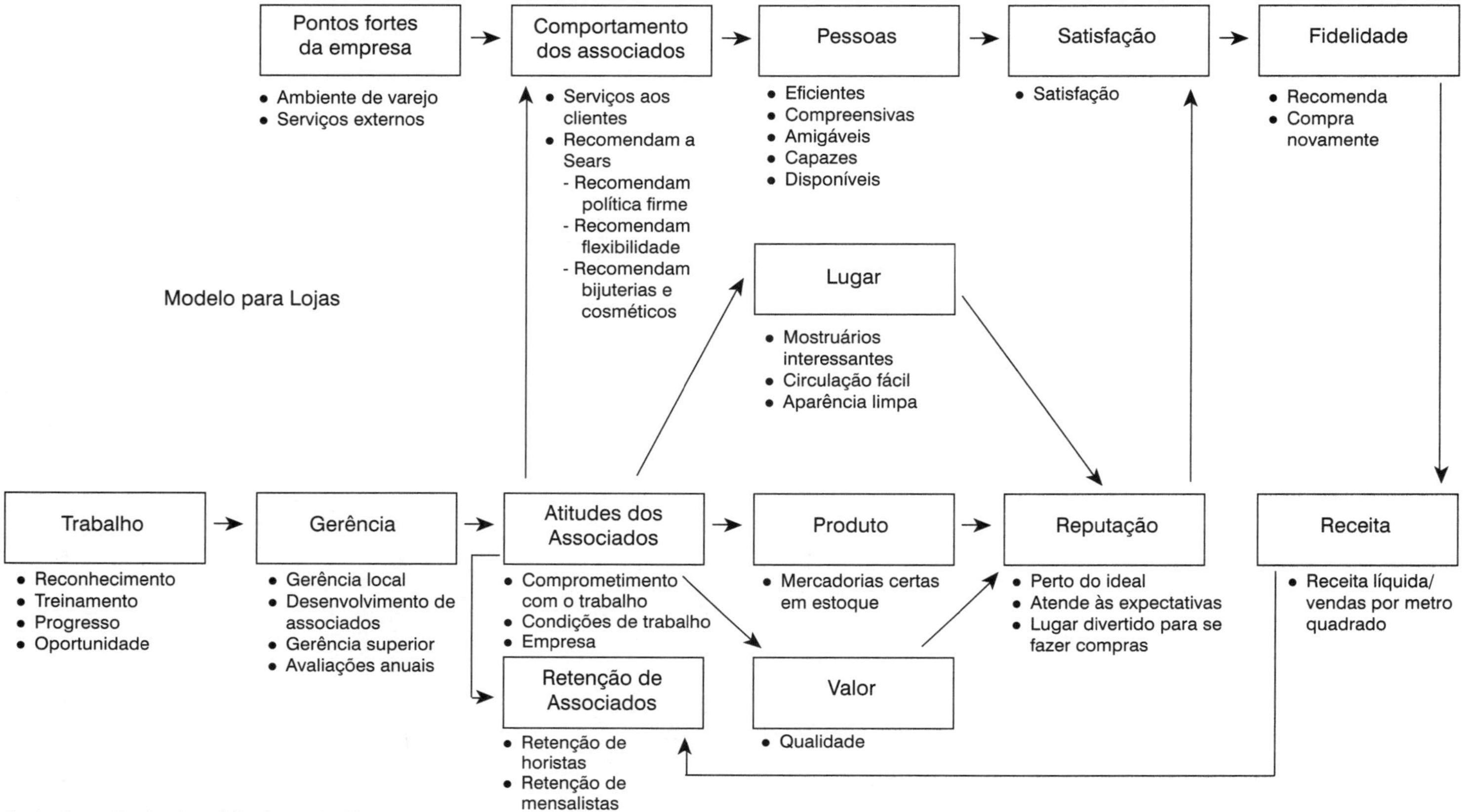

Fonte: Sears Roebuck and Co. Reproduzido com permissão.

CONECTANDO RH À ESTRATÉGIA NA GTE

Os passos 1 a 3 do modelo descrito neste capítulo serão muito mais diretos se a empresa tiver implementado, ou estiver no processo de implementar, um Balanced Scorecard mais amplo. Contudo, em alguns casos, os gerentes de RH devem empreender os passos 1 a 3 sem o benefício da análise mais sistemática que seria parte de um programa de Balanced Scorecard completo. A experiência da GTE é um bom exemplo de como RH pode começar a vincular seu sistema de mensuração à estratégia da empresa, quando a organização como um todo não tiver participado da criação de um "mapa estratégico", conectando os indicadores antecedentes e consequentes do desempenho estratégico.

Na GTE, a área de RH desenvolveu de início os "imperativos pessoais" da empresa, como parte de um processo de planejamento da alta liderança, chamado "Liderança 2000". Esses imperativos concentravam-se nos novos comportamentos e capacidades necessários para impulsionar os resultados da empresa durante os cinco ou dez anos seguintes. Isso, por sua vez, constituiu-se no fundamento de uma nova estratégia de RH organizada em torno dos seguintes cinco impulsores estratégicos:

- Talento
- Liderança
- Serviços e suporte aos clientes
- Integração organizacional
- Capacidade de RH

Ainda mais importante, a área de RH da GTE não ficou apenas nesses impulsores estratégicos de altíssimo nível. Em vez disso, reuniu-se com os líderes de negócios da empresa e descobriu as características de cada um dos cinco impulsores estratégicos que eram "motivo de insônia". Esse processo de alinhamento resultou em dezessete perguntas específicas que se converteram no foco organizador das métricas no próprio Balanced Scorecard de RH. A seguir, alguns exemplos de perguntas:

- Temos o talento necessário para sermos bem-sucedidos no futuro?
- Como RH está ajudando a GTE a se posicionar, de modo a atender às necessidades dos clientes externos?
- RH é visto como capacitador para atrair e reter talentos de alto nível na GTE?
- Estamos gerenciando os custos da rotatividade/movimentação?
- Estamos gerenciando os riscos financeiros?
- Qual o retorno sobre o investimento da GTE em pessoas?

Fonte: Garrett Walker, diretor de RH da GTE, entrevista com o autor (Mark Huselid), agosto de 2000; e *Measure What Matters: Aligning Performance Measures With Business Strategy* (American Productivity and Quality Center, 1999).

estreito nas últimas décadas, os gerentes de recursos humanos devem assumir a responsabilidade básica de retratar no mapa estratégico os vetores de desempenho de RH *e* os capacitadores de RH.

Esse processo pode ser difícil. De um lado, vetores de desempenho de recursos humanos, como competência, motivação e disponibilidade dos empregados, são tão fundamentais que talvez seja virtualmente impossível saber onde localizá-los no mapa. Para a execução desse passo, recomendamos que você pergunte a si próprio que *produtos de RH* (novamente, tanto os vetores de desempenho quanto os capacitadores) apoiam os vetores de desempenho no *nível da empresa*, representados no mapa estratégico. Tente concentrar-se nos tipos de comportamentos estratégicos que são sobretudo função das competências, das recompensas e da organização do trabalho. Por exemplo, sua empresa talvez conclua que a estabilidade dos empregados (ou seja, a baixa rotatividade) melhora o tempo de ciclo de P&D (vetor de desempenho no nível da empresa). Assim, a estabilidade dos empregados é um importante capacitador de RH. A percepção dessa conexão o induzirá à formulação de políticas — como salários ou bônus acima do mercado — que estimulariam maior estabilidade entre o pessoal de P&D com maior experiência.

Passo 5: Alinhe a Arquitetura de RH aos Produtos de RH

Até agora, estamos pensando "de cima para baixo", de maneira que a estratégia de RH indique os produtos de RH em que se concentrar (Passo 4). Agora, a pergunta é: Como estruturar o sistema de RH (recompensas, competências, organização do trabalho etc.) a fim de fornecer esses produtos? A Figura 2.7 ilustra a maneira como um sistema de RH adequadamente alinhado cria um produto de RH (baixa rotatividade entre o pessoal sênior de P&D) que capacita um vetor de desempenho crítico (tempo dos ciclos) no mapa estratégico. A experiência da GTE ilustra esse mesmo conceito. Conforme descrito no quadro "Conectando RH à Estratégia na GTE", essa empresa desenvolveu um Scorecard para a função de RH (ver Capítulo 3) que se concentra em cinco vetores de desempenho de RH aplicáveis em todo o âmbito da empresa, que lá são chamados de "impulsores" estratégicos. Trata-se, no caso, de áreas relacionadas com o capital humano, que são importantes para a implementação bem-sucedida da estratégia geral, mas que não estão vinculadas especificamente a determinado problema de negócios.

Contudo, a GTE também tem usado esses "impulsores" estratégicos para orientar sua análise dos problemas específicos de RH com que se defrontam suas diferentes unidades de negócios. Trata-se de algo muito semelhante à nossa noção de capacitadores de RH, que são pontos de impacto altamente concentrados da arquitetura de RH. Por exemplo, em determinada unidade de negócios estratégica (Strategic Business Unit — SBU), um dos vetores de desempenho estratégico é transformar a prestação de serviços em diferenciador de mercado de importância crucial. Com base numa análise da área de RH da GTE, o produto de RH, para usar nosso termo, é "força de trabalho estável e comprometida". Distinguiríamos esse produto como capacitador de RH, pois ele não se elevaria ao nível de um vetor de desempenho de RH no âmbito da empresa. Finalmente, a área de RH da GTE alinha o sistema de RH a fim de desenvolver as atividades de aquisição de talentos, planos de incentivos, programas culturais e iniciativas de "migração de pessoal altamente qualificado", e assim fornecer os necessários produtos de RH.

A área de RH da GTE também articulou-se com as diferentes unidades de negócios, para desenvolver mapas estratégicos específicos para cada SBU, descrevendo e orientando de maneira mais sistemática as contribuições de RH para a estratégia da unidade de negócios. Por exemplo, o grupo wireless da GTE decidiu concentrar-se em determinado mercado-chave, para aumentar as vendas e receitas. RH trabalhou com os líderes de negócios da Wireless para desenvolver as competências específicas necessárias à implementação da estratégia. A Figura 2.8 descreve a relação entre as iniciativas de RH e o desempenho financeiro. Aqui, o produto de RH é um conjunto de competências e habilidades em vendas.

A Figura 2.8 apresenta os resultados prováveis dos passos 1 a 4, no nível da SBU. A implementação do Passo 5 significa empreender um modelo de competência e um programa de desenvolvimento, de modo a fornecer o produto de RH específico para determinada estratégia.

Figura 2.7 Interseção de RH com o mapa estratégico

Figura 2.8 Mapa estratégico: foco no desenvolvimento de competências e habilidades

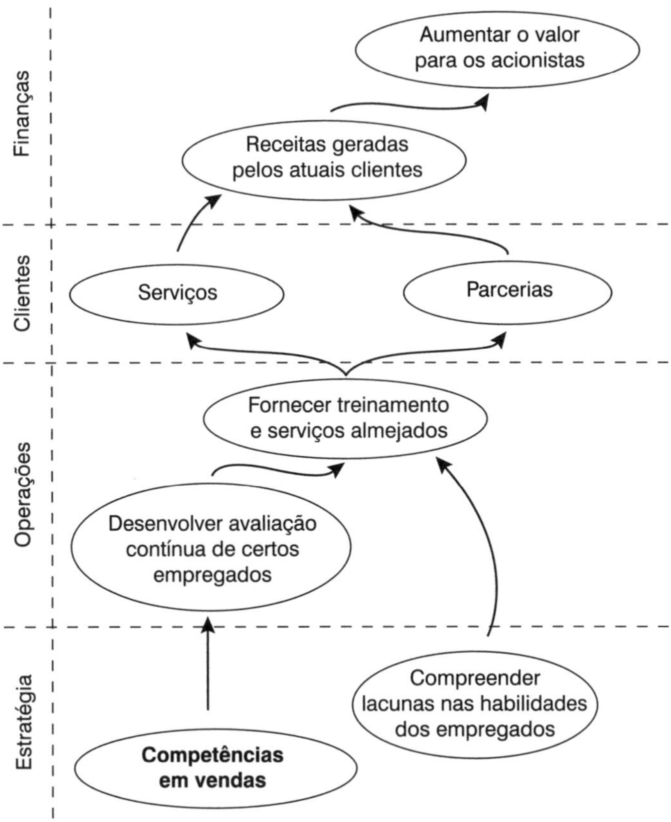

Fonte: Reproduzido com permissão da GTE Corporation.

O Passo 5 insufla vida ao processo de criação de valor da empresa, ao alinhar o sistema de RH ao sistema mais amplo de implementação da empresa. Mas, para tanto, é preciso refletir sobre como os componentes *do* sistema de RH encaixam-se entre si (alinhamento interno) e como o sistema de RH alinha-se com (ou seja, respalda) os demais elementos da cadeia de valor da empresa (alinhamento externo). Tais conceitos de alinhamento interno e externo apresentam estreita correlação. Especificamente, o alinhamento interno é condição necessária, mas não suficiente, para o desenvolvimento do alinhamento externo. Por exemplo, na década de 1980, a IBM caracterizava-se por altos níveis de alinhamento interno de RH. Dotada de um dos maiores e mais competentes quadros de profissionais de recursos humanos da história de negócios, a empresa desenvolveu um sistema de gestão de RH extremamente coeso e em seguida o conectou estreitamente à estratégia competitiva da empresa. Esse sistema de RH era tão coeso que, quando a IBM mudou sua estratégia, muitas das então vigentes estruturas de recursos humanos tornaram-se irrelevantes e até mesmo inadequadas. As estratégias de RH fortemente coesas fracassarão se não passarem por reformulações periódicas que as alinhem à estratégia de negócios mais ampla (e geralmente em constante mutação) da empresa. Contudo, todas as organizações precisam de uma estratégia de RH internamente alinhada, a fim de alcançar seus objetivos gerais.

O *mau* alinhamento entre o sistema de RH e o sistema de implementação da estratégia pode efetivamente destruir valor, conforme demonstrou nossa experiência com um grande banco múltiplo. Como muitas outras instituições financeiras desse setor, a empresa em questão reduziu o trabalho dos caixas, de tempo integral para tempo parcial, a fim de economizar custos com pessoal. Em muitas localidades, ela terceirizou todo o quadro de caixas e depois voltou a contratar seus serviços através de fornecedores externos. No curto prazo, essa estratégia de fato reduziu os custos de mão de obra. No entanto, cerca de um ano depois, o banco se defrontou com escassez de candidatos para as posições de chefe dos caixas e analista de crédito júnior. Além de eliminar as oportunidades de treinamento e desenvolvimento que, no passado, preparavam os caixas para promoções funcionais, a organização, ao adotar o emprego em tempo parcial, passou a contratar pessoas não muito interessadas em atividades de tempo integral, além de indivíduos nem sempre "promovíveis". A consequência, não intencional, dessa mudança para emprego em tempo parcial foi o aumento drástico dos custos de recrutamento e remuneração em posições dois ou três níveis acima do caixa em início de carreira. Assim, o banco foi forçado a partir para o recrutamento externo, mas não mais dispunha de sistemas adequados de seleção e treinamento. No longo prazo, os custos totais com a remuneração de pessoal *aumentaram* significativamente, incluindo considerável perda de tempo e insatisfação entre outros empregados. A lição é que o sistema de mensuração adotado pela empresa (custos da folha de pagamento no curto prazo) acabou prejudicando o desempenho geral do negócio e exerceu efeito exatamente oposto ao pretendido de início.

CONSEQUÊNCIAS NÃO INTENCIONAIS NA GTE

A experiência da GTE ilustra o tipo de pensamento sistêmico induzido por um modelo "equilibrado" de mensuração do desempenho. Antes do desenvolvimento de seu Scorecard, a área de recursos humanos da GTE estivera sob forte pressão dos gerentes de linha para concentrar-se sobretudo na eficiência e no controle de custos. Como resposta, RH, em uma das regiões, reduziu à metade da média o prazo de preenchimento de vagas da empresa e reduziu substancialmente os custos de provimento de pessoal. Contudo, os *call centers* da GTE da região não desfrutavam os benefícios dessa eficiência de RH em seus resultados de negócios. Em vez disso, apresentavam taxas de rotatividade de pessoal correspondentes ao dobro da média da empresa, além de queda no nível dos serviços aos clientes.

O que aconteceu? Tanto os gerentes de linha como a área de RH abordaram de maneira muito estreita a influência de RH sobre os negócios e não previram as influências indiretas dessas decisões. Conforme se constatou depois, RH passou a recorrer a outro pool de talentos como fonte de recrutamento, a fim de reduzir tempo de ciclo. Assim, abandonaram o antigo manancial de estudantes de graduação e de profissionais experientes, e buscaram agências de mão de obra temporária e bancos de dados de candidatos a emprego. O tempo de ciclo e os custos com pessoal caíram, mas, por outro lado, o processo de recrutamento ficou menos seletivo e as novas contratações já não eram tão "adequadas" quanto as do passado. As consequências foram o aumento da rotatividade de pessoal e elevação dos custos de treinamento, uma vez que os novos admitidos careciam de muitas das habilidades básicas dos novatos anteriores. Além disso, a qualidade dos serviços deteriorava-se, à medida que a maior rotatividade aumentava a proporção de empregados inexperientes e desviava o pessoal experiente das atividades diretas de atendimento aos clientes, em face de maior necessidade de apoio aos novos empregados.

A nova parceria com os líderes de negócios, encorajada pelo Scorecard de RH, resultou em melhor compreensão dessas interações sistêmicas. O resultado foi a aceitação de que tempos de ciclo de recrutamento mais longos e custos de provimento mais altos são de fato investimentos em pessoal, com resultados muito positivos para os negócios.

Passo 6: Projete o Sistema Estratégico de Mensuração de RH

Os passos 1 a 5 orientam o desenvolvimento da arquitetura de RH e preparam o terreno para a avaliação das interligações entre as atividades de recursos humanos e o desempenho da empresa. No Passo 6, parte-se para o efetivo desenvolvimento do sistema de mensuração de RH. Isso exige não só uma nova perspectiva sobre a mensuração do desempenho de RH, mas também a solução de algumas questões técnicas estranhas a muitos profissionais de RH.

A avaliação exata da relação entre atividades de RH e desempenho da empresa requer o desenvolvimento de indicadores válidos para os produtos de RH. Essa tarefa tem duas dimensões. Primeiro, estar certo de ter escolhido os vetores de desempenho e os capacitadores adequados. Isso exige compreensão nítida da cadeia causal, para a efetiva implementação da estratégia na organização. Segundo, selecionar os *indicadores* corretos desses produtos. Por exemplo, na Figura 2.7, o produto de RH é a estabilidade do pessoal sênior no emprego, mas são várias as maneiras de medir esse conceito. O desenvolvimento do indicador final exige que se defina com exatidão quem compõe o grupo de pessoal sênior (por exemplo, aqueles com cinco a quinze anos de experiência profissional) e o que significa estabilidade no emprego. O conceito abrange todos os tipos de rotatividade ou apenas a voluntária? Aí se inclui quem foi promovido para funções gerenciais? Finalmente, essas variáveis devem ser medidas com precisão.

Com base em nossa experiência, a maioria das empresas passa por várias fases de sofisticação crescente ao desenvolver o Scorecard de RH. A Figura 2.9 ilustra as opções de mensuração disponíveis para os profissionais de RH. A maioria dos sistemas de mensuração de RH se enquadra na categoria Tradicional ou na Fase 1. Aí se encontram métricas operacionais, como custo por contratação e contagem de atividades. O intervalo entre as fases 1 e 2 do diagrama simboliza a distância expressiva entre os sistemas de mensuração de RH orientados para as operações e aqueles voltados para as estratégias.

Na segunda fase, os indicadores de RH têm a aura da importância estratégica, mas pouco contribuem para validar o papel de RH como ativo estratégico. As empresas podem até declarar que alguns indicadores de "pessoal", tais como satisfação dos empregados, têm valor estratégico, e é bem possível que essas métricas, de alguma maneira, abram caminho rumo aos sistemas de recompensa. Nesses casos, há um "equilíbrio" entre indicadores financeiros ($$) e não financeiros (NF), mas não existe consenso quanto ao modo como essas variáveis contribuem para a implementação da estratégia. Portanto, não existe lógica estratégica interligando tais indicadores. Essas empresas pularam os passos 2 a 5 de nosso modelo.

Figura 2.9 Desenvolvimento do foco estratégico nos empregados por meio da maior sofisticação das mensurações

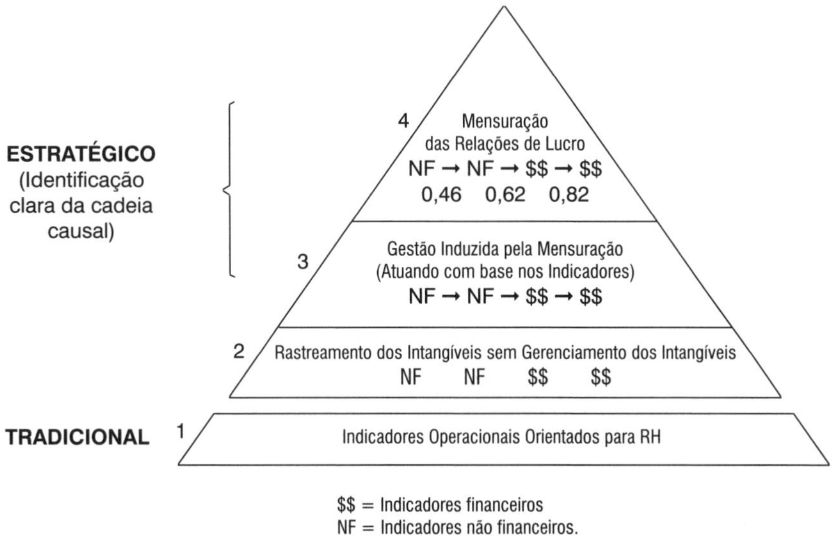

A Fase 3 da Figura 2.9 é um ponto de transição crucial. A empresa inclui indicadores não financeiros (entre eles, indicadores de RH) em seu sistema estratégico de mensuração do desempenho. Além disso, insere cada indicador dentro de um mapa estratégico. Pela primeira vez, os indicadores de recursos humanos estão de fato monitorando a contribuição de RH para o desempenho da empresa.

Na Fase 4, os sistemas de mensuração de RH permitem que se estime o impacto das políticas de RH sobre o desempenho da empresa. Se a cadeia de valor da empresa for curta, como na Sears, a empresa será capaz de avaliar todo o impacto de RH sobre o desempenho geral. Nas organizações com cadeias de valor mais complexas, as estimativas sobre as influências de RH talvez se limitem a seus sucessivos segmentos. O fato de não se conseguir captar todo o impacto de RH sobre o desempenho da empresa não significa que não se possa medir parte do impacto. Por exemplo, veja na Figura 2.10 a situação de uma empresa imaginária chamada Petro Pipeline. Aí se descreve uma parcela muito pequena de um mapa estratégico mais amplo, representando o sistema de implementação da estratégia da Petro. Seria razoavelmente simples medir a influência dos produtos de RH (melhoria do foco dos empregados na manutenção preventiva) sobre as "paralisações para consertos" e seus efeitos subsequentes sobre as percepções dos clientes da Petro como um fornecedor confiável.

Sem dúvida, a mensuração das relações entre atividades de RH e desempenho da empresa não é uma proposição do tipo tudo ou nada. Qualquer progresso além das abordagens de mensuração tradicionais tende a redundar em melhorias substanciais na cadeia de valor. Quanto mais sofisticado o sistema de mensuração, maiores os benefícios finais.

Passo 7: Implemente a Gestão por Mensuração

Uma vez desenvolvido o Scorecard de RH com base nos princípios descritos em nosso modelo, o resultado é uma nova e poderosa ferramenta gerencial. Na verdade, a implementação dessa ferramenta significa muito mais do que o simples "monitoramento" do impacto de RH sobre o desempenho da empresa. Se o Scorecard estiver alinhado com os imperativos da estratégia da empresa, os profissionais de RH terão novos insights sobre o que é necessário para efetivamente gerenciar RH como ativo estratégico.

Por exemplo, a área de RH da GTE sempre mediu os índices de rotatividade de seus negócios; contudo, antes do desenvolvimento do Scorecard de RH, era pequeno o esforço para compreender as dimensões subjacentes dos índices de rotatividade e suas consequências para a rentabilidade da organização. Em outras palavras, embora a área de RH da GTE medisse a rotatividade no passado, ela realmente não a gerenciava como questão relevante nas diferentes áreas de negócios. Depois da implementação do Scorecard de RH, os índices de rotatividade passaram a ser analisados com mais atenção, indicando aumentos substanciais entre os novos contratados e entre o pessoal experiente. As consequências foram novas intervenções de RH em ambos os grupos que apresentavam problemas, gerando benefícios para o desempenho das unidades de negócios envolvidas.[10]

A implementação de um novo processo gerencial com base nas atividades que compõem os passos 1 a 6 exige muita mudança e flexibilidade. Além disso, o processo não é apenas uma ocorrência única. Os líderes de recursos humanos devem rever com regularidade os produtos de RH a fim de garantir que os vetores e capacitadores ainda sejam significativos do ponto de vista estratégico. Isso aplica-se sobretudo aos capacitadores de RH relacionados diretamente com certos objetivos específicos da empresa. Os gerentes de RH habilidosos sabem quando um capacitador não mais desempenha papel estratégico e precisa ser substituído.

Figura 2.10 Influência dos capacitadores de RH na Petro Pipeline

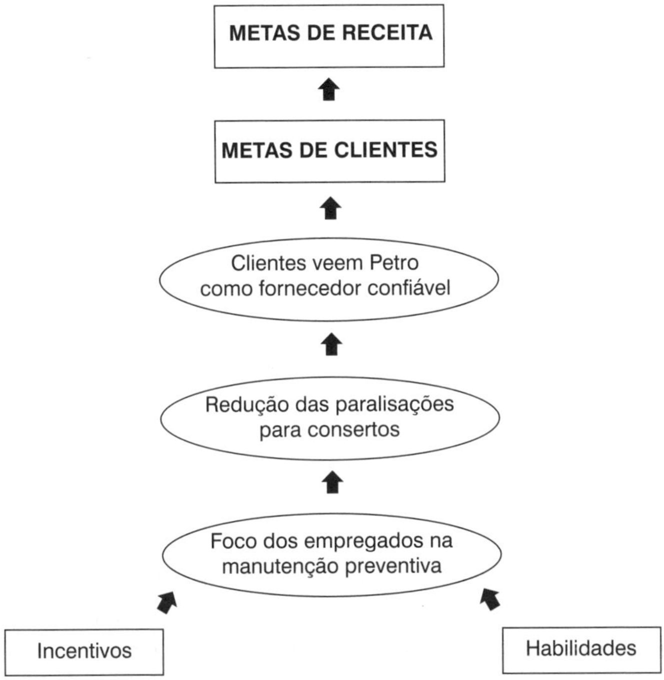

Nota: Essa figura é subseção de um mapa causal mais amplo.

RESUMO: DESENVOLVENDO MENSURAÇÕES DO DESEMPENHO DE CLASSE MUNDIAL

O desenvolvimento de um sistema de mensuração do desempenho de classe mundial exige que se compreendam com clareza a estratégia competitiva e as metas operacionais da empresa — além da identificação nítida das competências e comportamentos dos empregados para que se atinjam os objetivos da empresa. Ademais, a perspectiva sistêmica é pré-requisito para que se promova o alinhamento interno e externo do sistema de RH e, por conseguinte, para o desenvolvimento da verdadeira vantagem competitiva. Os sistemas de mensuração — da empresa como um todo ou da função de RH — são capazes de criar valor apenas quando adaptados cuidadosamente à estratégia competitiva e às metas operacionais exclusivas. Assim, as empresas devem ser cautelosas no *benchmarking* dos sistemas de mensuração de outras organizações. No caso de sistemas de mensuração, as "melhores práticas" talvez não sejam transferíveis entre empresas. E aí reside seu valor competitivo!

3

CRIANDO O SCORECARD DE RH

Como vimos, o Scorecard de RH possibilita duas coisas importantes: (1) gerenciar RH como ativo estratégico e (2) demonstrar a contribuição de RH para o sucesso financeiro da empresa. Embora cada empresa desenvolva seu Scorecard à sua própria maneira, o Scorecard bem concebido conduz o raciocínio a quatro temas importantes: os principais produtos de recursos humanos que alavancarão o papel de RH na estratégia geral da empresa, o Sistema de Trabalho de Alto Desempenho (HPWS), a extensão em que o HPWS está alinhado com a estratégia da empresa, e a eficiência com que se geram tais produtos.

Mais adiante, neste capítulo, discutiremos essas dimensões do Scorecard de RH com mais detalhes. Contudo, para se começar a compreender o que é necessário na construção de um Scorecard de RH, analisemos um processo desse tipo numa empresa que chamaremos de HiTech. Para melhor ilustrar a situação, focalizaremos a abordagem na função de P&D da HiTech e exploraremos o papel potencial de RH no modelo de implementação da estratégia geral. Tal como ocorre em muitas unidades de negócios, as atividades de P&D na HiTech têm metas de rentabilidade que dependem do *crescimento da receita* e da *melhoria da produtividade* — dois importantes vetores de desempenho. Para desenvolver um Scorecard de RH apenas para esta unidade, é preciso compreender o papel da área de RH nessas duas dimensões do mapa estratégico de P&D. Poderíamos descrever esse papel de RH nos seguintes termos:

- O *crescimento da receita* decorre, em última instância, do aumento da satisfação dos clientes, que, por sua vez, é impulsionada pela inovação dos produtos e pela confiança nos prazos de entrega, entre outros fatores.
  - A inovação dos produtos depende intensamente da disponibilidade de pessoal talentoso, com experiência significativa na empresa. Por meio de métodos de seleção e programas de retenção baseados na competência, RH contribui para o provimento de profissionais estáveis e talentosos em P&D.
  - A confiança nos prazos de entrega depende, em parte, da existência de um efetivo de pessoal ótimo na área de fabricação. Ainda que os índices de rotatividade da mão de obra sejam baixos, a empresa deve preencher as vagas com rapidez. Ao reduzir o tempo de ciclo do recrutamento, RH garante a disponibilidade de pessoal de produção nos níveis almejados.
- A *melhoria da produtividade* requer a continuidade de programas de produção ótimos, o que, por sua vez, exige a preservação de efetivo de pessoal ótimo. Mais uma vez, o tempo de ciclo do recrutamento de RH afeta a disponibilidade de mão de obra para atender às necessidades da área de fabricação.

DESENVOLVENDO UM SISTEMA DE MENSURAÇÃO DE RH

Agora, façamos algumas "incursões" na abordagem do Scorecard de RH, a fim de ilustrar como a HiTech poderia começar a desenvolver seu sistema de mensuração de recursos humanos.

Identificando os Produtos de RH

Dois são os produtos de RH neste exemplo. O primeiro é *efetivo de pessoal altamente talentoso e estável na função de P&D*. Esse produto tem várias dimensões. Para começar, o pessoal de P&D deve apresentar as competências únicas definidas pela empresa e deve demonstrar essas competências no mais alto nível. Tais competências combinam conhecimento técnico de vanguarda compatíveis com as exigências específicas dos produtos da HiTech. Assim, eles estão sujeitos à influência dos programas internos de desenvolvimento profissional. Ademais, como essas competências são específicas da HiTech e exigem vários anos de experiência na empresa, a rotatividade do pessoal de P&D deve ser muito baixa.

O segundo produto de RH é *efetivo de pessoal ótimo na unidade de fabricação*.

Ambos os produtos têm implicações claras para o desempenho geral da HiTech. Um contribui para o crescimento da receita, enquanto o outro influencia a melhoria da produtividade.

Sistema de Trabalho de Alto Desempenho

Após a definição clara dos produtos de RH, estamos em condições de começar a identificar e a medir os elementos básicos de um Sistema de Trabalho de Alto Desempenho que ajude a gerar esses produtos. Chamamos esses elementos de Sistema de Trabalho de Alto Desempenho para enfatizar o fato de que eles foram selecionados especificamente com o intuito de implementar a estratégia, com a ajuda dos produtos de RH. No caso da HiTech, isso significa conceber e implementar um modelo de competências validado, que mantenha conexões com todos os elementos do sistema de RH, e efetuar com regularidade avaliações do desempenho de todos os empregados. Assim como em relação a todos os outros elementos do Scorecard de RH, muitas são as maneiras de representar esses dados. A abordagem mais comum é mostrar a proporção de realizações em cada elemento, embora também seja possível indicar, por meio de cores, se cada elemento está acima ou abaixo do padrão, como, por exemplo, vermelho (abaixo do padrão), amarelo (marginal) ou verde (atende ao padrão).

Intensificando o Alinhamento do Sistema de RH

Quais as necessidades dos elementos do sistema de RH para se reforçarem uns aos outros, a fim de gerarem os dois produtos de RH? No caso do produto efetivo de pessoal altamente talentoso e estável na função de P&D, podemos presumir que a empresa desenvolveu um modelo de competências validado. Na HiTech, a seleção de pessoal para essas posições deve basear-se nesse padrão, e a qualidade das admissões deve situar-se no nível mais alto possível. Essas metas de alinhamento exercem forte influência sobre as decisões específicas referentes às fontes de recrutamento mais adequadas à produção dos resultados almejados. Contudo, essas decisões, em si, não precisam ser parte do Scorecard de RH. O pressuposto é que, como se estão medindo os resultados das fontes de recrutamento e como "o que é medido é gerenciado", tais escolhas serão orientadas pela necessidade de atingir as metas de resultados.

A HiTech também precisa definir os tipos de políticas de retenção de pessoal que promovem o acúmulo de experiências na unidade de P&D. Observe-se, contudo, que a *compreensão* de que as políticas de retenção representam um indicador antecedente crucial é mais importante do que as políticas em si, que são únicas para cada empresa. Na HiTech, um conjunto bem escolhido de atividades e políticas de RH, desde o treinamento de supervisores a pacotes de benefícios exclusivos, seria altamente conveniente. O importante é assegurar que até as "rotinas" de RH aparentemente irrelevantes tenham razões estratégicas nítidas.

Quanto ao segundo produto, efetivo de pessoal ótimo na unidade de fabricação, RH deve zelar pela curta duração do tempo de ciclo de seu recrutamento. O indicador de alinhamento adequado — por exemplo, o tempo de ciclo do recrutamento de quatorze dias — refletiria avanço rumo a esse objetivo.

Indicadores de Eficiência de RH

Nesse exemplo simples, a HiTech poderia identificar o custo de contratação como indicador de eficiência estratégica. Em ambos os produtos de RH, esse indicador provavelmente estaria acima da média. Mas os benefícios desses processos de recrutamento e seleção também estarão bem além do padrão. O Scorecard de RH desenvolvido pela HiTech deve enfatizar esses vínculos entre custos e benefícios de maior relevância.

A Figura 3.1 dá uma ideia básica de como seria o Scorecard de RH da unidade de P&D da HiTech. Evidentemente, um Scorecard de RH para toda a empresa incluiria muito mais entradas. Esse diagrama representa um sistema de mensuração conciso, mas abrangente, que ao mesmo tempo orientará o processo decisório estratégico de RH e avaliará a contribuição de RH para o desempenho de P&D. Mais importante, o Scorecard está apresentado de maneira a reforçar a "lógica causal" ou o mapa estratégico de como RH cria valor na HiTech.

O PENSAMENTO SUBJACENTE AO SCORECARD DE RH

Por que escolhemos a identificação dos produtos de RH, o uso do Sistema de Trabalho de Alto Desempenho, o alinhamento do sistema de

RH e os indicadores de eficiência de RH como elementos essenciais do Scorecard da área de recursos humanos? Acreditamos que essa composição reflete o equilíbrio entre o duplo imperativo de controle de custos, de um lado, e criação de valor, de outro. O controle de custos decorre da mensuração da eficiência de RH. A criação de valor deriva da mensuração dos produtos de RH, do alinhamento externo do sistema de RH, e do Sistema de Trabalho de Alto Desempenho. Esses três últimos elementos essenciais da arquitetura de RH estabelecem uma cadeia de valor entre funções, sistemas e comportamentos dos empregados.

Nas duas seções seguintes, desenvolvemos um estilo de raciocínio sobre o controle de custos e a criação de valor. Novamente, é mais importante que os gerentes compreendam o raciocínio subjacente ao Scorecard do que sigam estritamente o formato específico aqui proposto. O valor do diagrama do Scorecard, em si, reside em sua lógica intrínseca e em seu poder como ferramenta de tomada de decisões.

Ênfase no Resultado: Equilibrando Controle de Custos e Criação de Valor

Como a maioria dos gerentes de RH, você provavelmente sofre pressões constantes para ajudar a organização a "eliminar custos". Com efeito, muitos gerentes de linha encaram como despesas gerais boa parte do trabalho de RH. Em muitos casos, esses gerentes estão certos, o que aumenta ainda mais a responsabilidade de RH por aumentar a eficiência onde for possível. Reconhecemos essas demandas e acreditamos que todo Scorecard de RH deve incluir uma dimensão que reflita a eficiência da função de RH. O problema é que em organizações que encaram RH como nada mais do que um centro de custos, a eficiência da função de RH tende a ser a única métrica vinculada a resultados, no sistema de mensuração de RH.

Contudo, não obstante o imperativo de medir sua eficiência, a função de RH não se reveste de importância estratégica para a organização. A eficiência da área de recursos humanos tem o mesmo valor de qualquer outra forma de controle de custos baseada na contabilidade, mas, no longo prazo, ela não gera ativos intangíveis exclusivos. Lembre-se de nossa análise do Capítulo 1 sobre como a estrutura e o alinhamento do sistema de RH aumentam o valor para os acionistas. Naquela ocasião, não fizemos menção à eficiência da área de recursos humanos, por não se tratar, em geral, de uma fonte de criação de valor. Também no Capítulo 2, onde

Figura 3.1 Scorecard de RH para a função de P&D da HiTech

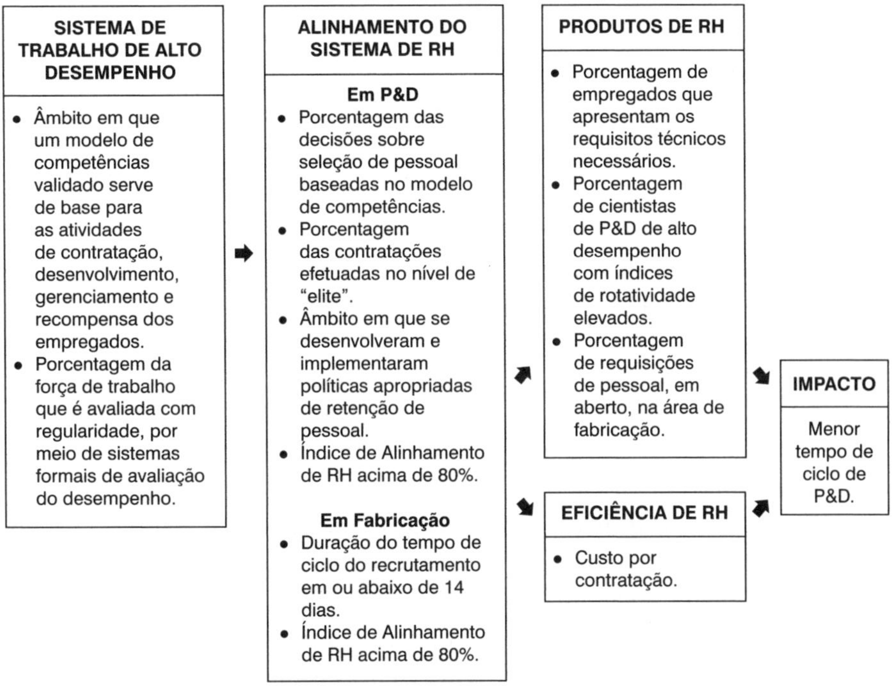

abordamos as pesquisas referentes ao desenvolvimento de argumentos de negócios em favor da gestão estratégica de recursos humanos, também não mencionamos eficiência.

Por que damos tão pouca ênfase ao tema? Primeiro, a eficiência da função de RH simplesmente é incapaz de gerar suficiente economia de custos a ponto de afetar substancialmente o valor para os acionistas. Segundo, qualquer vantagem competitiva decorrente dessas eficiências logo seria perdida no momento em que outras empresas adotassem práticas semelhantes. Em outras palavras, muitas das funções de RH são muito hábeis no desenvolvimento de processos eficientes; contudo, essa capacidade não diferencia a empresa bem-sucedida da empresa fracassada. Assim, esses indicadores exercerão papel limitado na determinação da influência estratégica de RH.

Contudo, há uma diferença crucial entre controle de custos e eficiência dentro da função de RH, de um lado, e, de outro, a contribuição de RH para economia de custos e para o aumento de eficiência nas operações de linha. Por exemplo, a maioria dos sistemas equilibrados de mensuração do desempenho contém métricas que avaliam tanto o crescimento da receita, como a produtividade ou eficiência das operações. A "eficiência" geralmente é representada por um indicador financeiro consequente, como "redução de custos unitários". Vários vetores de desempenho convergirão para esse indicador (as setas do mapa estratégico), mas muitos outros se dirigirão para outros. Quando os capacitadores de RH afetam o componente "eficiência" desses vetores, eles estão de fato influenciando a eficiência das operações de linha. No exemplo da HiTech, é clara a relação entre resultados da empresa e processos de recrutamento eficientes, por meio da contribuição de RH para a melhoria da eficiência operacional. Esse ponto também foi ilustrado no exemplo do Capítulo 2 a respeito do tradicional foco estreito da GTE sobre a eficiência de RH. Os esforços da empresa para a redução dos prazos de recrutamento como indicador de eficiência acabaram redundando em problemas muito mais significativos do que os ganhos de eficiência.

Contudo, o Scorecard de RH precisa enfatizar a criação de valor pela área de recursos humanos, sem desprezar os aspectos de eficiência. Apenas dessa maneira o sistema de gestão de recursos humanos reforçará a influência estratégica da área de RH sobre a organização como um todo. Eis por que boa parte do Scorecard deve concentrar-se na criação de valor por meio da contribuição de RH para a implementação da estratégia. A Figura 3.2 ilustra essa perspectiva.

Conforme sugere a Figura 3.2, se os gerentes de recursos humanos estão medindo os aspectos de fato importantes, o foco se concentrará nas decisões e resultados de RH que geram as maiores taxas de retorno. Por exemplo, o lado operacional (o foco tradicional de RH) concentra-se sobretudo nas rotinas (eficiência de RH) e gera taxa de retorno baixa. Embora existam exceções, consideramos um "conjunto vazio" a hipótese de resultados operacionais de alto retorno. As oportunidades de alto retorno são tão baixas neste lado da área de RH que decerto não vale a pena explorá-las em maior profundidade. Ao mesmo tempo, o foco cego na "estratégia" também não assegura altos retornos. De fato, essa "visão bitolada" redundou em muitas das frustrações dos primeiros anos do RH "estratégico". Nessa época, os gerentes de recursos humanos despendiam esforço em demasia para garantir um lugar à mesa de planejamento estratégico e ignoravam as oportunidades muito mais promissoras relacionadas com a execução da estratégia. Eles não desenvolviam uma arquitetura de RH orientada para a estratégia, fator crítico do valor de RH como ativo

Figura 3.2 Equilibrando controle de custos e criação de valor

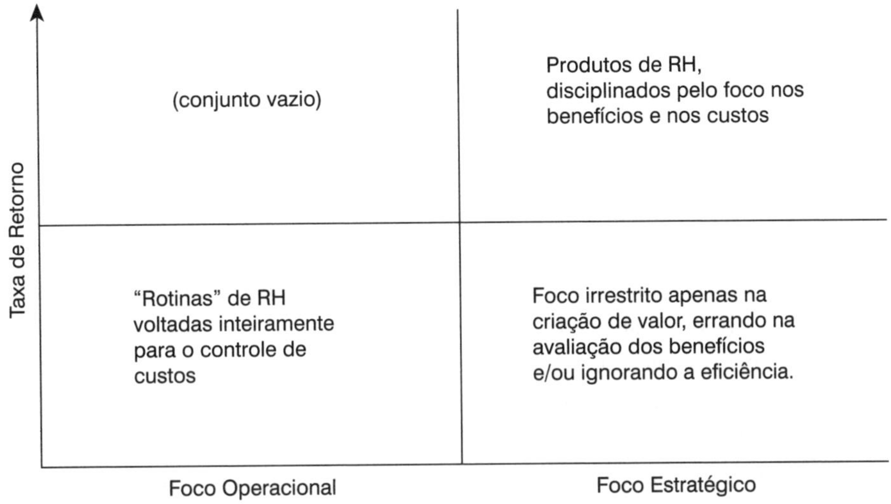

estratégico. Aqueles gerentes de RH operavam no canto inferior direito da matriz, substituindo uma filosofia de baixo retorno, por outra também de baixo retorno.

O equilíbrio entre os indicadores de controle de custos e de criação de valor ajuda os gerentes de RH a evitar outro erro também comum: a tendência a se concentrar nos benefícios e a ignorar os custos dos programas estratégicos. As taxas de retorno mais altas derivam de um foco estratégico disciplinado. Os produtos de RH, em vez das rotinas, são as fontes desses benefícios, mas apenas se o sistema de RH for gerenciado com eficiência. Lembre-se de que as rotinas tendem a se concentrar nos custos; enquanto os produtos focalizam os benefícios. Na prática, muitos processos de RH que envolvem rotinas são a origem dos custos incorridos na geração dos produtos. Isso não significa que as rotinas não sejam importantes, mas sim que é preciso avaliar com cuidado a extensão em que elas se convertem em produtos de valor. Ambos os aspectos são importantes na avaliação na taxa de retorno *total* de RH.

Retornemos ao exemplo da HiTech para ver como isso funciona na prática. Naquele cenário, a capacidade de RH reduzir o tempo do ciclo de recrutamento melhorou a eficiência operacional da unidade de P&D e, em última análise, impulsionou o desempenho financeiro de toda a empresa. Mas a redução do prazo de recrutamento, de cinquenta e dois dias para quatorze dias, talvez tenha exigido investimentos especiais em pessoal e tecnologia. Os gerentes enfocados apenas em eficiência provavelmente teriam recuado ante os custos adicionais e rejeitado a hipótese de investimento. E até mesmo os gerentes de RH que compreendessem ser esta a decisão certa talvez tivessem apenas uma vaga ideia sobre se efetivamente os benefícios justificariam os custos. Um sistema de mensuração apropriado lhes teria mostrado em termos concretos que a decisão de investir, na redução dos prazos de recrutamento, ofereceria retornos compensadores.

Este exemplo ilustra outra vantagem de se compreender o equilíbrio entre controle de custos e criação de valor. Muitos gerentes de RH trabalham para empresas que se orgulham de viver a "pão e água". Tais organizações mantêm a área de RH com um staff reduzido, a fim de gerarem as mínimas despesas gerais possíveis. Essa política talvez seja míope se RH atuarem efetivamente como ativo intangível. Como vimos no Capítulo 1, as empresas de alto desempenho tinham mais de duas vezes a quantidade de profissionais de RH, por empregado, das empresas de baixo desempenho. Ainda mais frustrante, muitas organizações hoje esperam que os gerentes de RH desempenhem um papel estratégico — mas sem aumento de recursos. Nessas circunstâncias, a maioria dos gerentes está condenada ao fracasso. A única maneira de passar no teste é demonstrar, por meio do sistema de mensuração, a maneira como os recursos destinados a RH são de fato capazes de criar valor.

A Ênfase Arquitetural: Que Elementos da Cadeia de Valor de RH Devem Entrar no Scorecard?

Uma vez que o foco básico do papel estratégico de RH é a criação de valor, a reflexão sobre a arquitetura de RH induz à adoção de uma visão ampla da cadeia de valor de RH. Assim como o Scorecard da empresa contém indicadores antecedentes e consequentes, o Scorecard de RH deve apresentar essas mesmas características. Dos quatro elementos da arquitetura de RH que recomendamos sejam incluídos no Scorecard — Sistema de Trabalho de Alto Desempenho, alinhamento do sistema de RH, eficiência de RH e produtos de RH — os dois primeiros são indicadores antecedentes e os dois outros são indicadores consequentes do desempenho de RH.

A mensuração do Sistema de Trabalho de Alto Desempenho lança as bases para a conversão de RH em ativo estratégico. Esse elemento arquitetural maximiza o desempenho dos empregados da empresa. A questão é que a dimensão de desempenho tende a perder-se em meio à atenção que a maioria das empresas dedica à eficiência, às restrições impostas pelos regulamentos, às relações com os empregados etc. — atividades que de modo algum são parte do papel estratégico de RH. Isso é um erro. Os aspectos do desempenho precisam situar-se em posição de destaque, se a empresa pretender desfrutar os benefícios financeiros proporcionados pela abordagem do Scorecard. Assim, o sistema de mensuração de RH de todas as empresas deve incluir um conjunto de indicadores que reflitam o "foco no desempenho" de cada elemento do sistema de RH.

Como vimos, a mensuração do alinhamento do sistema de RH significa avaliar até que ponto o sistema de RH atende bem às exigências do sistema de implementação da estratégia da empresa, ou seja, o que chamamos de alinhamento "externo". Também falamos em alinhamento "interno", definido como a extensão em que cada um de seus componentes integra-se aos demais, em vez de conflitar uns com os outros. Não atribuímos igual ênfase ao alinhamento interno em nosso sistema de mensuração porque, caso o sistema de RH se concentre de maneira uniforme na implementação da estratégia, os componentes tendem a se alinhar espontaneamente uns aos outros. Em outras palavras, se os profissionais de RH são capazes de gerenciar o alinhamento externo, as incongruências internas desaparecem por si mesmas. O foco no alinhamento interno é mais apropriado como diagnóstico inicial das empresas que ainda não adotaram a perspectiva estratégica de RH. Assim, é muito mais provável que as incongruências internas sejam sintomas de um sistema de RH orientado para as operações.

A *eficiência de RH* reflete a extensão em que a função de RH é capaz de ajudar o resto da empresa a gerar as competências necessárias, com eficácia, em relação ao custo. Isso não significa que RH deva simplesmente minimizar custos, sem levar em conta os resultados; mas tampouco deve "jogar dinheiro pela janela". As métricas incluídas nessa categoria devem refletir esse equilíbrio.

E, finalmente, os produtos de RH são os fatores do capital humano que mais contribuem para a implementação da estratégia da empresa. Eles tendem a se expressar sob a forma de comportamentos orientados para a estratégia, tais como os baixos índices de rotatividade do exemplo da HiTech.

De que maneira o exemplo simples da Figura 3.3 nos ajuda a compreender a estrutura apropriada de um Scorecard de RH? Embora essas ideias sejam desenvolvidas com mais detalhes em outro capítulo, deve-se ter em mente alguns princípios organizadores. A estrutura de um sistema estratégico de mensuração de RH depende da consecução do equilíbrio correto entre eficiência e criação de valor, sob as diretrizes de uma ampla perspectiva estratégica, em vez de uma abordagem operacional estreita.

É importante compreender que o posicionamento adequado em ambas as dimensões (ver Figura 3.3) fornece as bases para sinergias entre a gestão de RH e o sistema de mensuração. Em outras palavras, para que RH seja capaz de demonstrar impacto significativo sobre o desempenho da empresa, sua arquitetura deve ser concebida como ativo estratégico e seu sistema de mensuração deve ser projetado para orientar a gestão desse ativo estratégico.

CONSTRUINDO O SCORECARD DE RH

Agora que falamos das quatro dimensões — produtos de RH, Sistema de Trabalho de Alto Desempenho, alinhamento externo do sistema de RH e eficiência de RH — a serem inseridas no Scorecard de RH e o ra-

Figura 3.3 Sinergia da estrutura de mensuração

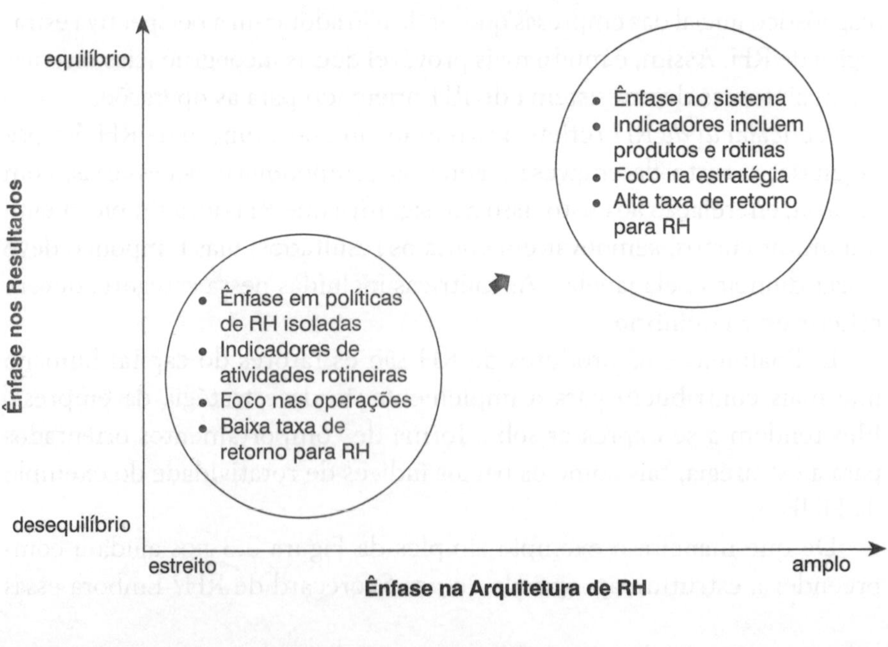

ciocínio por trás dessa inserção, analisemos como efetivamente utilizá-las para construir o Scorecard. Primeiro, examinemos mais de perto cada uma das dimensões.

Sistema de Trabalho de Alto Desempenho

A influência estratégica de RH ergue-se sobre os alicerces de políticas, processos e práticas de alto desempenho. Contudo, em face das demandas conflitantes com que, em geral, se defrontam os gerentes de RH, esses profissionais precisam de um conjunto de indicadores que mantenham o aspecto de desempenho dessas atividades de RH no primeiro plano da atenção executiva. Tais indicadores servem menos para refletir *o que é*, e

EXEMPLOS DE INDICADORES DE UM SISTEMA DE TRABALHO DE ALTO DESEMPENHO

- Quantos candidatos *excepcionais* recrutamos para cada vaga *estratégica*?
- Que proporção dos novos contratados foi selecionada com base sobretudo em métodos de seleção *validados*?
- Até que ponto a empresa adotou um modelo de competência desenvolvido e validado por profissionais, como base para a contratação, desenvolvimento, gerenciamento e recompensa de empregados?
- Quantas horas de treinamento os novos empregados recebem por ano?
- Que porcentagem da força de trabalho é avaliada regularmente, por meio de sistemas formais de mensuração do desempenho?
- Que proporção da força de trabalho recebe feedback formal de várias fontes, sobre o desempenho no trabalho?
- Que proporção dos aumentos salariais, por mérito, é determinada por sistemas formais de avaliação do desempenho?
- Se o índice do mercado para remuneração total fosse o quinquagésimo percentil, qual seria a classificação da remuneração total de sua empresa, em percentis?
- Que porcentagem dos empregados que marcam e não marcam ponto faz jus a incentivos anuais em dinheiro, a recompensas deferidas ou a participação nos lucros?
- Que porcentagem da remuneração total dos empregados que marcam e não marcam ponto é representada por pagamentos variáveis?
- Qual o *diferencial* provável entre os aumentos por mérito concedidos a empregados de alto desempenho e de baixo desempenho?

mais para lembrar aos gerentes *o que deve ser*. Assim, podem ser representados no Scorecard de RH como simples alternadores de dois estados, indicando "insatisfatório" ou "satisfatório". Ou podem ser incluídos como métricas ao longo de uma série contínua.

A título de ilustração das perguntas amplas que incluímos em nosso levantamento de HPWS, veja o quadro "Exemplos de Indicadores de um Sistema de Trabalho de Alto Desempenho". Como se vê, essas perguntas não se destinam a testar se a organização adota hoje as modas mais recentes em RH ou se adicionou outros dez graus a seu sistema de avaliação do desempenho. Em vez disso, elas percorrem cada função de RH em nível "macro" e salientam o foco de cada atividade no desempenho.

Jeffrey Pfeffer desenvolveu um conjunto semelhante de características de alto desempenho que ele associa à capacidade de a empresa transformar pessoas em fontes de vantagem competitiva.[1] Aí se incluem contratação seletiva, alta remuneração, pagamento de incentivos, participação dos empregados na propriedade da empresa, compartilhamento de informações e ênfase no treinamento e desenvolvimento. Mas, além disso, ele cita várias dimensões destinadas a assegurar maior integração dos empregados aos processos e resultados da organização. Entre elas, ele menciona participação dos empregados, e investi-los de poder, diferenciais de remuneração mais estreitos na organização, igualitarismo simbólico, e maior segurança no emprego. Como referência, incluímos na Tabela 3.1 outras métricas de Sistemas de Trabalho de Alto Desempenho.

Alinhamento dos Sistemas de RH

O próximo componente do Scorecard de RH trata da avaliação do alinhamento do sistema de RH com os vetores do processo de implementação da estratégia da empresa. Para transformar um Sistema de Trabalho de Alto Desempenho genérico em ativo estratégico, é preciso concentrar o foco do sistema diretamente nos aspectos de capital humano desses vetores.

A escolha dos indicadores de alinhamento corretos é relativamente direta, quando se começa com o processo analisado no Capítulo 2. Este processo ajuda a compreender os exatos produtos de RH necessários para criar valor na organização, o que por sua vez indica os elementos específicos do sistema de RH (indicadores antecedentes) que devem reforçar-se uns aos outros a fim de gerar tais produtos. Portanto, os indicadores

Tabela 3.1 Indicadores de sistemas de trabalho de alto desempenho

Média dos aumentos por mérito concedidos em função de reclassificação do cargo ou de avaliação do desempenho.

Índice de backup de talentos.

Despesas por empregado com o desenvolvimento de competências.

Índice salário da empresa/salário dos concorrentes.

Diferenciais da remuneração por incentivos (alto *versus* baixo desempenho).

Quantidade e qualidade das equipes multifuncionais.

Número e tipo de "projetos especiais" para o desenvolvimento de empregados de alto potencial.

Número de sugestões geradas e/ou implementadas.

Porcentagem de empregados cuja remuneração depende do desempenho.

Porcentagem de empregados com planos de desenvolvimento.

Porcentagem do salário total em risco.

Qualidade dos sistemas de feedback aos empregados.

Amplitude (distribuição) das classificações por avaliação do desempenho.

Amplitude dos aumentos por mérito assegurados por classificação.

específicos se conectarão com produtos específicos no Scorecard. Tais conexões destacam as relações de causa e efeito necessárias para respaldar a contribuição de RH ao desempenho da empresa.

Para selecionar os indicadores de alinhamento adequados, concentre-se nos elementos do sistema de RH que oferecem contribuições identificáveis e significativas para determinado produto de RH. Essa situação é diferente em cada empresa, mas a experiência da Sears, descrita no Capítulo 1, é um bom exemplo. A identificação desses indicadores exige que se combine o conhecimento profissional de RH com a compreensão profunda do processo de criação de valor na própria empresa. Lembre-se de que os indicadores de alinhamento decorrerão diretamente de um processo "de cima para baixo". Com base no "mapa estratégico" mais amplo (Passo 3 do nosso modelo de sete passos), identificam-se os produtos de RH os quais, por sua vez, apontarão para certos elementos do sistema de RH que exigem alinhamento. Portanto, não existem indicadores de alinhamento padronizados que sirvam como exemplo. Em vez disso, enfatizamos a necessidade de um processo padronizado pelo qual cada empresa desenvolverá seu próprio conjunto de indicadores de alinhamento.

Muito à semelhança dos indicadores do Sistema de Trabalho de Alto Desempenho, os indicadores de alinhamento externo do sistema de RH destinam-se sobretudo ao uso do próprio departamento de RH da empresa. Também eles podem ser representados no Scorecard por alternadores de dois estados, indicando alinhamento ou não alinhamento. O principal aspecto é que capacitem os gerentes de RH a tratarem rotineiramente de questões de alinhamento e enfatizarem as áreas que exigem algum tipo de ação.

Eficiência de RH: Métricas Básicas versus *Estratégicas*

Em geral, os profissionais de RH têm acesso a ampla gama de *benchmarks* e padrões de custo, pelos quais se mede a eficiência da área. Mostramos vários deles na Tabela 3.2.[2] Todas essas métricas estimulam as economias de custo e são os indicadores que se localizam no primeiro nível de nossa pirâmide de mensuração (Figura 2.9, no Capítulo 2). Mas, para que RH não seja tratado como *commodity* na organização, é preciso tomar cuidado para não ignorar esses *benchmarks* genéricos no desenvolvimento do sistema de mensuração. Para tanto, segregue os custos das *commodities* de RH, como, por exemplo, benefícios aos empregados e cumprimento de normas, de um lado, e os investimentos exclusivos necessários à criação do valor estratégico de RH na organização, de outro. (Essas opções diferirão entre as organizações. Um de nossos motivos para incluir uma lista tão longa de possíveis métricas é enfatizar a importância de escolher cuidadosamente entre as várias possibilidades, com base no processo aqui descrito. Do contrário, corre-se o risco de perder-se em meio a tantas opções.) A prática de *benchmarking* é útil nas atividades referentes às *commodities* de RH, mas suas contribuições para a capacidade de a empresa implementar a estratégia são insignificantes.

Assim, recomendamos que os gerentes de RH dividam suas principais métricas de eficiência em duas categorias: *básica* e *estratégica*. Os indicadores de eficiência *básica* referem-se a despesas significativas em RH que não contribuem diretamente para a implementação da estratégia da empresa. Os indicadores de eficiência estratégica avaliam a eficiência das atividades e processos de RH destinados a gerar os *produtos* de RH. A segregação das duas categorias ajuda a avaliar os benefícios líquidos dos produtos estratégicos e orienta as decisões sobre alocação de recursos. Para melhor compreender como isso funciona, veja o caso dos seguintes indicadores de eficiência de RH:

Tabela 3.2 Indicadores de eficiência de RH (rotinas)

Índices de absenteísmo por categoria de cargo e desempenho no cargo

Custo de acidentes

Índice de segurança em acidentes

Índices de acidentes de trabalho (por nível de desempenho)

Prazo médio para a solução de reclamações trabalhistas

Custo dos benefícios como porcentagem da folha de pagamento ou da receita

Índice custo dos benefícios/custo dos benefícios dos concorrentes

Cumprimento da legislação trabalhista federal e estadual

Cumprimento das exigências técnicas de ação afirmativa

Abrangência do monitoramento da segurança do trabalho

Custo das ações trabalhistas

Custo dos acidentes de trabalho com afastamento

Custo por reclamação trabalhista

Custo por contratação

Custo por hora de estagiário

Orçamento do departamento de RH como porcentagem das vendas

Despesas de RH por empregado

Despesas com RH/despesas totais

Incidência de acidentes de trabalho

Índice entrevistas por proposta de emprego

Perda de tempo resultante de acidentes

Indicadores do tempo de ciclo para os principais processos de RH

Número de candidatos por fonte de recrutamento (por qualidade)

Número de contratações por fonte de recrutamento (por qualidade)

Número de cursos de treinamento por assunto

Número de anúncios de recrutamento em aberto

Número de atividades de treinamento e conscientização em segurança

Incidência de doenças relacionadas com estresse

Número de dias e programas de treinamento por ano

Índice de propostas de emprego por vaga

Auditorias sobre segurança e medicina do trabalho

Quantidade e porcentagem de empregados participando de treinamento

Porcentagem de dados incorretos no sistema de informações de RH

Porcentagem de planos de desenvolvimento de empregados concluídos

Porcentagem do pessoal com acesso a oportunidades adequadas de treinamento e desenvolvimento

Porcentagem de inovações anuais nos programas de treinamento

Despesas com treinamento como porcentagem da folha de pagamento

Porcentagem de avaliações do desempenho concluídas no prazo

Tempo de resposta aos pedidos de informação

Dias de afastamento por doença como porcentagem da duração do trabalho total

Velocidade do processamento de ações por salário

Tempo necessário para a orientação de novos empregados

Prazo para o preenchimento de vagas

Total das despesas de indenização por empregado

Investimentos totais em RH/lucros

Investimentos totais em RH/receitas

Rotatividade por fonte de recrutamento

Custo da rotatividade de pessoal

Índice de rotatividade por categoria de cargo e por desempenho no cargo

Custos variáveis de mão de obra como porcentagem das receitas variáveis

Custo das indenizações por acidente de trabalho

Classificação por experiência das indenizações por acidente de trabalho

Fonte: Adaptado de Dave Ulrich, "Measuring Human Resources: An Overview of Practice and a Prescription for Results", *Human Resources Management* 36 (Outono de 1997): 303-320

- Custo dos benefícios como porcentagem da folha de pagamento.
- Custo, por empregado, das indenizações por acidente de trabalho.
- Porcentagem de lançamentos corretos no sistema de informações de RH.
- Custo por contratação.
- Custo por hora de estagiário.
- Despesas de RH por empregado.

Os três primeiros indicadores da lista tipicamente enquadram-se na categoria eficiência básica. Embora certos custos de benefícios possam representar um trunfo para a empresa no recrutamento de empregados altamente talentosos, os custos de benefícios acima da média ou os pagamentos de indenizações por acidente de trabalho são corretamente considerados despesas e não investimentos em capital humano. Do mesmo modo, a exatidão das transações melhora indiretamente a experiência de trabalho dos empregados, mas tem pouco significado estratégico.

Agora, examinemos os três últimos indicadores. Observe que essas despesas podem ser consideradas investimentos que renderiam expressivo valor estratégico. Para determinar seu valor, percorre-se o processo de sete passos descrito no Capítulo 2, rastreando os elos entre um indicador de eficiência estratégica e os elementos subsequentes na cadeia de valor de RH. Mais uma vez, o exemplo da HiTech, com a redução do tempo de ciclo de recrutamento, aplica-se ao caso. A compressão da duração deste ciclo talvez até aumente o "custo por contratação", mas, de fato, esta prática é o primeiro passo para a produção de um capacitador de RH (efetivo de pessoal estável em P&D) que se constitui em elemento essencial de um vetor de desempenho crucial (tempo de ciclos de P&D) no processo de implementação da estratégia da empresa. Este é um bom exemplo de como a empresa pode cuidar dos benefícios e dos custos de um produto de RH (ver a caixa superior direita da Figura 3.2).

Produtos de RH

Os indicadores de produtos de RH ajudam a identificar as conexões causais únicas pelas quais o sistema de RH gera valor para a empresa. Eles não se expressam necessariamente em termos de desempenho da empresa ou de ganhos em dólares, mas devem ser compreendidos de maneira ampla para influenciar o desempenho da empresa. O teste de sua importância é que os gerentes seniores de linha compreendam seu significado e estejam dispostos a pagar por eles.

Um desafio na mensuração do impacto desses vetores "a montante" é evitar a proliferação de indicadores. É fácil imaginar que tudo é importante, mas quando se age assim, em breve nada é importante. Para que as mensurações sejam relevantes, é preciso medir apenas o relevante. As métricas dos produtos de RH que não puderem ser integrados diretamente ao mapa estratégico da empresa não devem ser incluídas no Scorecard de RH. Mais uma vez, o processo apresentado no Capítulo 2 garante que o sistema de mensuração de RH se alicerça em bases adequadas.

A escolha de indicadores apropriados para os produtos de RH depende do papel a ser desempenhado por RH na implementação da estratégia. Em um extremo, os produtos de RH podem ser caracterizados *capacidades organizacionais.*[3] Tais capacidades combinam competências individuais com sistemas organizacionais que agregam valor a *toda* a cadeia de valor da empresa.

Observe, contudo, que as capacidades são tão essenciais para a implementação bem-sucedida da estratégia que não devem ser conectadas a apenas um vetor de desempenho. Conhecemos uma grande empresa internacional de produtos de consumo que pretendia reestruturar drasticamente suas capacidades de liderança. Na visão da gerência, a empresa com os melhores talentos em liderança seria a vencedora no mercado. Assim, sua intenção era desenvolver os talentos mais capazes do setor em habilidades de liderança. Para tanto, a equipe gerencial construiu seu próprio modelo de competências, que considerava exclusivo. Em seguida, desenvolveu internamente a função de recrutamento de executivos, de modo a garantir a disponibilidade de candidatos que refletissem seu perfil único. Finalmente, a equipe implementou um poderoso sistema de informações sobre pessoal o qual capacitaria os gerentes de todo o mundo a identificar com rapidez e eficácia os talentos gerenciais disponíveis. Nenhum elemento isolado de todo esse programa era um ativo estratégico em si mas, juntos, cada componente ajudou a empresa a desenvolver uma nova capacidade organizacional que os gerentes de linha seniores consideram fator crítico para o futuro sucesso da organização.

Raciocinar sobre os produtos de RH como capacidades organizacionais exerce um forte apelo sobre os gerentes de recursos humanos interessados em salientar o valor estratégico de sua área de atuação. Isso ocorre porque tais capacidades parecem oferecer vantagens competitivas tão irresistíveis que os demais gerentes simplesmente não deixariam de reconhecer seu valor estratégico. O problema é que, sem o reconhecimento claro desse valor estratégico pela equipe executiva sênior, os gerentes de RH terão dificuldade em desenvolver seus argumentos mais adiante. Assim, a visão dos produtos de RH como capacidades organizacionais é um indicador adequado, mas limitado, do valor estratégico de RH. Portanto, identifique esse potencial sempre que possível, mas também reconheça que boa parte do valor estratégico de RH situa-se em outros lugares. Mais importante, não tente inflar toda iniciativa de RH como capacidade organizacional potencial. Esse tipo de atitude apenas solapará a verdadeira contribuição estratégica de RH.

Em síntese, estamos falando em adotar uma perspectiva diferente a respeito da influência de RH sobre o desempenho da empresa. Uma das abordagens é concentrar-se em capacidades abrangentes relacionadas com pessoas (como liderança e flexibilidade organizacional). É fácil imaginar como essas capacidades contribuem para o sucesso das empresas, em geral, e talvez até de sua própria organização. Elas também são cativantes porque permitem que os gerentes de RH imediatamente reformulem suas ações sob um ponto de vista "estratégico". Embora não descartemos esse método de antemão, encorajamos os gerentes de RH a também compreenderem suas limitações. Mais importante, uma abordagem que trate dos produtos de RH apenas como capacidades organizacionais tende a não conectar efetivamente tais produtos ao processo de implementação da estratégia. Em outras palavras, a valorização desses produtos exige o mesmo ato de fé que historicamente enfraqueceu os elos de RH com o desempenho da empresa.

Em contraste, a mensuração das contribuições de RH em nosso modelo de sete passos não demanda um salto direto de produtos de RH para desempenho da empresa. Em vez disso, existe uma "lógica causal" entre RH e outros resultados de negócios fora de RH (como a duração dos tempos de ciclos de P&D na HiTech), considerados confiáveis pelos gerentes de linha.

Por essa razão, à medida que se estrutura a área de "produtos de RH" do Scorecard, o foco deve concentrar-se mais nos vetores de desempenho e nos capacitadores do que nas capacidades organizacionais potenciais. Esses indicadores representam as dimensões do capital humano de cada um dos vetores de desempenho no mapa estratégico da empresa. Seus efeitos individuais sobre o desempenho da empresa são muito menores do que os de uma capacidade de RH, mas eles são tantos que, cumulativamente, representam uma fonte expressiva de criação de valor. A Tabela 3.3 mostra uma lista de indicadores potenciais de vetores de valor, como ilustração.[4] Contudo, jamais recomendaríamos a seleção de um indicador sem seguir os primeiros passos do modelo.

À maneira ideal, a seção de "produtos de RH" do Scorecard incluirá alguns indicadores do *impacto* estratégico dos produtos já identificados. Aí se incluiriam estimativas das relações no mapa estratégico entre cada produto e diferentes vetores de desempenho no âmbito da empresa. Ou, em sistemas mais complexos, os efeitos dos produtos seriam relacionados aos vetores de desempenho e, por fim, aos resultados da empresa. Vimos essa abordagem no caso da Sears.

Nessa altura, já se definiram os elementos constitutivos do impacto estratégico de RH sobre a organização. Contudo, até mesmo os produtos de RH representam apenas a influência estratégica *hipotética* de RH. Sempre que possível, estimulamos os gerentes de recursos humanos a tentarem definir o impacto *efetivo* desses produtos sobre o desempenho da empresa. Esta é a última peça do sofisticado sistema de mensuração de RH descrito no Capítulo 2. Ele permite que se declare com segurança e precisão que "o produto de RH *a* aumentou *x* em 20%, o que reduziu *y* em 10% o que, por sua vez, ampliou o valor para os acionistas em 3%". Analisamos com mais detalhes esse aspecto do desenvolvimento do sistema de mensuração de RH no Capítulo 5.

BASEANDO O SCORECARD DE RH NA FUNÇÃO DE RH

Nossa abordagem da mensuração do desempenho de recursos humanos tem consistido em adotar uma definição da área tão abrangente quanto possível, daí nossa ênfase no que chamamos arquitetura de RH. Isso envolve tanto uma perspectiva um tanto diferente sobre o papel de "RH" na empresa como algumas novas ideias sobre as dimensões importantes de seu desempenho. O salto do estágio de pouca ou nenhuma mensuração do desempenho de RH para o conceito de mensuração do desempenho da arquitetura de RH por vezes é assustador. Algumas empresas talvez se sintam mais à vontade desenvolvendo um Scorecard para a função de RH como passo intermediário no processo. Embora acreditemos que os benefícios de um Scorecard de foco mais amplo sejam irresistíveis, alguns exemplos práticos muito bons, de Scorecards de RH, foram organizados em torno da função de RH.

Tabela 3.3 Indicadores dos vetores de desempenho de RH

Acesso a informações empresariais para facilitar a tomada de decisões

Adesão da força de trabalho a valores essenciais, como consciência de custos

Mudança média na pontuação das avaliações de desempenho ao longo do tempo

Mudança na mentalidade dos empregados

Pesquisas de clima

Consistência e clareza das mensagens da alta administração e de RH

Queixas e elogios dos clientes

Satisfação dos clientes com o processo de contratação de pessoal

Noções básicas de finanças entre os empregados

Grau em que existe uma "mentalidade compartilhada"

Diversidade de raça e sexo por categoria de cargo

Eficácia do compartilhamento de informações entre departamentos

Eficácia dos processos de avaliação de desempenho para lidar com executores fracos

Pontuação em pesquisas sobre comprometimento dos empregados

Aumento da competência dos empregados

Oportunidades de desenvolvimento ou progresso para os empregados

Pontuação em pesquisas sobre envolvimento dos empregados com o trabalho

Satisfação dos empregados com oportunidades de progresso, remuneração etc.

Rotatividade dos empregados por nível de desempenho

Difusão de equipes de trabalho multifuncionais

Extensão do aprendizado organizacional

Grau de conhecimento da estratégia competitiva e das metas operacionais da empresa

Extensão em que os empregados têm pronto acesso às informações e aos conhecimentos necessários

Extensão em que as competências necessárias aos empregados se refletem no recrutamento, no provimento de pessoal e no gerenciamento do desempenho

Extensão em que os empregados se expressam com clareza sobre as metas e objetivos da empresa

Extensão em que os empregados se expressam com clareza sobre seus próprios objetivos

Extensão em que as práticas de contratação, avaliação e remuneração estimulam e recompensam a criação e o compartilhamento de conhecimentos

Extensão em que RH ajudam a desenvolver as necessárias competências em liderança

Extensão em que RH efetuam um trabalho completo de verificação dos ativos intangíveis antes das aquisições

Extensão em que a liderança de RH participa desde cedo da seleção de possíveis candidatos a aquisições

Extensão em que os sistemas de mensuração de RH são considerados confiáveis

Extensão em que as informações são divulgadas com eficácia entre os empregados

Extensão em que a média dos empregados é capaz de descrever a estratégia de RH da empresa

Extensão em que a média dos empregados é capaz de descrever a intenção estratégica da empresa

Extensão em que a empresa compartilha com profusão e liberdade grandes volumes de informações relevantes sobre negócios com os empregados

Extensão em que a empresa converteu sua estratégia em metas e objetivos específicos que sirvam de base para a ação dos empregados no curto e longo prazo

Extensão em que a alta gerência demonstra comprometimento e liderança em questões de compartilhamento do conhecimento em toda a empresa

Porcentagem de empregados que apresentam sugestões

Porcentagem de promoção de mulheres e de outras minorias

Porcentagem de preenchimento de vagas por recrutamento interno

(continuação)

Porcentagem da força de trabalho com potencial de promoção	Concretização de oportunidades de desenvolvimento planejadas
Porcentagem de retenção de repatriados depois de um ano	Índice entre pessoal de RH e efetivo de pessoal total
Porcentagem de empregados com experiência fora do atual cargo ou função	Pedidos de transferência por supervisor
Porcentagem de retenção de empregados-chave de alto desempenho	Índices de retenção do capital humano crítico
Percepção de comportamento consistente e equitativo em relação a todos os empregados	Índices de êxito das contratações externas
Desempenho do pessoal recém-admitido	Resultados de pesquisas sobre ser "o" empregador preferido por candidatos potenciais a posições críticas

Fonte: Adaptado de Dave Ulrich, "Measuring Human Resources: An Overview of Practice and a Prescription for Results", *Human Resources Management* 36 (Outuno de 1997): 303-320

A Figura 3.4 ilustra o Scorecard de RH da GTE. Aqui, a função de RH é vista como unidade organizacional a ser analisada em termos de indicadores antecedentes e consequentes relacionados ao Balanced Scorecard. Nessa abordagem, "operações" e "clientes" não são as operações mais amplas ou os clientes de GTE, mas sim as operações ou clientes da função de RH da GTE. Essa opção torna mais difícil a conexão explícita de RH à implementação da estratégia por meio do Scorecard, mas trata-se de uma decisão razoável, uma vez que, na época, a organização maior ainda não desenvolvera o mapa estratégico como parte de um sistema "equilibrado" de mensuração do desempenho no âmbito corporativo.

As "bolhas" na Figura 3.4 representam os objetivos de RH para cada nível do Scorecard. Estes, por sua vez, são conectados a indicadores no nível da empresa e das SBUs (ver Tabela 3.4). A Tabela 3.4 conecta o Scorecard de RH no nível das SBUs ao Scorecard de RH no nível da empresa. As setas direcionais correspondem a um mapa estratégico para a função de RH e narram a história de como a área de RH da GTE implementa sua estratégia funcional. Esse modelo de conexão de RH não apresenta os tipos de elos diretos com os vetores de desempenho estratégico que seriam possíveis no caso de existir um Balanced Scorecard mais amplo para toda a empresa. Contudo, há pelo menos três pontos onde o Scorecard da função de RH tenderia a interligar-se com os programas de implementação da estratégia na organização mais ampla.

Primeiro, lembre-se de que, no Capítulo 2, a área de RH da GTE desenvolveu cinco impulsores estratégicos para a sua estratégia de RH depois de cuidadosas consultas com os líderes empresariais da organização. O papel fundamental desses cinco impulsores estratégicos é demonstrado por sua localização na parte inferior do modelo de conexões de RH (ver Figura 3.4). Segundo, o Scorecard da função de RH concentra-se em mais do que metas de eficiência. Os dois objetivos (maximizar o capital humano e minimizar os custos de RH) na categoria financeira são uma tentativa de refletir a criação de valor *e* a eficiência como vetores do desempenho da empresa. Finalmente, no nível dos clientes, o Scorecard de RH identifica o suporte estratégico a parceiros de negócios como objetivo crítico. Também isso deve ter o efeito de melhorar o alinhamento entre as iniciativas dos gerentes de RH e os problemas empresariais com que se defrontam os gerentes de linha.

Começamos este capítulo com a observação de que um Scorecard de RH, bem elaborado, deve permitir que os gerentes de RH desenvolvam melhor trabalho no gerenciamento de RH como ativo estratégico, além de demonstrar com mais clareza a contribuição de RH para o desempenho da empresa. Nas organizações que não constroem de maneira sistemática um mapa estratégico, descrevendo os vetores de desempenho estratégico e as oportunidades para RH, torna-se mais difícil agregar as relações que descrevem com facilidade o impacto de RH sobre o desempenho da empresa. Contudo, como demonstra o Scorecard de RH da GTE, até mesmo um Scorecard de orientação funcional pode servir para redirecionar as decisões gerenciais dos profissionais de RH. A área de RH da GTE atribui a melhoria drástica das relações entre RH e os gerentes das unidades de negócios a seu Scorecard e às consequentes mudanças de perspectiva.

Do mesmo modo, embora nossa ênfase tenha recaído sobre a mensuração do "impacto estratégico" de RH, os profissionais da área de recursos humanos desempenham múltiplos papéis, conforme apontou Dave Ulrich: parceiro estratégico, especialista administrativo, agente de mudanças e paladino dos empregados.[5] Se os profissionais de RH querem um Scorecard que abranja, de maneira ampla, cada um desses papéis, a ênfase funcional ilustrada pelo Scorecard da GTE é um bom ponto de partida.

BENEFÍCIOS DO SCORECARD DE RH

Ao desenvolver o Scorecard de RH, evite a tentação de simplesmente "preencher os espaços em branco". A pergunta crucial é: "O que seria bom que essa ferramenta fizesse por você?" Ou, em outros termos, "Como você

Figura 3.4 Modelo de conexões da área de RH da GTE

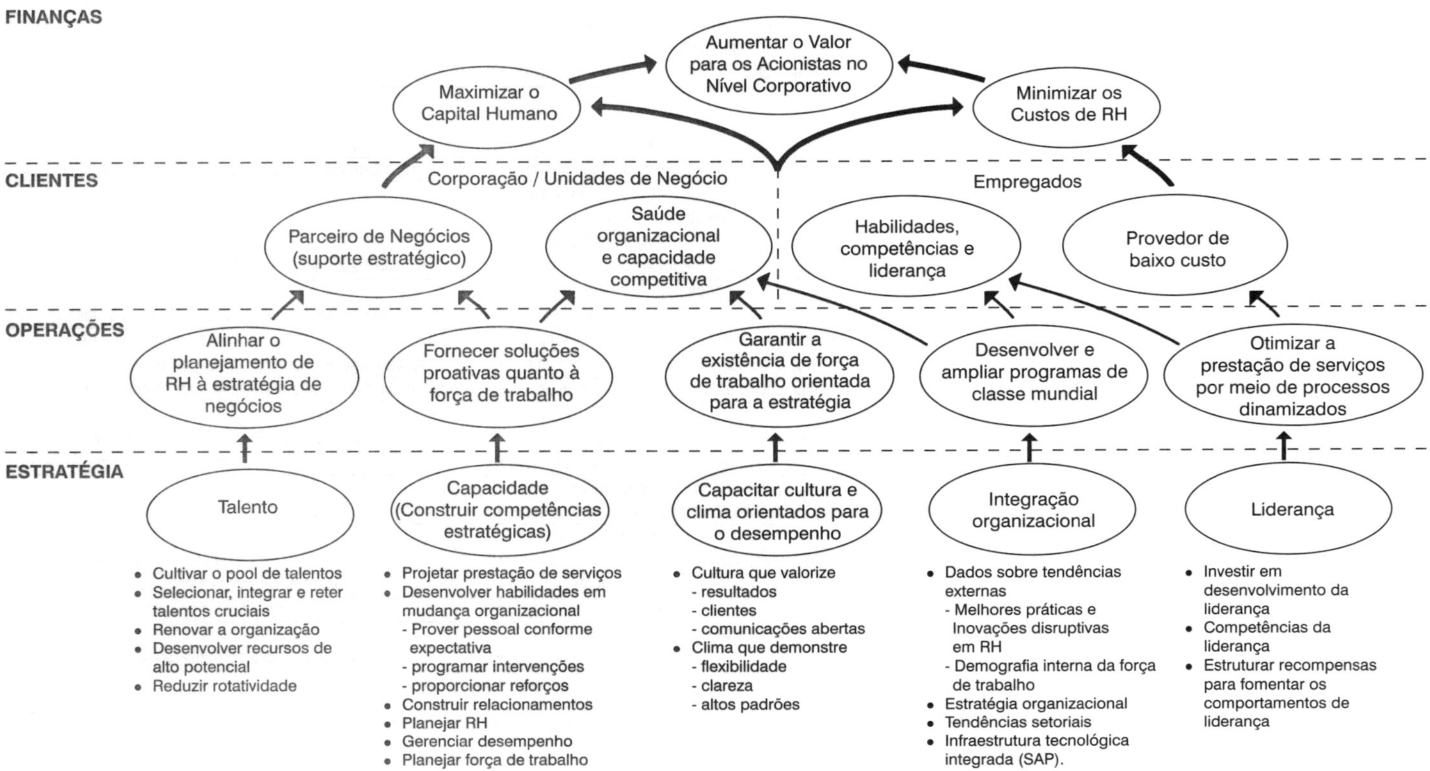

Fonte: Reproduzido com permissão da GTE Corporation.

Tabela 3.4 Indicadores do Scorecard de RH da GTE, por objetivo

	Objetivos	*Indicadores do Empreendimento* (Indicadores Consequentes)	*Indicadores das Unidades de Negócio* (Indicadores Antecedentes)
Finanças	F1 - Maximizar valor para os acionistas	• Retorno total para os acionistas • Receita por empregado	• Valor agregado pelo capital humano
	F2 - Maximizar desempenho do capital humano	• ROI de RH (índice) • Custo total de RH por empregado	• Porcentagem do custo total de mão de obra • Índice de capacidade competitiva
	F3 - Minimizar custos de recursos humanos	• Variações do orçamento	
Cliente	C1 - Parceiro de negócios (suporte estratégico)	• Avaliação nos acordos de serviços corporativos	• Índice de envolvimento dos empregados
	C2 - Padrões classe mundial	• Classificação do desenvolvimento e da auditoria de práticas de RH (*versus benchmark*)	• Resultados de análises comparativas — HiTech, RBOC, grupos de pares de TI
	C3 - Serviços responsivos e de qualidade	• Resultados das pesquisas de satisfação dos empregados • Porcentagem de satisfação com os benefícios	• Hewitt — tempo médio para soluções • Fidelity — porcentagem de soluções na primeira chamada
	C4 - Provedor de baixo custo	• Índices dos fatores de custos de RH	• Custos dos serviços *versus benchmark*
Operações	O1 - Alinhar planejamento de RH com prioridades empresariais	• % de implementação dos planos estratégicos de RH	• Tempo gasto com executivos
	O2 - Prestar serviços de orientação e consultoria de qualidade	• % de implementação das recomendações customizadas de RH	• % cobertura de serviços/cliente
	O3 - Garantir disponibilidade de força de trabalho orientada para a estratégia	• % de consecução dos objetivos de aumento da produtividade • % de esquemas de remuneração alinhados à estratégia	• % de participação no processo de definição de objetivos relacionados com a estratégia
	O4 - Desenvolver e aprimorar programas de classe mundial	• Classificação no *benchmarking* • % de programas executados	• Tempo de ciclo dos programas de desenvolvimento • Monitoramento das principais iniciativas *versus* marcos
	O5 - Otimizar serviços de RH por meio de canais de fornecimento alternativos	• Custo por canal de fornecimento — interação, automação e terceirização de RH • Tempo de ciclo de preenchimento • Custo por transação	• ROI e reembolso das tecnologias de RH • % de fornecimento de treinamento — CBT
Estratégia	S1 - Capacidade (construir competências estratégicas)	• Participação de LD	• Obtenção de habilidades críticas
	S2 - Talentos (seleção, integração e treinamento)	• Índice desligamentos voluntários/custo de desligamentos	• % de retenção de novas admissões, índice 6 meses/1 ano • Taxa de desistência (*churn rate*) da força de trabalho almejada
	S3 - Cultura e clima orientados para o desempenho	• Avaliações das pesquisas de pontos de vista • Índice de saúde organizacional	• Índice de promoções internas
	S4 - Integração organizacional (informações para tomada de decisões)	• Porcentagem de relatórios exatos no primeiro pedido • Prazo de atendimento de pedidos avulsos	• Disponibilidade de dados
	S5 - Liderança	• Reservas de LDP • Diversidade • Orientação de executivos	• Retenção de pessoal de alto potencial • Índice de aceitação de ofertas • Retenção de executivos

gostaria que os gerentes fora da área de RH vissem os indicadores de RH?" Acreditamos que o Scorecard oferece os seguintes benefícios:

Reforça a diferenciação entre rotinas e produtos de RH. O sistema de mensuração de RH deve distinguir com clareza entre produtos, os quais influenciam a implementação da estratégia, e rotinas, que não exercem efeitos estratégicos. Por exemplo, a implementação de políticas não se caracteriza como produto enquanto não suscitar comportamentos que impulsionem a implementação da estratégia. Os sistemas de mensuração de RH eficazes estimulam continuamente os profissionais de RH a pensarem ao mesmo tempo sob pontos de vista estratégicos e operacionais.

Capacita para o controle de custos e criação de valor. RH sempre deverá exercer a função de controle de custos para a empresa. Ao mesmo tempo, no exercício de seu papel estratégico, também se espera que RH crie valor para a organização. O Scorecard de RH ajuda os gerentes de recursos humanos a equilibrarem com eficácia esses dois objetivos. Não só estimula os praticantes a eliminarem custos, onde necessário, como também a defenderem "investimentos", ao definir os benefícios potenciais em termos concretos.

Quantifica os indicadores antecedentes. Nosso modelo de contribuição estratégica de RH conecta os sistemas e decisões de RH aos produtos de RH, o que, por sua vez, influencia os principais vetores de desempenho na implementação da estratégia da empresa. Da mesma maneira como existem indicadores antecedentes e consequentes no sistema equilibrado de mensuração do desempenho total da organização, também há vetores e resultados dentro da cadeia de valor de RH. É fundamental monitorar o alinhamento das decisões de RH e dos componentes sistêmicos que induzem os produtos de RH. A avaliação desse alinhamento fornece feedback sobre o avanço de RH no desenvolvimento desses produtos e lança as bases da influência estratégica de RH.

Avalia a contribuição de RH para a implementação da estratégia e, finalmente, para os "resultados". Qualquer sistema estratégico de mensuração do desempenho deve fornecer ao principal executivo de recursos humanos (CHRO) uma resposta para a pergunta: "Qual a contribuição de RH para o desempenho da empresa?" O efeito cumulativo dos indicadores de produtos de RH no Scorecard deve dar a resposta. Os gerentes de recursos humanos precisam desenvolver razões *estratégicas* sucintas, confiáveis e claras para todos os indicadores de produtos. Caso não existam tais razões, tampouco deve existir o indicador. É importante que os gerentes de linha considerem esses indicadores de produtos tão confiáveis quanto os gerentes de RH, pois essas métricas representam soluções para os problemas de negócios, não para os problemas de RH.

Cria condições para que os profissionais de RH efetivamente gerenciem suas responsabilidades estratégicas. O Scorecard de RH estimula os gerentes de recursos humanos a se concentrarem exatamente em *como* suas decisões afetam a implementação bem-sucedida da estratégia da empresa. Da mesma maneira que enfatizamos a importância do "foco estratégico dos empregados" para a empresa como um todo, o Scorecard de RH deve intensificar o foco estratégico dos gerentes de recursos humanos. E como os profissionais de recursos humanos podem exercer essa influência estratégica sobretudo mediante a adoção de uma perspectiva sistêmica, em vez de ficarem manipulando políticas específicas, o Scorecard os encoraja ainda mais a pensar de maneira sistêmica sobre a estratégia de RH.

Encoraja a flexibilidade e a mudança. Uma crítica comum aos sistemas de mensuração do desempenho é o fato de se institucionalizarem e de acabarem inibindo a mudança. As estratégias evoluem e as organizações precisam movimentar-se em direções diferentes; contudo, metas de desempenho ultrapassadas estimulam os gerentes e empregados a pretender manter o *status quo*. Com efeito, um dos questionamentos à gestão por mensuração é o risco de que as pessoas desenvolvam habilidades na obtenção dos números requeridos pelo velho sistema e relutem em adaptar sua abordagem gerencial às mudanças nas condições empresariais. O Scorecard de RH promove flexibilidade e adaptabilidade, pois concentra-se na implementação da estratégia da empresa, a qual, continuamente, exige mudanças. Com essa abordagem, os indicadores assumem um novo significado. Tornam-se simplesmente sinais de uma lógica subjacente que os gerentes aceitam como legítima. Em outras palavras, não se trata apenas de acostumar-se a atingir um conjunto de números; as pessoas também se habituam a refletir sobre sua própria contribuição para a implementação da estratégia da empresa. Em outras palavras, passam a ver o grande quadro. Acreditamos que o foco mais amplo facilita aos gerentes as mudanças de direção. Ao contrário do que ocorre nas organizações tradicionais, nas organizações orientadas para a estratégia os indicadores são interpretados como meios para a consecução de objetivos, e não como fins em si mesmos.

RESUMO: DICAS PARA GERENCIAR COM O SCORECARD DE RH

O desenvolvimento do Scorecard de RH não deve ser visto como acontecimento único, nem mesmo como evento anual. Para gerenciar por mensuração, os líderes de recursos humanos devem manter-se sintonizados com as mudanças nos vetores de desempenho a jusante, respaldados por RH. Caso ocorram mudanças nesses vetores, ou se mudarem os principais produtos de RH que os apoiam, o Scorecard deve adaptar-se às novas condições. Ao construir o Scorecard de RH exclusivo de uma empresa, é preciso incluir um componente que mostre o grau de atualização dos produtos de RH.

A mesma perspectiva estratégica que orienta o desenvolvimento do Scorecard de RH também deve nortear a gestão de RH. Do mesmo modo, é recomendável que se convidem gerentes de linha para identificar seus próprios produtos potenciais. Tudo isso é parte da construção de nova e poderosa parceria.

4

ANÁLISE DE CUSTOS E BENEFÍCIOS DAS INTERVENÇÕES DE RH

Talvez umas das funções mais importantes do sistema de mensuração do Scorecard de RH seja o fato de ele prover meios para a identificação, em termos quantitativos, das discrepâncias entre as arquiteturas atual e ideal da área de RH da empresa. Tais hiatos podem ter surgido no âmbito dos próprios elementos do sistema de RH, entre o sistema de RH e a estratégia da empresa, ou entre os comportamentos existentes e almejados para os empregados.

Por exemplo, numa empresa que visitamos, o Scorecard de RH e o processo de planejamento indicavam que a organização estava na iminência de enfrentar uma situação de escassez de talento gerencial de nível médio, à medida que os negócios se expandiam e vários gerentes intermediários chegavam à idade de aposentadoria voluntária. (A desaceleração dos negócios e o congelamento de vários anos nas admissões de pessoal encolhera o número de substitutos na tubulação.)

Os gerentes seniores de RH logo indagaram: De que maneira desenvolver melhor nos empregados as competências necessárias para atender às necessidades atuais e futuras da empresa? Devemos aprender a treinar os empregados com recursos próprios ou é preferível recorrer a prestadores de serviços externos? Não seria o caso de se explorar outra estratégia totalmente nova? De qualquer maneira, qual a expectativa razoável de retorno sobre o investimento (ROI) em cada um desses vários cenários hipotéticos?

Esses tipos de perguntas constituem o foco deste capítulo. Em especial, analisaremos ferramentas de coleta de dados e métodos analíticos que ajudam a avaliar se certos programas de RH serão recompensadores no curto e no longo prazo. Em conjunto, esses instrumentos compõem o que chamamos análise de custos e benefícios. Sob muitos aspectos, a análise de custos e benefícios é um microcosmos do referencial do Scorecard de RH. Determinar os elementos a serem "custeados" é essencialmente uma tarefa estratégica, a ser interligada à estratégia competitiva e às metas operacionais da empresa. A bem da eficiência, esse processo decisório deve concentrar-se apenas nas poucas atividades vitais de RH que realmente fazem diferença. Em outras palavras, o Scorecard de RH ajudará a identificar as "rotinas" e "produtos" mais apropriados que se converterão no foco do processo da análise de custos e benefícios.

A maioria dos profissionais de recursos humanos compreende a importância de avaliar custos e benefícios referentes aos investimentos em determinadas políticas e práticas de RH. De fato, durante muitos anos, os especialistas em recursos humanos perseguiram esse tipo de informação como se fosse o Cálice Sagrado. Muitos gerentes de RH chegaram a comentar conosco que a equipe gerencial sênior, de suas organizações, gostaria de oferecer recursos para mais iniciativas e inovações em RH — bastando para tanto que os líderes de recursos humanos fossem capazes de desenvolver justificativas econômicas para tais projetos.

Determinar o ROI de intervenções específicas de RH, como um fim em si ou como meio para a tomada de decisões sobre políticas e práticas, não é tão difícil quanto talvez pareça à primeira vista. Contudo, requer alguns conhecimentos de finanças, contabilidade e orçamentos de capital. Também exige uma abordagem consistente, passo a passo. Neste capítulo, analisamos, de início, o raciocínio subjacente ao processo e depois recomendamos uma série específica de providências.

ANÁLISE OPERACIONAL DE CUSTOS E BENEFÍCIOS *VERSUS* ESTRATÉGICA

Podemos raciocinar sobre a análise de custos e benefícios como operacional (destinada a reduzir custos) ou estratégica (destinada a ajudar a implementar a estratégia da empresa). A análise de custos e benefícios *operacional* mostra como melhorar as atividades já executadas pela empresa. Ao custear essas atividades, a organização adquire melhores condições de examinar novas maneiras de reduzir despesas, de comparar as vantagens da terceirização em relação à execução interna de atividades não essenciais, e assim por diante. Em contraste, a análise de custos e benefícios *estratégica* resulta das metas estratégicas e operacionais da empresa e assim concentra-se em questões do tipo "Como melhor ampliar o foco estratégico dos empregados?" É fácil encontrar a resposta para essas perguntas cruciais no Scorecard de RH da empresa — são os produtos já identificados no capítulo anterior.

Na maioria dos casos, a análise de custos e benefícios, de ambas as espécies, exige a constituição de uma equipe de projetos especial. Além disso, uma vez que, como já vimos, não se encontram os dados necessários nos sistemas contábil e financeiro da empresa, será necessário desenvolver um método específico de coleta de dados. A boa notícia é que, embora os custos "iniciais" de desenvolvimento de um desses sistemas talvez seja um tanto alto, é possível institucionalizar o método e utilizá-lo para garantir a melhoria contínua.

QUE ATIVIDADES DE RH CUSTEAR E POR QUÊ?

Muitos gerentes de RH nos perguntam como determinar o ROI dos investimentos em recursos humanos. A dúvida geralmente resulta de iniciativas bem-intencionadas de demonstrar como os investimentos na *função* de RH (em oposição à *arquitetura* de RH) criam valor em toda a organização. Sempre respondemos que as análises de custos e benefícios por vezes são demoradas e dispendiosas e que os líderes de recursos humanos devem esclarecer suas metas antes de embarcarem em projetos de custeio.

Assim, antes de qualquer outra coisa, pergunte-se que *tipos* (ou categorias) de atividades de RH devem ser "custeadas" e *por quê*. Por exemplo, é importante determinar com exatidão o ROI das atividades de treinamento ou basta saber que seus benefícios superam os custos? Qual é a atividade mais relevante: calcular o custo por contratação da empresa ou desenvolver maneiras mais eficazes para melhorar as competências dos empregados em certa área, mediante cursos de noções básicas de finanças, por exemplo? Executam-se ambas as atividades, apenas uma delas ou nenhuma? O Scorecard de RH pode ser uma ferramenta poderosa nesse estágio do processo, ajudando a identificar, especificamente, as rotinas e produtos mais relevantes de RH. Esses elementos devem constituir o principal foco de qualquer análise de custo e benefício.

Nessa altura, o principal objetivo é que se disponha de razões claras para empreender o projeto de custeio e que o esforço seja orientado pela estratégia da empresa e pelo Scorecard de RH. Para ser significativo, o projeto deve apresentar os seguintes atributos.

- *Importância estratégica.* O projeto tem ligações diretas com a implementação da estratégia da empresa. Independentemente de versar sobre questões operacionais ou estratégicas, os resultados do projeto devem relacionar-se diretamente com a estratégia geral da empresa. É possível avaliar esse aspecto por meio da análise dos vetores de valor descritos no Capítulo 3.
- *Relevância financeira.* Os projetos de custeio eficazes tratam de áreas de RH que envolvem investimentos contínuos e expressivos — por exemplo, atividades gerais de treinamento e desenvolvimento, ao contrário de programas de treinamento não repetitivos.
- *Impacto amplo.* Os projetos de custeio mais valiosos têm o potencial de afetar proporções significativas da força de trabalho da empresa. Alternativamente, visam a grupos de empregados (p. ex., cientistas de P&D numa empresa de biotecnologia) com forte impacto sobre o sucesso geral do negócio. Por exemplo, um projeto para determinar o ROI de um programa de treinamento de milhões de dólares, afetando milhares de empregados, com a duração de muitos anos, pode oferecer insights de expressiva magnitude financeira.
- *Ligações com elementos empresariais de considerável variabilidade.* Os projetos de custeio bem-sucedidos medem atributos da força de trabalho ou da arquitetura de RH da empresa que demonstram considerável diversidade quanto a resultados ou a níveis de desempenho. Por exemplo, se o sistema de desenvolvimento gerencial da empresa for considerado muito bem-sucedido em determinada área da empresa mas se for um desastre em outras, a análise de custos e benefícios talvez ajude a identificar as causas da disparidade.
- *Foco em questão, problema ou decisão crucial que afligem os gerentes de linha.* Finalmente, os projetos de custeio, eficazes, devem oferecer respostas ou soluções para dúvidas ou dificuldades com que se defronta a empresa. Por exemplo, devemos terceirizar as atividades de recrutamento ou é preferível continuar executando-as na própria empresa? Será que nosso nível de rotatividade de pessoal encontra-se no nível ótimo? Antes de iniciar tal projeto, é bom verificar se

há interesse geral pelos resultados do estudo proposto. Em caso negativo, pergunte-se por que você deseja empreender o estudo?

A NECESSIDADE DE TARIMBA FINANCEIRA

Os gerentes de RH que solicitam recursos às equipes seniores de executivos de linha deparam com obstáculos muito mais difíceis do que seus pares da área de fabricação, operações e até mesmo marketing. Essas outras áreas desfrutam de longa tradição em quantificar os custos e benefícios potenciais de seus programas propostos e em apresentar essas estimativas em linguagem compreensível por todos: dinheiro. Em contraste, a maioria dos profissionais de recursos humanos tem pouca experiência em quantificar suas atividades. Em um mundo onde os números põem de lado as instituições, esses gerentes enfrentam nítida desvantagem competitiva.

Como remediar essa situação? Primeiro, os gerentes de RH precisam familiarizar-se com os conceitos básicos de finanças e contabilidade, sobretudo os referentes ao processo de orçamento de capital. As organizações recorrem ao orçamento de capital para decidir como alocar capital entre investimentos concorrentes. Por exemplo, construímos um novo prédio ou alugamos espaço? Ampliamos a linha de produção ou operamos em três turnos? Vale a pena adquirir determinada empresa? O processo de orçamento de capital não só ajuda as demais áreas da empresa a montar seus orçamentos, como também oferece uma disciplina rigorosa para o processo decisório racional. Além disso, como o método exige que os gerentes raciocinem em termos de custos e benefícios de cada projeto durante toda a sua vida útil (em vez de apenas no ano em curso), ele estimula a visão de longo prazo sobre custos e benefícios ao longo de vários períodos de tempo. É grande a variedade de recursos disponíveis para os gerentes de RH que desejem melhorar suas noções básicas sobre finanças — desde cursos universitários até programas internos. No Capítulo 7, exploramos algumas dessas opções com mais detalhes.

DETERMINAÇÃO DO ROI EM RH: UM PROCESSO DE TRÊS PASSOS

Na teoria, apurar o ROI de determinada política ou prática de RH não é tarefa complexa. Basicamente, identificam-se os *custos totais* e os *benefícios totais* referentes ao projeto e em seguida apura-se a diferença benefícios menos custos. Basicamente, o processo genérico é o seguinte:

1. Identifique os *custos* potenciais.
2. Identifique os *benefícios* potenciais.
3. Calcule o ROI, usando um índice apropriado.

Conforme ocorre na maioria dos processos relativamente simples, o "diabo está nos detalhes". Nesse caso, o desafio consiste em coletar ou estimar as informações necessárias. A maioria das empresas não acompanha com regularidade os dados sobre custos e benefícios das atividades de RH, e acabam não dispondo de meios para proceder à estimativa. Aqui estão algumas maneiras de contornar essa dificuldade:

Identificar Custos e Benefícios

Por sua própria natureza, identificar categorias de custos e benefícios e atribuir-lhes valores monetários é em parte arte e em parte ciência. Os benefícios potenciais são sobremodo difíceis de estimar porque (a) é provável que surjam em algum momento do futuro, enquanto os custos geralmente ocorrem hoje, e (b) tanto o *nível* dos benefícios, como a *probabilidade* de sua efetiva ocorrência são incertos. O truque é produzir estimativas *plausíveis*, assim como intervalos de confiança (uma faixa de valores esperados para cada estimativa). Conforme veremos, essa amplitude de valores para cada estimativa é um procedimento importante. Se a estimativa de ROI para um programa de treinamento for de 22%, mais ou menos 3%, isso indica um projeto com alta probabilidade de sucesso. Mas se a previsão for de 22%, mais ou menos 25%, o projeto seria muito mais arriscado.

O sucesso nesta fase depende da análise cuidadosa e do julgamento criterioso dos especialistas de RH e dos gerentes de linha. Há numerosas formas de gerar esses números. Um método eficaz é desenvolver, de início, um modelo "rudimentar" de possíveis *categorias* de custos e benefícios.[1] Em seguida, recorrendo a colegas, a especialistas, a grupos de foco e a dados de arquivo, reunir feedback sobre as categorias e obter ajuda para a estimativa dos valores monetários de cada uma delas. É importante reconhecer que alguns dos dados talvez estejam disponíveis no todo ou em parte no sistema de informações de RH da empresa. O segredo aqui é desenvolver meticulosamente as categorias de custos *antes* de começar a elaborar as estimativas de valores monetários.

Um exemplo ilustra por que esses aspectos são tão importantes. Caso se pergunte à maioria dos profissionais seniores de RH o quanto investem em treinamento por ano, por empregado, eles provavelmente apresentarão números baseados nas verbas de treinamento da organização. Contudo, se a empresa for de grande porte, muitas atividades de treinamento talvez se desenvolvam diretamente pelas divisões ou unidades de negócios, sem acompanhamento específico da área de RH no nível corporativo. Além disso, também é grande o volume de atividades de "treinamento no trabalho" que não constam das demonstrações financeiras corporativas *ou* divisionais em rubrica específica. Assim, na maioria das empresas, o orçamento corporativo para treinamento e desenvolvimento quase sempre subestima os gastos nessas atividades, e por vezes por uma margem considerável. Eis por que é importante definir certos pontos com cuidado (por exemplo: Queremos saber o retorno sobre os investimentos em treinamento apenas no nível *corporativo* ou no âmbito de toda a empresa?) antes de começar a coletar dados sobre custos.

Entender Custos Fixos e Variáveis

Caso se peça a um contador para descrever os custos da empresa, logo se descobrirá que é enorme a variedade de categorias de custos. Os sistemas convencionais de contabilidade gerencial geralmente adotam a diferenciação ampla entre custos *fixos* (os que não variam com o nível de produção ou de atividade) e custos *variáveis* (os que variam com o nível de produção ou de atividade). Os custos fixos abrangem edifícios, instalações, seguros, e outros da mesma natureza, além do rateio de despesas gerais, como contabilidade, finanças, recursos humanos e departamento jurídico. Os custos variáveis dependem do setor de atividade. Por exemplo, na indústria automobilística, os custos referentes a pneus seriam *variáveis*, pois oscilam com a quantidade de carros produzidos.

Por que é importante para os profissionais de RH compreender as convenções contábeis básicas, caso pretendam desenvolver análises eficazes de custos e benefícios? A resposta é que eles estão realmente interessados em saber se determinada prática ou intervenção faz sentido sob uma perspectiva *econômica*, ou seja, se aumentam a riqueza dos acionistas, em oposição à perspectiva *contábil*. Por várias razões, os sistemas contábeis não geram indicadores da verdadeira rentabilidade ou lucratividade da empresa, sob o ponto de vista dos economistas. Por exemplo, as despesas de "depreciação" do ativo imobilizado, como instalações e equipamentos, de fato reduzem o lucro líquido reportado da empresa (que aparece na "última linha" da demonstração do resultado) — embora, realmente, a depreciação não represente um "desembolso" de caixa naquele período de apuração. A depreciação é simplesmente um lançamento de ajuste destinado a estabelecer o confronto entre receitas correntes e despesas correntes — em bases reais ou estimadas. O conceito central é que, como se investiu em prédios e equipamentos com o propósito de auferir benefícios econômicos ao longo de muitos anos, deve-se "confrontar" (ou depreciar) o custo desses ativos durante sua vida útil. Em contraste, muitos profissionais de RH não estão cientes de que investimentos em pessoal, de qualquer modalidade, não são considerados ativos duradouros, mas, em vez disso, são totalmente lançados como despesa no período de apuração em que foram incorridos. Conforme observamos no Capítulo 1, este é o motivo pelo qual os gerentes quase sempre se mostram mais relutantes em investir em pessoas do que em edifícios, sobretudo se sua remuneração estiver vinculada, de alguma maneira, ao lucro líquido da empresa.

Os sistemas contábeis foram concebidos para alocar os custos da empresa entre um número limitado de categorias, basicamente para fins de relatórios externos. O objetivo é distribuir esses custos de maneira confiável e previsível, em consonância com os princípios contábeis geralmente aceitos (GAAP). Embora as empresas tenham completa liberdade para desenvolver seus próprios sistemas contábeis internos, a maioria das empresas usa as mesmas alocações de custos das demonstrações financeiras externas em seus processos decisórios internos.

Essa situação pode distorcer a tomada de decisões. Uma vez que estamos interessados na estimativa da verdadeira rentabilidade econômica, em vez de seguir com rigor as normas contábeis, precisamos refletir cuidadosamente sobre o papel dos custos fixos em qualquer análise de custos e benefícios. Os custos fixos são relevantes sob o ponto de vista *econômico* apenas se acarretarem desembolsos de caixa diretos *ou* se representarem custos de oportunidade em outras áreas da organização. Por exemplo, suponha que se pretenda determinar o ROI de um novo programa de treinamento para executivos de nível médio. Hoje a empresa já dispõe de um centro de educação executiva que geralmente é utilizado em apenas 60% de sua capacidade. O programa proposto aumentará a utilização em mais vinte pontos percentuais, para 80% da capacidade total. Ao calcular o ROI do programa de treinamento, será que a empresa deve incluir o rateio de custos fixos referentes ao centro de treinamento? A resposta é, depende. Caso se pretenda alocar todos os custos da empresa entre um conjunto de categorias (como no caso dos sistemas contábeis convencionais), então a resposta é positiva. Se, por outro lado, se quer saber se a riqueza dos acionistas aumentará em consequência de nova atividade, a resposta é negativa. Mas é importante observar que a situação seria outra se o centro de treinamento já estivesse operando a plena capacidade e fosse preciso efetuar novos investimentos de capital para executar novo programa. Nesse caso, sempre seria conveniente incluir alguma distribuição dos custos fixos. Essa distinção é importante, pois muitas empresas, quase sempre de maneira inadequada, exigem que as novas iniciativas abranjam algo chamado "alocação integral dos custos fixos", aumentando de fato os custos do programa e reduzindo a probabilidade de que apresente ROI positivo. Como vimos em nossa análise de custos econômicos em comparação com custos contábeis, essa alocação de custos fixos nem sempre é apropriada.

Compreender os Custos Irrecuperáveis

Além de conhecer os custos fixos e variáveis, os gerentes de RH também precisam desenvolver a perspectiva dos *custos irrecuperáveis*, ou o total dos recursos já investidos no projeto até a data. A maneira mais fácil de explicar os custos irrecuperáveis é mediante um exemplo. Durante muitos anos, um dos autores deste livro foi apaixonado pela restauração de carros clássicos (exemplo típico de custos irrecuperáveis, se é que isso existe!). Quando se restaura um carro clássico, o custo inicial do automóvel e os subsequentes custos de restauração por vezes superam o valor de mercado de todo o carro. A título ilustrativo, suponha que se tenha investido US$25 mil na compra e na restauração parcial de um carro. Caso se pretenda vender o carro hoje, ainda inacabado, talvez se consiga apenas US$15 mil. A conclusão da restauração demandaria outros US$20 mil, mas o carro totalmente restaurado valeria US$30 mil. Ao vender o carro inacabado, o prejuízo seria de US$10 mil. Contudo, ao investir mais tempo e recursos para completar o carro, a perda aumentaria para US$15 mil (mais os custos de oportunidade referentes ao investimento adicional de US$20 mil). Embora o observador imparcial não tivesse dificuldade em chegar à melhor decisão nesse exemplo específico, no mundo dos negócios muitos gerentes dão muita importância aos custos irrecuperáveis. Do mesmo modo como o colecionador apaixonado por carros clássicos, os profissionais de RH frequentemente ficam fascinados pelos próprios projetos e querem concluí-los a qualquer custo. Ao se deparar com a decisão sobre a conveniência de efetuar novos investimentos no projeto, eles examinam os custos irrecuperáveis e raciocinam que, como já investiram tanto dinheiro, simplesmente não podem abandonar o esforço.

Como evitar a "falácia dos custos irrecuperáveis"? A única solução é reavaliar periodicamente os projetos. As premissas iniciais ainda são razoáveis? Os custos reais do projeto são compatíveis com as previsões iniciais? Os benefícios estão correspondendo às expectativas? Lembre-se: em qualquer momento da vida do projeto, as duas únicas coisas verdadeiramente relevantes são os recursos e os esforços necessários para *concluir* o projeto, e o *valor presente* dos fluxos de caixa a serem gerados pelo projeto. Por mais duro que pareça, a energia e os recursos já investidos no projeto são irrelevantes. As estratégias e as metas mudam e, às vezes, o curso de ação mais prudente é reduzir as perdas e partir para projetos mais capazes de criar valor.

Compreender o Impacto Financeiro do Desempenho dos Empregados

Além de entender a importância dos custos fixos, variáveis e irrecuperáveis, também é importante conhecer o impacto financeiro do desempenho dos empregados na identificação das categorias e estimativas de custos e benefícios. Em essência, para determinar o ROI na área de pessoal é necessário compreensão do impacto relativo dos empregados de alto e baixo desempenho na empresa. Por vezes, o efeito é mínimo. Contudo, muitos gerentes o subestimam. Por exemplo, trabalhamos recentemente com gerentes do setor de gasodutos e oleodutos que não consideravam o gerenciamento da força de trabalho como fonte potencial de vantagem competitiva para sua empresa. Como atuavam num negócio de *commodities*, argumentavam, sua principal fonte de vantagem competitiva era o baixo preço das tubulações e do petróleo bruto. Apenas quando perceberam que o nível de vazão dos dutos (vetor estratégico crucial para a rentabilidade da empresa) diferia substancialmente por turno de trabalho — e que eles eram capazes de influenciar a vazão dos dutos por meio de treinamento dos empregados, de desenvolvimento de competências e de supervisão eficaz — eles se deram conta do impacto potencial das pessoas para o lucro da empresa.

Quase todos os gerentes já se convenceram de que o nível de desempenho entre os empregados apresenta variações significativas. Contudo, poucos são capazes de afirmar com segurança *a magnitude da diferença* resultante da melhor qualidade dos empregados. Por exemplo, faça-se a seguinte pergunta ilusoriamente simples: qual o valor econômico relativo de um profissional cujo desempenho se situa no quinquagésimo percentil e o de outro enquadrado no octogésimo quarto percentil? (A variação — 34% — representa a melhoria de um *desvio-padrão*.) Desvio-padrão é um indicador convencional de variação. Em outras palavras, qual a contribuição econômica relativa de um empregado *médio* em comparação com outro bem *acima da média*?[2]

Aqui se destacam duas ideias importantes. Primeiro, é preciso compreender a contribuição *econômica* (valor agregado menos salários e outros custos relevantes) dos empregados *médios* (quinquagésimo percentil). Daí resulta a "verificação da realidade" de como a empresa está distribuindo seus recursos. Por exemplo, se os benefícios líquidos menos os custos diretos da força de vendas se situarem na média de US$50 mil por empregado, convém explorar a possibilidade de aumentar a força de vendas, pois cada representante gera uma diferença positiva de US$50 mil recursos do que ela está consumindo. Se a diferença por empregado, entre benefícios e custos, estiver muito perto de zero, talvez seja preferível explorar outras opções, como a reestruturação ou remanejamento do efetivo de pessoal ou, nos casos mais extremos, o *downsizing*.

A principal questão é se, em média, os empregados de certa função contribuem pouco ou muito para o êxito da empresa. Em geral, os economistas recorrem ao salário médio como substituto aproximado na avaliação de sua contribuição econômica para o desempenho da empresa. Para que a empresa aufira lucros, prossegue o argumento, o empregado deve contribuir pelo menos com o valor de seus salários e benefícios para o sucesso da empresa, além de compensar os acionistas pelo risco. Por exemplo, corretores de ações geralmente ganham mais do que faxineiros por que aqueles presumivelmente contribuem mais para o sucesso da empresa do que estes.

Segundo, é preciso avaliar a *variabilidade* do impacto do desempenho dos empregados sobre o desempenho financeiro da empresa. Imagine uma situação onde os melhores empregados em determinada função (octagésimo quarto percentil ou mais) exercem apenas um pouco mais de impacto sobre o desempenho da empresa do que os empregados médios (cenário incomum, como veremos). Nessas circunstâncias, a empresa dificilmente investiria muitos recursos no recrutamento, seleção e desenvolvimento de pessoal de alta qualidade, simplesmente porque a competência e o desempenho pessoal não fazem muita diferença para a empresa como um todo.

Examinemos mais de perto essa hipótese. Imagine a existência de dois tipos de empregados na mesma empresa. O primeiro grupo recebe salário médio elevado, em comparação com os demais empregados da empresa, e é alto o grau de variação da produção de um para outro empregado. Por exemplo, numa grande organização de vendas, não é incomum que os vendedores de mais alta produção vendam dez vezes mais do que os vendedores de mais baixa produção. Contudo, esse grupo de pessoal de alto desempenho talvez seja muito restrito, apenas 500 dentre os 50 mil empregados.

Já o segundo grupo é caracterizado por baixos salários e reduzida variação entre os níveis de produção individuais. Especificamente, o impacto econômico dos melhores empregados sobre o desempenho da empresa não é mais do que duas vezes superior ao exercido pelos piores empregados. Contudo, esses empregados são muito mais numerosos em toda a empresa.

Acredita-se que, com a introdução de mudanças específicas nos programas de treinamento, com o desenvolvimento de novos processos de gerenciamento do desempenho e com a implementação de planos de remuneração por incentivos, seja possível melhorar o desempenho do empregado médio de cada grupo, do quinquagésimo para o septuagésimo quinto percentil. Se cada um dos programas propostos apresentar ROI positivo, o ideal será implementar os dois. E, evidentemente, o foco se concentrará primeiro naquele de ROI mais elevado. Mas como decidir entre os programas propostos?

Sem dúvida, a estimativa do impacto dos empregados de alto e baixo desempenho na empresa não é tarefa simples. Com efeito, tais avaliações foram descritas como o calcanhar de aquiles da área de RH.[3] Felizmente, dispõe-se, para tanto, de vários métodos. Noções básicas sobre métodos de pesquisa em ciências sociais também são úteis.[4] Ao pôr o "chapéu" de cientista social, observam-se "experiências de campo de ocorrência natural" na organização e reúnem-se insights sobre o impacto relativo do desempenho dos empregados. Por exemplo, algum tipo de intervenção talvez esteja ocorrendo em uma parte da organização, mas não em outras. Que resultados se observam em cada situação? Ou, conforme ocorria na empresa de oleodutos e gasodutos já mencionada, talvez se constate que a produtividade é

ABORDAGEM BECKER-HUSELID AO CÁLCULO DO VALOR ECONÔMICO DO ALTO E BAIXO DESEMPENHO NO CARGO

Durante muitos anos, os acadêmicos desenvolveram metodologias para determinar os benefícios econômicos do bom e do mau desempenho dos empregados em certa função. Por exemplo, os estudiosos da análise de utilidade se empenharam para determinar o benefício do uso de testes de seleção mais eficazes (válidos) sobre o desempenho dos empregados.

A conclusão geral dessa linha de pesquisa é que os empregados considerados de alto desempenho (ou seja, os do octagésimo quarto percentil, ou um desvio-padrão acima da média) exercem de 40% a 80% maior impacto sobre o desempenho da empresa do que os empregados médios (ou seja, os situados no quinquagésimo percentil). As implicações daí decorrentes é que os altos níveis de desempenho produzem consequências econômicas mais significativas do que se supunha de início.

Embora esses resultados se baseiem em estudos que incluem muitas empresas, também é possível desenvolver estimativas sobre o impacto econômico do desempenho dos empregados dentro de uma mesma empresa. Em 1992, Becker e Huselid conceberam um método para o desenvolvimento dessas estimativas. Numa amostra de 117 empresas de produtos de varejo domésticos, Becker e Huselid utilizaram dados coletados com regularidade para apurar que o pessoal de vendas de alto desempenho apresentava performance econômica de 74% a 100% superior à dos empregados de desempenho médio.

Esse método pode ser usado quando se dispõe de dados financeiros segregados por divisões, unidades ou equipes de trabalho. Por exemplo, nos departamentos em ambientes de varejo, nas células ou equipes em áreas de fabricação, ou nas funções de vendas, geralmente é possível apurar as vendas ou lucros por unidades específicas. Também precisa-se de dados que descrevam o desempenho de cada um dos empregados, assim como quaisquer variáveis de controle relevantes, tais como educação e experiência dos indivíduos. O ideal seria que tais dados pudessem ser coletados continuamente. Após a coleta de dados, utilizam-se análises de regressão múltipla para determinar o impacto da variável independente (desempenho dos empregados) sobre a variável dependente (vendas ou lucros).

Tais análises podem ser muito úteis na determinação das categorias de empregados que criam mais valor para a organização, o que então ajudaria a direcionar o foco das iniciativas de intervenção organizacional da empresa.

Fonte: Brian E. Becker e Mark A. Huselid. "Direct Estimates of SDy and the Implications for Utility Analysis", *Journal of Applied Psychology* 77, nº 3 (1992): 227-233.

alta em um turno, mas baixa em outro. O exame mais acurado das causas dessa ocorrência talvez redunde em importantes *insights*.

Cálculo dos Benefícios Menos os Custos

Digamos que você tenha escolhido categorias de custos e benefícios para a análise de seu projeto de RH e tenha chegado a estimativas plausíveis para cada uma. O passo seguinte é comparar os custos com os benefícios para determinar o benefício (ou prejuízo!) líquido resultante do projeto ou programa.

Se todos os benefícios e custos de determinado investimento em RH ocorrerem num único período (p. ex., um ano), o cálculo do ROI do programa seria muito simples. Ou se dividiria o valor, em dólar, dos benefícios do programa pelos custos (obtendo-se uma porcentagem) ou se subtrairiam dos benefícios do programa os custos correspondentes (obtendo-se o valor, em dólar, do resultado positivo). Por exemplo, a terceirização do gerenciamento dos benefícios da empresa economizaria US$1,2 milhão em despesas "internas" e custaria US$800.000 em pagamentos a fornecedores e prestadores de serviços, além de US$100.000 em custos de "transição". O ROI do empreendimento expresso em porcentagem é o seguinte:

(($1,2MM – [$800.000 + $100.000])/[$800.000 + $100.000]) = 33%

Expresso em dólares de economia, o número seria o seguinte:

$1,2MM – [$800.000 + $100.000] = $300.000

Por meio de cálculos semelhantes, determina-se o *payback* (número de meses ou anos para que o programa cubra todos os seus custos). Prosseguindo no mesmo exemplo da terceirização, presuma que os custos dos benefícios sejam atualmente os seguintes:

($1,2MM/12 meses) = US$100.000/mês

O custo de transição para a terceirização é de US$100.000. Portanto, a nova situação proporcionará a seguinte economia mensal em custos de administração de benefícios:

([$1,2MM – $800.000]/12) = $33.333

Assim, o *payback* desse investimento seria o seguinte:

($100.000/$33.333) = 3 meses.

Finalmente, os profissionais de RH frequentemente calculam o volume do ponto de equilíbrio, ou seja, o número de indivíduos que devem participar de determinado programa de treinamento para que seus benefícios sejam superiores aos custos. Por exemplo, uma empresa de consultoria especializada em seminários executivos calculou que um de seus cursos típicos, de um dia, exige um investimento de US$20.000 em propaganda, pessoal de apoio, remuneração do apresentador e aluguel de sala e equipamento. Cada um desses custos é basicamente fixo, no sentido de que é o mesmo para 1 ou 100 participantes. Cada participante paga US$395 por dia como taxa de matrícula, do qual se deduzem todos os custos variáveis, como refeições, pagamento de incentivos ao apresentador e staff) de US$100 por participante. Assim, o volume do ponto de equilíbrio do programa seria o seguinte:

($20.000)/($395 – $100) = 68 participantes.

Os gerentes da empresa usam este número (e sua grande experiência) para julgar a viabilidade de cada novo programa. Em essência, eles perguntam: "Estamos certos de que conseguiremos atrair pelo menos sessenta e oito participantes?" Se a resposta for negativa, o programa é cancelado.

Mas os investimentos em RH raramente são desse tipo, em parte porque os custos — e especialmente os benefícios — de tais programas geralmente se estendem por mais de um ano. Por exemplo, um programa de desenvolvimento gerencial para todo um quadro de executivos seniores talvez custe milhões de dólares em desenvolvimento e gerenciamento durante o primeiro ano. Contudo a empresa provavelmente não começará a sentir o impacto do programa durante os dezoito meses seguintes. A metodologia convencional do ROI para um único período, no caso desse programa, provavelmente redundaria em resultado *negativo* (significando custos sem benefícios no primeiro ano).

Assim, uma alternativa mais apropriada para o cálculo dos custos e benefícios incorporaria vários períodos de tempo (para refletir a realidade de que o investimento hoje gerará retornos em períodos futuros), assim como o valor do dinheiro no tempo (a noção de que um dólar hoje é mais valioso do que um dólar em algum momento do futuro). O dinheiro vale mais hoje do que no futuro, em razão do *custo de oportunidade* (se tenho um dólar hoje posso investi-lo em outro projeto) e do *aumento da incerteza* (quanto mais distantes no futuro os benefícios estimados do projeto, menor a probabilidade de concretização).

Quase todas as organizações estão dispostas a gastar no presente em busca de benefícios potenciais no futuro, desde que sejam compensadas de forma adequada pelos custos de oportunidade e pelos riscos referentes ao investimento. As empresas também exigem que seus programas específicos as compensem pelo *custo marginal de capital* — o custo que teriam de pagar aos financiadores (emprestadores e acionistas) se tivessem de levantar dinheiro para pagar o programa.

A análise do *valor presente líquido* (VPL) reúne todos esses fatores — custos e benefícios ao longo de muitos períodos e remuneração pela incerteza, pelo custo de oportunidade e pelo custo de capital da empresa — na estimativa do valor potencial total das propostas de programas de RH. Ao se executar a análise do VPL, expressam-se os custos *e* benefícios do programa em moeda de hoje.[5] Em seguida, subtrai-se o valor presente dos custos do programa do valor presente de seus benefícios, obtendo-se, assim, o valor presente "líquido" do programa. Dessa maneira, comparam-se "laranjas com laranjas", considerando a probabilidade de que o programa gere benefícios no longo prazo.

Por exemplo, imagine a hipótese de desenvolvimento e implementação de um novo programa integrado de gerenciamento do desempenho e de remuneração por incentivos. O custo total do projeto é US$250.000. Estima-se que o programa aumentará a geração de caixa anual decorrente das operações (lucro mais algumas entradas e saídas de caixa que ainda não afetaram o lucro) em US$270.000 por ano durante os próximos cinco anos. Contudo, como o programa envolve pagamento de incentivos, os salários também apresentarão um incremento de US$130.000 por ano durante os próximos cinco anos. Presumindo que o custo marginal de capital da empresa seja de 14%, será que se deve implementar o novo programa? A apuração do VPL da situação seria mais ou menos a seguinte (Nota: os "fatores" de valor presente apresentados neste exemplo são encontrados em qualquer compêndio introdutório sobre análise financeira. Alternativamente, esses valores podem ser calculados por meio de planilhas eletrônicas ou de calculadoras financeiras):

Ano	Explicação	Valor	x	Fator =	Valor presente
1	Custo de desenvolvimento do programa	– $250.000		1	– $250.000
1-5	Aumento de salários	– $130.000		3.433	– $446.290
1-5	Aumento na geração de caixa proveniente das operações	+ $270.000		3.433	+ $926.910
		Valor presente líquido:			$280.620

Com base nessa análise, o programa deve ser desenvolvido e implementado.

Procedimentos da Análise de Custos e Benefícios: Hierarquia de Abordagens

Nesta altura, talvez já se tenha concluído que há um amplo conjunto de ferramentas e métodos para a realização de análises de custos e benefícios. A necessidade de escolher entre as várias abordagens torna, de fato, a tarefa ainda mais desafiadora. Contudo, observando os padrões na maneira como os departamentos de RH de outras empresas resolvem a questão, podemos extrair algumas lições importantes.

Analisamos esse tópico como parte de nossas pesquisas. Especificamente, perguntamos a 968 gerentes seniores, de RH, que tipos de custos eles mediam e como efetuavam tais medições. Também pedimos que respondessem a uma série de perguntas com uma das três alternativas: (1) "Não medimos nenhum elemento"; (2) "Recorremos a estimativas subjetivas ou à intuição", e (3) "Adotamos procedimentos formais". O Quadro 4.1 resume as respostas.

Como se vê na tabela, a maioria das empresas não avalia rigorosamente os custos e benefícios referentes às políticas e aos programas de RH. Com efeito, os números do quadro podem até mesmo *exagerar* a extensão em que as empresas adotam tais procedimentos. (Se a empresa usou o método apenas uma vez, a resposta pode dar a impressão de que o utiliza regularmente.)

Com base nesses dados, assim como em nossa observação de uma ampla variedade de empresas, acreditamos na existência de uma faixa de "qualidade" nas análises de custos e benefícios. Essa faixa começa na extremidade inferior, com simples estimativas de custos, e prossegue com a estimativa dos benefícios e com o cálculo de índices de custos e benefícios.

Tabela 4.1 O que as empresas dizem que estão medindo agora

	986 Empresas		
	Não determinam	Estimativa subjetiva ou intuição	Procedimentos formais de estimativa
Custos de rotatividade	43,7%	43,1%	13,1%
Custo de reposição dos empregados	38,2%	48,8%	13,0%
Valor econômico dos empregados para a organização	67,4%	26,6%	6,0%
Custo de vários comportamentos dos empregados (absenteísmo, fumo etc.)	48,3%	38,2%	13,5%
Benefícios econômicos resultantes do desenvolvimento de melhores testes de seleção	79,4%	17,1%	3,5%
Benefícios econômicos de vários níveis de treinamento	47,2%	46,5%	6,3%
Benefícios econômicos de novos recrutamentos	57,3%	35,4%	7,3%
Benefícios econômicos do aumento da satisfação no trabalho, do comprometimento com a organização e de atitudes semelhantes no trabalho	54,9%	42,3%	2,8%
Benefícios econômicos de níveis de desempenho alto, médio e baixo em determinado trabalho	54,2%	39,7%	6,1%

As empresas que apresentam a mais alta qualidade em análises de custos e benefícios efetuam esses cálculos de maneira regular e disciplinada.

Embora, teoricamente, algumas empresas possam combinar esses elementos de várias maneiras, nossa experiência revelou algumas combinações típicas (ver Figura 4.1):

Nível 1: essas organizações são, de longe as mais comuns. Elas não calculam rotineiramente os custos *ou* os benefícios associados aos programas de RH. O recente enxugamento dos departamentos de RH e o deslocamento das atividades de RH para mais perto das organizações de linha exacerbaram a tendência. Como essas empresas fazem pouco ou nada em termos de cálculos formais de custos e benefícios, elas não determinam o ROI referente a essas atividades.

Nível 2: em contraste, essas organizações começaram a raciocinar de maneira sistemática sobre os custos referentes aos investimentos em RH. Contudo, em geral, recorrem a estimativas intuitivas ou subjetivas dos benefícios potenciais desses programas. Além disso, adotam procedimentos relativamente pouco sofisticados, tais como amortização, volumes do ponto de equilíbrio ou cálculos de ROI para um único período. Finalmente, realizam essas análises com pouca frequência.

Nível 3: essas organizações são as mais raras dos três grupos. Demonstram alto grau de sofisticação nos três elementos: identificam os custos e benefícios de seus programas de RH e recorrem a métodos de estimativa apropriados (por exemplo, análises de VPL). Por reconhecerem o valor dessas ferramentas, eles as aplicam com regularidade.

Mas será que as empresas devem aplicar análises de Nível 3 a *todas* as políticas e programas de RH? Nossa resposta, talvez surpreendente, é *não*. O desenvolvimento de competências em mensuração significa ser capaz de adequar a profundidade e o alcance dos procedimentos de coleta e análise de dados à *importância* da decisão. Por exemplo, suponha que se esteja em dúvida sobre a criação de creches nos locais de trabalho. Sabe-se que se irá adiante se os benefícios estimados forem pelo menos iguais às previsões de custo (VPL = 0). Nesse caso, não se precisará determinar com exatidão o ROI do projeto, se todas as indicações sugerirem que os benefícios em questão são substanciais e positivos em comparação aos custos.

Figura 4.1 Hierarquia das análises de custos e benefícios

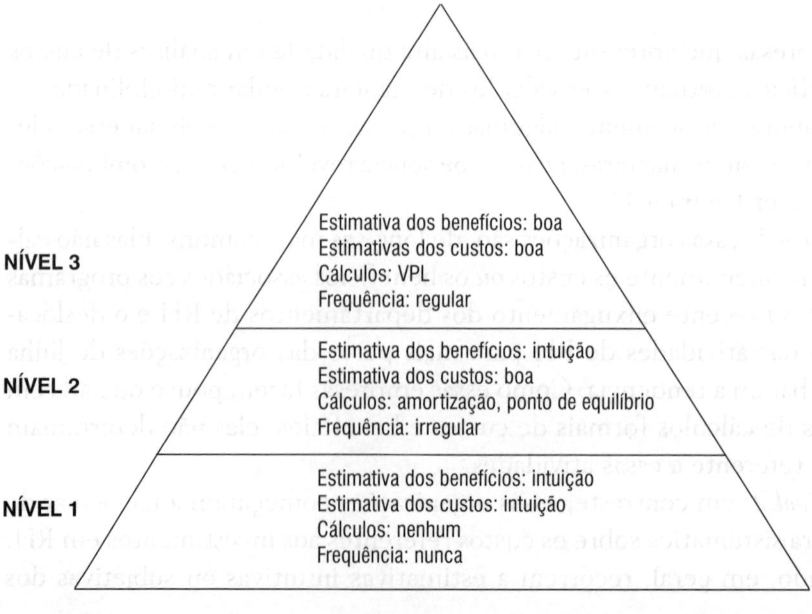

Em contraste, imagine-se tentando determinar a viabilidade de duas opções concorrentes; terceirizar o gerenciamento de benefícios ou continuar a desenvolver essas atividades com recursos próprios. Neste caso, o aumento da precisão, por meio de análises de Nível 3, provavelmente produzirá melhores resultados. Se determinada decisão envolver grandes investimentos ou revestir-se de substancial importância estratégica, talvez seja preferível adotar métodos mais sofisticados e precisos. Nosso ponto é que não se deve coletar em excesso, mas tampouco em insuficiência as informações e análises, conforme a situação específica.

O PAPEL DO *BENCHMARKING*

Qualquer discussão sobre as análises de custos e benefícios dos investimentos em GRH sempre suscita a questão do *benchmarking*, ou o processo de levantamento de dados sobre vários aspectos do sistema de GRH da empresa, em várias outras organizações, para depois utilizá-los como base de avaliação da própria empresa. Os estudos de *benchmarking* podem ser classificados em dois grupos: os que se concentram em *níveis* específicos de determinada variável ou atributo (p. ex., qual o nosso custo, por contratação, em confronto com o de outras empresas de nosso setor?) e os que se concentram em *processos* específicos (p. ex., como o Wal-Mart opera seu sistema de logística e distribuição classe mundial?). Os estudos que fazem o *benchmarking* de *níveis* de um atributo geralmente são realizados por meio de pesquisas e incluem grande quantidade de empresas; já os estudos que fazem o *benchmarking* de *processos* geralmente incluem poucas empresas e tendem a ser realizados por meio de visitas *in loco* ou de entrevistas por telefone.

Nossa experiência tem demonstrado que os estudos que fazem o *benchmarking* de *processos* podem constituir-se em rica fonte de informações, compreensão e, muitas vezes, inspiração. Embora algumas pessoas já tenham ridicularizado esses estudos como "turismo industrial", acreditamos que a observação de processos exemplares *in loco* por vezes representa experiências de aprendizado muito importantes para as equipes responsáveis pelo desenvolvimento e implementação de novos processos nas próprias organizações. Em contraste, somos menos entusiastas em relação aos estudos que fazem o *benchmarking* de *níveis* de determinada variável.

Por que a dúvida? Várias tendências recentes tornaram mais difícil realizar estudos de *benchmarking* de alta qualidade, que se concentrem em "níveis" de práticas e em resultados de GRH. A primeira é que numerosas funções de RH estão muito mais magras do que foram no passado, significando que há menos profissionais de RH para prestar informações. Além disso, a transferência de meios e funções de RH para as organizações de linha torna ainda mais difícil garantir a comparabilidade de dados entre empresas.

Será que o *benchmarking* pode ser estratégico?

Para que o *benchmarking* ajude as organizações a desenvolver fontes de longo prazo, de vantagem competitiva, as informações decorrentes do processo teriam de ser raras, difíceis de imitar, e valorizadas pelos clientes internos e externos da empresa.* No entanto, quase por definição, se as empresas estiverem dispostas, de imediato, a compartilhar tais informações, elas provavelmente não terão muito valor estratégico. Veja o caso da Hewlett-Packard. A HP é uma das empresas mais procuradas para *benchmarking* em todo o mundo, e seus processos internos (sobretudo sua filosofia empresarial e suas práticas gerenciais) têm sido amplamente relatados na imprensa voltada para negócios e em muitos livros e artigos acadêmicos. Por que a HP está tão propensa a compartilhar essas informações que, decerto, estarão disponíveis para seus concorrentes? Acreditamos que isso se explica sobretudo por dois motivos. O primeiro é que, mesmo quando a empresa se mostra absolutamente aberta *sobre o que* faz, isso não é de grande utilidade, a não ser que também se saiba *como* se gerou a solução e se conheçam as nuanças do contexto em que foi implementada. Em outras palavras, ainda que se tenha a receita, talvez ainda não se consiga fazer a sopa. Segundo, a infraestrutura gerencial da HP depende intensamente da alavancagem das competências e talentos dos empregados, em soluções novas e diferentes. Nesse contexto, a empresa está sempre melhorando seu capital intelectual, e no momento em que as outras empresas imitaram o que aprenderam com o processo de *benchmarking*, a HP já criou novas competências que lhe permitem adaptar-se a novas situações. Em muitos setores, as empresas que aprendem mais rápido são as vencedoras. A HP é um bom exemplo de empresa que aprende rápido.

Nossa "conclusão" é que o *benchmarking* dos processos essenciais pode ser muito útil, sobretudo se contribuir para o aprendizado de novos métodos e estilos de fazer as coisas. E se o processo que estiver sendo objeto de *benchmarking* for de outros setores, é provável que ofereça insights ainda mais úteis. Mas o *benchmarking* de "níveis" de um determinado atributo deve ser efetuado com grande cuidado, se de fato for o caso de realizá-los.

* Ver Jay B. Barney, "Firm Resources and Sustained Competitive Advantage", *Journal of Management* 17, nº 1 (1991): 99-120.

JUNTANDO TUDO: UM EXEMPLO

Até aqui, tratamos de muitos conceitos e ferramentas de custeio diferentes. De que maneira tudo isso se reúne na vida "real"? Um exemplo talvez ajude. Uma vez que há muito tempo acreditamos que as empresas subestimam drasticamente os custos da rotatividade de pessoal (sobretudo entre empregados de alto desempenho), exploremos o tema para construir uma amostra de modelo de custeio.

Para detectar o impacto do nível de rotatividade da empresa, é preciso primeiro ter uma ideia do nível de desempenho dos egressos e sobre a possibilidade de exercer alguma influência sobre a decisão de o empregado deixar a empresa. Evidentemente, a rotatividade entre os empregados de baixo desempenho é desejável. Contudo, nesta época de alta mobilidade dos empregados (e das famílias) e de casais em que cada um tem a própria carreira, alguns empregados talvez peçam demissão por motivos alheios ao trabalho. Nesses casos, a rotatividade está fora do controle da empresa e provavelmente é inevitável. De fato, a maioria dos acadêmicos que atua nessa área acredita na existência de quatro categorias distintas de rotatividade dos empregados:[6]

- *Indesejável, controlável.* Envolve sobretudo empregados de desempenho médio e alto e a empresa não utiliza os recursos disponíveis para retê-los. Esta é a "má" rotatividade.
- *Indesejável, incontrolável.* Envolve sobretudo empregados de desempenho médio e alto, mas a empresa não exerce controle sobre a situação (p. ex., a esposa de um empregado foi transferida para um cargo muito melhor, em outra localidade). Esse tipo de rotatividade, embora prejudicial, é inevitável.
- *Desejável, controlável.* Envolve sobretudo empregados de baixo desempenho, que saem com a assistência da empresa. Esta é a "boa" rotatividade.
- *Desejável, incontrolável.* Envolve sobretudo empregados de baixo desempenho que deixam a empresa por sua própria escolha. Também é uma situação de "boa" rotatividade; contudo, nessa categoria, a empresa não está ciente da "intenção" dos empregados nem de seu nível de desempenho e assim não exerce controle sobre os desligamentos.

Para estimar os custos da rotatividade, é preciso levar em conta (1) os tipos de empregados que geralmente deixam a empresa, (2) o nível de desempenho dos egressos, e (3) os motivos do desligamento. Acreditamos que a rotatividade de empregados de desempenho médio para alto é muito dispendiosa, ao passo que a rotatividade entre empregados de mau desempenho pode ser até benéfica para a organização — sobretudo se for possível substituir o pessoal de baixo desempenho por outros de alto desempenho. Todavia, a maioria das empresas conclui que é mais dispendioso reter empregados especialmente talentosos do que empregados de desempenho médio ou baixo. Assim, o tipo de rotatividade a ser "custeado" também influenciará o custo das intervenções. Com base em nossa experiência, os antecedentes pessoais, além das entrevistas de saída, ajudam a classificar os egressos nas quatro categorias há pouco descritas. Portanto, a maioria das empresas se concentrará na estimativa dos custos e benefícios da categoria "indesejável, controlável".

Veja o exemplo de uma empresa que ampliou, com êxito, o seu negócio, mas que então enfrentou problemas com o que interpretou como êxodo de gerentes de nível médio de alto potencial. A empresa emprega 1.000 gerentes, dos quais 400 considera de "alto desempenho". A rotatividade desse pessoal de alto desempenho é de 30% ao ano; assim, a empresa precisa admitir 120 gerentes apenas para substituir os egressos. (Observe que esse exemplo refere-se apenas a gerentes de alto potencial — os custos da rotatividade total seriam muito mais altos.) Presuma que cada gerente ganhe US$100 mil por ano. Suponha ainda que toda a rotatividade desse grupo é voluntária. Assim, não há custos referentes a indenizações e outros encargos resultantes de demissões por iniciativa da empresa. Uma vez que os "egressos", por definição, apresentam alto desempenho, também podemos pressupor que seus substitutos, em média, exibirão desempenho inferior — pelo menos de início. A Tabela 4.2 mostra as categorias de custos e respectivas estimativas.

A rotatividade entre os gerentes de nível médio, de alto desempenho, custa à empresa cerca de US$6,7 milhões, ou mais ou menos US$55.500 por empregado. Esse número é compatível com estimativas recentes, sugerindo que a substituição de um gerente de nível médio talvez custe em torno de 50% do respectivo salário, aí não se incluindo o custo de oportunidade. É decerto muito dinheiro. Mas será que é dinheiro demais? Ou simplesmente é o custo de fazer negócios? Para chegar a uma conclusão, precisamos verificar se as iniciativas para reduzir a rotatividade seriam

Tabela 4.2 Estimativa de custos para substituição de 120 gerentes de alto potencial

Ano 1 (contratação de 120 novos gerentes)	
Custos de rescisão	US$60.000
Custos de recrutamento	US$900.000
Custos de seleção	US$900.000
Custos de treinamento e ambientação	US$600.000
Menor produtividade — ambientação	US$1.200.000
Menor produtividade — longo prazo	US$3.000.000
Total	**US$6.660.000**

Nota: Todos os números estão em valor presente.

menos dispendiosas. Assim, comparemos os *custos marginais* referentes à redução da rotatividade com os correspondentes *benefícios marginais*. E como os empregados "retidos" ficarão na empresa mais de um ano, nossas estimativas também devem levar em conta vários períodos de apuração.

A Tabela 4.2 estima apenas os *custos* da rotatividade dos empregados. Esses dados têm significado apenas quando os comparamos com os *benefícios* decorrentes das iniciativas para reduzir a rotatividade indesejável. Até nas melhores situações, a rotatividade raramente chega a zero. Contudo, várias intervenções seriam capazes de facilmente cortar a rotatividade pela metade. Digamos que, com base em entrevistas de saída e nos registros de pessoal, a empresa do exemplo tenha determinado que conseguiria reduzir a rotatividade entre gerentes de alto potencial, de 30% (120 gerentes por ano) para 15% (60 gerentes por ano). Como? Oferecendo salários mais altos, programas de desenvolvimento de competências e melhores oportunidades de promoção para os empregados com os melhores níveis de desempenho. Sem dúvida, alguns desses custos ocorrerão apenas uma vez; outros exigirão investimentos contínuos.

Será que a empresa deveria investir em programas de redução da rotatividade para os gerentes de alto potencial? Suponha que, nessa altura, os gerentes de linha expressem ceticismo sobre o programa proposto. Eles valorizam o desempenho de gerentes talentosos, mas não estão convencidos de que os investimentos necessários para *reter* esses gerentes apresentariam retornos suficientes. As Tabelas 4.3 e 4.4 mostram as estimativas de custos e benefícios, respectivamente, decorrentes da redução da rotatividade do grupo de 30% para 15%. (As estimativas de custos apresentadas na Tabela 4.3 precisam ser aplicadas a todos os empregados da categoria, pois não se sabe antecipadamente em que empregados concentrar os esforços de retenção. Contudo, as estimativas de benefícios na Tabela 4.4 aplicam-se apenas aos 60 empregados adicionais que se espera no primeiro ano.)

Essas tabelas mostram que os investimentos em capital humano geralmente exigem despesas no ano em curso as quais são recuperadas apenas nos anos seguintes. Este aspecto é ainda mais nítido em RH, pois, como constatamos, a maioria dos sistemas contábeis focaliza a atenção dos gerentes no período em curso. Isso faz sentido se examinamos a questão sob várias perspectivas. Primeiro, como Yogi Berra já observou com eloquência, "É difícil fazer previsões, especialmente sobre o futuro". Isso aplica-se tanto a beisebol como a RH. Os quadros de pessoal variam, as estratégias mudam, novos concorrentes entram no mercado. Cada um desses elementos aumenta os riscos dos investimentos em RH. Ao mesmo tempo, os gerentes inteligentes sabem que novas oportunidades de negócios surgem a todo momento. Além disso, a única maneira pela qual as empresas podem aproveitar essas oportunidades é cultivando uma força de trabalho competente, capaz e flexível. Assim, os gerentes geralmente comparam o valor presente dos benefícios de uma intervenção, com o valor presente (VP) de seus custos, a fim de serem compensados por seus esforços e riscos. A Tabela 4.5 mostra como isso funcionaria na empresa do exemplo.

Nesse cenário específico, o VPL do programa proposto de redução da rotatividade, é bem maior do que zero (US$7,5 milhões). Assim, os dados indicam que o investimento faria sentido, mesmo sob as premissas mais restritivas. No caso de resultados "mistos", quando os investimentos parecem justificáveis apenas em face de premissas otimistas, mas questionáveis sob premissas conservadoras, sugerimos reunir mais dados, cuidadosamente selecionados, que sirvam de base para análises mais rigorosas. Uma metodologia específica para o desenvolvimento de estimativas de custos exatas e minuciosas, o *custeio baseado em atividades*, se transformou em ferramenta muito apreciada pelos contadores gerenciais.[7]

RESUMO: COMPARAÇÃO DE ANÁLISES DE CUSTOS E BENEFÍCIOS E DESENVOLVIMENTO DO SCORECARD DE RH

Neste capítulo, fizemos a distinção entre desenvolver um Scorecard de RH e calcular o retorno sobre o investimento de determinado programa ou intervenção de RH. Essas duas atividades ajudam a função de RH a criar

Tabela 4.3 Estimativa de custos para a redução da rotatividade de 30% para 15%

Ano 1	
Aumento da remuneração variável para o pessoal de alto desempenho	$1.200.000
Melhoria das oportunidades de promoção	$360.000
Treinamento adicional (desenvolvimento de competências)	$600.000
Ano 2	
Aumento da remuneração variável para o pessoal de alto desempenho	$1.200.000
Melhoria das oportunidades de promoção	$360.000
Treinamento adicional (desenvolvimento de competências)	$600.000
Ano 3	
Aumento da remuneração variável para o pessoal de alto desempenho	$1.200.000
Melhoria das oportunidades de promoção	$360.000
Treinamento adicional (desenvolvimento de competências)	$600.000
Valor presente dos custos (3 anos, a custo de capital de 10%)	**$5.858.381**

Tabela 4.4 Estimativa de benefícios com a redução da rotatividade de 30% para 15%

Ano 1 (60 empregados)	
Aumento da produtividade e redução dos custos de ambientação	$3.000.000
Ano 2 (120 empregados)	
Melhoria da produtividade e redução dos custos de ambientação (empregados retidos no ano em curso e no anterior)	$6.000.000
Ano 3 (180 empregados)	
Melhoria da produtividade e redução dos custos de ambientação (empregados retidos no ano em curso e nos anteriores)	$9.000.000
Valor presente dos benefícios (3 anos a custo de capital de 10%)	**$13.320.929**

Tabela 4.5 Valor presente líquido da redução da rotatividade de 30% para 15%

Valor presente dos benefícios	$13.320.929
Valor presente dos custos	–$5.858.381
Valor presente dos benefícios menos valor presente dos custos	**$7.462.548**

valor. Contudo, elas envolvem diferentes processos e exigem diferentes competências.

As análises de custos e benefícios são diferentes dos Scorecards de RH em amplitude (são muito mais restritas e mais orientadas para projetos) e longevidade (fornecem apenas uma resposta específica). Além disso, geralmente, apenas os responsáveis por decisões referentes à situação específica veem os resultados das análises de custeio. Em contraste, o Scorecard de RH é amplo em escopo e envolve uma teoria sobre como as pessoas criam valor em toda a empresa. Também é usado por um público muito maior, é visto e atualizado regularmente e serve como ferramenta para acompanhar o progresso da implementação da estratégia.

Tanto a análise de custos e benefícios como o desenvolvimento do Scorecard de RH são importantes; na realidade, são complementares. No entanto, a maioria das empresas utiliza essas ferramentas de maneira sequencial. Elas desenvolvem um Scorecard para identificar onde pretendem estar no futuro e onde se encontram agora, e então realizam análises de ROI a fim de escolherem a trajetória mais eficiente para chegar ao futuro. Os gerentes de RH precisam aprimorar a capacidade de utilizar essas duas ferramentas poderosas.

No próximo capítulo, mostraremos como combinar os conhecimentos adquiridos mediante o desenvolvimento de indicadores referentes à implementação da estratégia, com os insights proporcionados pelas análises de custos e benefícios.

PROJETO DE CUSTEIO DE RH DA HRSP/RUTGERS UNIVERSITY

Será que as empresas, em geral, são capazes de determinar com exatidão o quanto investem em pessoal? E, se pudessem, será que tomariam melhores decisões sobre esses investimentos? Em projeto recente patrocinado pelo Human Resource Systems Professionals (HRSP) e pela Rutgers University, Charles Fay, Steve Director, Paul Hempel e Mark Huselid desenvolveram em planilha eletrônica um modelo de custeio integrado, para avaliar os verdadeiros custos e benefícios econômicos decorrentes de investimentos em

(continua)

(continuação)

pessoal — não importa se tais investimentos foram iniciativas da função de RH ou de outra área da organização. As metas do modelo eram duas:

1. Desenvolver estimativas dos custos das atividades relacionadas com recursos humanos na empresa.
2. Possibilitar aos usuários a estimativa dos custos decorrentes de mudanças em várias práticas de recursos humanos.

Fay e colegas demonstraram que desenvolver modelos desse tipo não é tão simples quanto talvez se imagine à primeira vista. Nas demonstrações financeiras da empresa, os investimentos em pessoal geralmente se incluem no custo dos produtos vendidos ou em despesas gerais de vendas e administração. Para a maioria das empresas, isso significa que os verdadeiros custos referentes aos investimentos da empresa em pessoal — sejam os custos totais, sejam os associados a determinadas práticas de GRH — são muito difíceis de identificar, pois geralmente estão "embutidos" em categorias de custos mais amplas. De fato, muitas empresas terão dificuldade em determinar o verdadeiro custo dos investimentos em treinamento, pois eles se distribuem por toda a empresa e os sistemas contábeis convencionais não foram concebidos para captá-los.

Agravando o problema, tem-se o fato de que os investimentos em pessoal — mesmo aqueles destinados a criar valor de longo prazo — são integralmente contabilizados como despesa no período em curso. Como as empresas não monitoram os investimentos em pessoal no longo prazo, elas têm poucos incentivos para dispensar-lhes muita atenção.

Assim, ao desenvolver o modelo de custeio HRSP/Rutgers, os autores foram obrigados a criar categorias detalhadas e mutuamente excludentes de custos de RH. Em seguida, formularam uma metodologia para a coleta de dados relevantes e depois validaram o modelo numa amostra de seis grandes empresas. Em contraste com pesquisas anteriores (que, na maioria das vezes, tentaram estimar os custos de uma única atividade de recursos humanos), a abordagem se concentrou nos custos e benefícios de todo o sistema de GRH.

No projeto HRSP/Rutgers, os autores consideraram os custos e os benefícios de qualquer tipo de intervenção de GRH como vários componentes inter-relacionados (ver figura):

(continua)

(continuação)

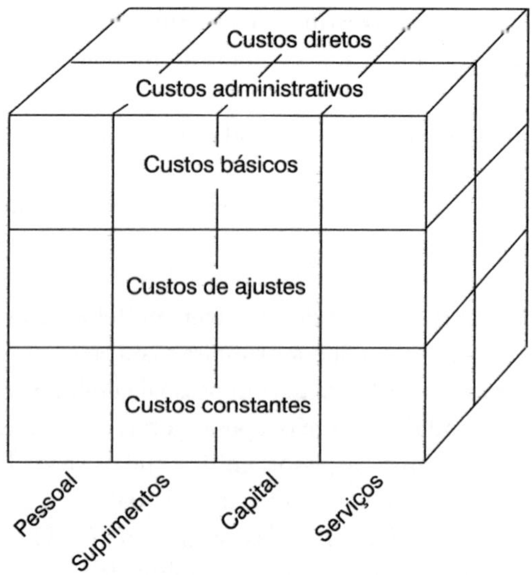

Custos operacionais básicos: são os gastos anuais referentes a atividades e processos de gestão de recursos humanos. Representam o "ponto de partida" e servem como base de comparação para as propostas de mudança na situação vigente.

Custos de ajustes: ocorrem apenas uma vez, como resultado da implementação de programas de gestão de recursos humanos.

Custos constantes: são gastos repetitivos, associados à implementação de um programa de gestão de recursos humanos, além de outros não relacionados com a nova iniciativa.

Custos administrativos: são gastos referentes a projetos, testes, implementação, gerenciamento e avaliação de novas iniciativas ou de atividades contínuas de recursos humanos.

Custos diretos: são gastos adicionais decorrentes de novas iniciativas ou de atividades contínuas de recursos humanos. Por exemplo, a concessão de aumentos salariais acarreta alguns custos administrativos em termos de programação e implementação; as despesas adicionais com a folha de pagamento daí resultantes são custos diretos.

(continua)

(continuação)

Os custos administrativos e os custos diretos se distribuem entre quatro componentes:

- Pessoal
- Suprimentos
- Capital
- Serviços externos

Principais Ensinamentos do Projeto HRSP/RUTGERS

No desenvolvimento e validação do modelo, os autores concluíram o seguinte:

1. O verdadeiro montante dos investimentos em pessoal não era evidente nos sistemas de orçamento e contabilidade da maioria dos departamentos de recursos humanos. Na verdade, o orçamento dos departamentos de recursos humanos subestimava drasticamente o nível real dos investimentos em pessoal, pois (1) estes não são bem captados pelos sistemas de contabilidade em geral e (2) boa parte dos investimentos em pessoal se distribui por toda a empresa, nos orçamentos operacionais dos gerentes de linha. Como geralmente os sistemas de contabilidade são muito imprecisos quanto à maneira como alocam os gastos com investimentos em pessoal, e como muitos desses gastos se distribuem por toda a organização, o orçamento do departamento de RH de uma empresa subestima drasticamente o nível total de investimentos da empresa em pessoal, talvez em até 50%. Em consequência, a maioria das empresas é incapaz de determinar com facilidade seu verdadeiro montante de investimentos em algumas atividades muito comuns, como treinamento.
2. A disciplina resultante da evolução da mentalidade tradicional, que considera investimentos em RH apenas os gastos registrados pela contabilidade, para uma abordagem econômica que considera a totalidade dos investimentos em pessoal (onde quer que ocorram na empresa) pode ser muito útil nas análises de custos e benefícios.
3. É possível determinar o verdadeiro valor dos investimentos da empresa com pessoal, mas para tanto necessita-se de recursos consideráveis. Antes de embarcar no projeto, as empresas devem ter razões muito boas para fazê-lo, pois o processo exige muita mão de obra.

Fontes: C. H. Fay, P. S. Hempel, S. M. Director e M. A. Huselid, "Costing Human Resource Initiatives", (School of Management and Labor Relations, Rutgers University, 1997); e C. H. Fay, P. S. Hempel, S. M. Director e M. A. Huselid, "Rutgers Human Resource Costing Model Software (Versão 1.3) User's Manual" (School of Management and Labor Relations Rutgers University, 1997).

5

OS PRINCÍPIOS DA BOA MENSURAÇÃO

O sistema de mensuração do desempenho de recursos humanos exerce papel fundamental no posicionamento da área de RH da empresa — inclusive quanto à sua própria credibilidade. Também influencia a capacidade de a organização capitalizar as atividades de recursos humanos como ativo estratégico. Por esses motivos, é preciso ancorar esse sistema de mensuração a alguns princípios essenciais. Voltemos a examinar a HiTech, a empresa que encontramos pela primeira vez no Capítulo 3, para ver o que ocorre quando se ignoram esses princípios.

A HiTech é uma grande empresa industrial com sede no Oeste dos Estados Unidos. Seus produtos inovadores lhe renderam reconhecimento como líder no setor. A exemplo de muitas outras empresas, a HiTech, durante vários anos, enfatizara a importância das pessoas como fonte de vantagem competitiva. Contudo, embora tenha insistido exaustivamente em algumas "políticas de pessoal", ela não articulou as relações de causa e efeito capazes de conectar a arquitetura de RH ao valor para os clientes e para os acionistas. Como primeiro passo para a mensuração dessas relações, a liderança de recursos humanos da HiTech realizou um estudo de viabilidade a fim de explorar o que seria necessário para desenvolver um sistema de mensuração estratégico. Apresentamos a seguir os problemas com que eles se depararam no projeto. Como veremos, a lista oferece algumas ideias sobre os ingredientes necessários para a eficácia das iniciativas de mensuração.

Os dados disponíveis — e não dados relevantes — serviam de base para as decisões críticas da HiTech. Como a HiTech não explicitara o processo pelo qual as pessoas criam valor em todo o negócio, também não gerenciava (e, portanto, não media) os vetores relevantes dentro da cadeia de valor. Não chega a ser surpreendente que os indicadores *efetivamente* disponíveis tivessem sido concebidos para outras finalidades. A empresa utilizava indicadores de pessoal extraídos de tradicional pesquisa anual entre os empregados, por exemplo, e indicadores financeiros que mostravam as variações em relação ao orçamento. O projeto de viabilidade concentrou-se em uma das poucas unidades de negócios que então coletavam dados sobre os três componentes da cadeia de valor. Para tanto, escolheu uma operação de *call center* de serviços, em face do estreito relacionamento entre os empregados da linha de frente (contratos de serviços da HiTech) e os clientes. Embora o *call center* fosse uma fonte *conveniente* de dados, não se tratava, evidentemente, do "negócio essencial" da HiTech. Contudo, a área de RH não dispunha de outros dados.

Pelo fato de articular de maneira incompleta seu processo causal, a HiTech comprometeu os resultados da mensuração. Ao confiar nos indicadores disponíveis e não nos apropriados, a HiTech enfrentou muitas dificuldades para extrair até mesmo inferências preliminares sobre importantes relações. Por exemplo, o *call center* gera receitas por meio de esquemas de prestação de serviços ao escritório de vendas regional. Também pode auferir outras receitas mediante novas vendas de outros produtos aos clientes existentes. Assim, a "rentabilidade" do *call center* é o resultado líquido da receita total decorrente dessas duas fontes, menos os custos orçados. A empresa avaliava a percepção de valor, pelos clientes, por meio dos dois indicadores de eficiência disponíveis (volume de telefonemas e velocidade de resposta) e mediante a avaliação da precisão dos serviços e da satisfação dos clientes.

Trata-se de um conjunto típico de métricas que se encontraria em qualquer empresa que recorre a mensurações para monitorar as atividades em relação a algum padrão, sobretudo controle de custos. Essas métricas não são assim tão úteis para uma organização que pretende compreender o processo de criação de valor. Por exemplo, o *call center* da HiTech dispõe realmente de três maneiras de impulsionar a "rentabilidade". Primeiro, aumentar as receitas, prestando serviços excelentes que, *com o tempo*, ampliem o valor total do produto na percepção dos clientes. Mas é provável que ocorra um intervalo de tempo significativo entre o desempenho do *call center* e o impacto sobre as compras de produtos. Com efeito, a HiTech poderia conectar, com mais exatidão, o desempenho do *call center* às vendas de produtos, em vez de ao faturamento por serviços, uma vez que este último é um custo interno que a HiTech gostaria de reduzir. Em outras palavras, as receitas do *call center* correspondem a despesas lançadas contra a venda de produtos da unidade de negócios.

Segundo, o *call center* gera receitas por meio de vendas de serviços que redundem em aumento na linha de cima da demonstração do resultado (receita bruta), ou seja, novas vendas de serviços que não estejam vinculadas às compras de um cliente preexistente. Aqui, a HiTech pode esperar que o intervalo de tempo entre a experiência com os serviços e a nova decisão de compra do cliente seja relativamente curto.

Terceiro, a HiTech incluiu as variações orçamentárias como indicador de controle de custos (e assim, indiretamente, como indicador de lucros). Embora o controle de custos seja um indicador tradicional de desempenho financeiro, é bem possível que conflite com as receitas decorrentes de "novas vendas". Por exemplo, os indicadores de eficiência e velocidade talvez contribuam para a redução de custos, mas não representam necessariamente a maneira mais *eficaz* de gerar novas receitas. O modelo causal simples da HiTech combina esses efeitos conflitantes como uma relação causal.

Em seu sistema de mensuração, a HiTech incluiu o que chamaríamos de indicadores operacionais ou de processos internos de um Balanced Scorecard (velocidade e volume) no segmento referente a "clientes", ao lado de satisfação dos clientes. Um modelo mais apropriado inseriria esses dois indicadores de processos internos como *vetores* ou *indutores* da satisfação dos clientes, os quais, por sua vez, impulsionariam o desempenho financeiro. Essa relação causal mais realista teria proporcionado aos gerentes resultados orientadores de ações, que seriam então utilizados para ajustar a implementação da estratégia do *call center* nos pontos apropriados.

Finalmente, as métricas da HiTech referentes a pessoal, salientavam um problema comum com que se defrontam muitos gerentes de RH ao tentarem atribuir a seu sistema de mensuração de recursos humanos sentido prático para os negócios. A HiTech dependia de pesquisas de atitudes entre os empregados, envolvendo grande quantidade de perguntas. Contudo, essas perguntas redundavam apenas em um indicador amplo e mal definido das atitudes dos empregados em relação à empresa e aos supervisores. Como as respostas ao levantamento não eram classificáveis, de maneira significativa, entre os vários determinantes do comportamento estratégico dos empregados (competências, motivação, foco estratégico), a HiTech não tinha ideia de como alinhar o sistema de recursos humanos para impulsionar a mudança. Ainda que a equipe gerencial sênior de RH acreditasse que as pessoas eram capazes de criar valor para a organização, os indicadores adotados forneciam pouca contribuição sobre como o sistema de RH devia ser alinhado para influenciar os resultados do desempenho individual.

A HiTech não comunicou, de antemão, o valor estratégico de RH. O vice-presidente de RH da HiTech solicitou a cooperação de outras unidades de negócios para coletar os dados necessários ao estudo de viabilidade. Contudo, como a organização não percorrera os passos 2 a 5 de nosso modelo (descrito no Capítulo 2), o vice-presidente não teve meios para convencer as outras unidades de que os resultados do projeto fariam diferença no desempenho das operações de linha. Assim, as demais unidades de negócios encararam o projeto como mais um fator de dispersão e não como prioridade. Em consequência, a equipe do projeto de viabilidade conseguiu reunir dados úteis apenas em poucas unidades de um universo muito mais amplo. Esse entrave tornou quase impossível para a equipe gerencial sênior de RH extrair inferências significativas sobre as possíveis relações do modelo.

Vários problemas se conjugaram para restringir o valor do estudo de viabilidade da HiTech. O problema do pequeno tamanho da amostra do estudo de viabilidade foi agravado pelo excesso de confiança do principal executivo de recursos humanos (CHRO) em relação aos dados disponíveis. Ademais, nem sempre as informações estavam acessíveis no momento apropriado. A unidade de observação era o grupo de supervisão dentro do *call center*. Mas os indicadores escolhidos pelo CHRO exigiam informações que se tornavam disponíveis em diferentes ciclos. Por exemplo, os indicadores de velocidade, eficiência e volume, referentes aos processos internos, eram gerados mensalmente. Já os indicadores de receita e satisfação dos clientes eram apurados trimestralmente. E os dados resultantes da pesquisa entre os empregados saíam anualmente. Essas disparidades de tempo forçaram a equipe do projeto de viabilidade a anualizar todos os indicadores, para compatibilizá-los com o ciclo de informações referentes aos empregados. Assim, em vez de dispor de milhares de observações unitárias ao longo de vários anos, a equipe do projeto tinha acesso a menos de trinta.

Em conjunto, essas falhas no estudo de viabilidade do sistema de mensuração da HiTech mutilou o projeto. Portanto, não surpreende que os resultados do projeto piloto pouco tenham contribuído para reforçar o status de RH como ativo estratégico, ou para orientar a eficácia estratégica de RH. O projeto piloto não evoluiu para uma análise mais abrangente, e a HiTech perdeu a oportunidade de tornar mais agudo o foco estratégico de RH.

POR QUE MELHORES MENSURAÇÕES?

Um bom sistema de mensuração do desempenho produz dois resultados. Primeiro, melhora o processo decisório de RH, ajudando a concentrar o foco nos aspectos da organização que criam valor. Ao mesmo tempo, também fornece feedback útil para a avaliação da atual estratégia de RH e para a previsão do impacto de futuras decisões. Portanto, um sistema de mensuração bem elaborado atua ao mesmo tempo como princípio norteador e padrão de avaliação das contribuições de RH para a implementação da estratégia.

Segundo, proporciona justificativas válidas e sistemáticas para as decisões sobre alocação de recursos. RH terá condições de reivindicar, com legitimidade, sua parcela dos recursos da organização apenas se for capaz de demonstrar como contribui para o sucesso financeiro do negócio. Os bons sistemas de mensuração baseados no desempenho criam condições para a explicitação dessas relações causais e assim prepara o terreno para que se efetuem investimentos em RH como ativo estratégico, em vez de limitar sua atuação a um centro de custos a ser podado ao mínimo imprescindível.

Por exemplo, imagine-se avaliando a posição de sua empresa no índice do Sistema de Trabalho de Alto Desempenho (HPWS) descrito no Capítulo 2. O índice HPWS é um indicador compacto que mostra o grau de orientação para o "desempenho" das principais práticas de RH.

Suponha que o sistema de RH de sua empresa se enquadre no quadragésimo quarto percentil, entre todas as empresas, e no quinquagésimo percentil, no grupo setorial. Um bom sistema de mensuração lhe permitirá prever em *quanto* melhoraria o desempenho da empresa se o sistema de RH fosse impelido para determinada meta de percentil. Ou digamos que sua empresa já esteja no nonagésimo percentil do índice HPWS. Nesse caso, seria possível calcular que proporção do valor da empresa é para os acionistas atribuível ao desempenho notável do sistema de RH, em comparação com o valor gerado por um sistema de RH situado no quinquagésimo percentil.

Essa abordagem é uma forma sofisticada de *benchmarking*, pois vai além da simples mensuração do "nível" do sistema de RH. Ela permite que se atribua valor, em dólares, à discrepância entre o atual sistema de RH da empresa e algum nível almejado. Contudo, ela ainda padece das mesmas debilidades de qualquer enfoque de *benchmarking* para a mensuração da influência estratégica de RH. Não diz muito sobre como a redução dessa distância efetivamente *cria* os ganhos previstos em termos de valor para os acionistas. Com efeito, existe uma "caixa-preta" entre RH e o desempenho da empresa — impedindo que a área de recursos humanos conquiste a credibilidade necessária para efetivamente converter-se em parceiro estratégico.

Em última instância, é preciso dispor de argumentos convincentes sobre o conteúdo da caixa-preta. Para tanto, deve-se levantar a tampa da caixa-preta e revelar um processo plausível pelo qual RH crie valor para a empresa. A arquitetura estratégica de RH, já descrita nos capítulos anteriores, alinhada ao processo de implementação da estratégia, compõe esse enredo arrebatador. A narração da história — por meio do sistema de mensuração — ajuda a identificar as metas norteadoras e os vetores de desempenho.

OS DESAFIOS DA MENSURAÇÃO: ATRIBUTOS E RELAÇÕES

Quando nos referimos à mensuração como recurso estratégico para os gerentes de RH, o que de fato queremos dizer com isso? Por exemplo, muitas empresas identificam um ou dois indicadores "relacionados a pessoal", tal como satisfação dos empregados, em um sistema equilibrado de desempenho organizacional. Os gerentes de linha, e até mesmo os gerentes de RH, poderiam ser responsabilizados pela consecução desses resultados, que também seriam incluídos no plano de incentivos gerenciais. Tais indicadores refletem o aspecto quantitativo, ou o nível, de determinado atributo — nesse caso, a satisfação dos empregados. Qual deve ser esse nível? Ele muda com o tempo? Como compará-lo com o de outras empresas ou entre as SBUs? Geralmente, presume-se que quanto maior o atributo, melhor para a empresa. Dissemos "presume-se" porque, na maioria das empresas, poucas são as *provas* da conexão entre satisfação dos empregados e desempenho da empresa. Tais organizações enfatizam o *nível* do atributo, em vez da *relação* entre o atributo e alguns resultados estratégicos (vetores de desempenho ou resultados da empresa).

A boa mensuração exige compreensão e especialização na avaliação *tanto* dos níveis *como* das relações. Muitos gerentes de RH, sob pressão para demonstrar a conexão entre atuação de RH e desempenho da empresa, confiam nos *níveis* dos resultados de RH como substitutos aproximados dessas *relações*. Em outras palavras, eles não conseguem demonstrar os vínculos causais diretos entre os resultados de RH e o desempenho da empresa, e assim selecionam vários indicadores plausíveis de RH como candidatos a vetores estratégicos — e então simplesmente sustentam suas pretensas conexões com o desempenho da empresa.

Essa incapacidade de realmente demonstrar a existência de tais relações é por vezes obscurecida por diagramas que sugerem tênues vínculos de causa e efeito. A Figura 5.1 apresenta um exemplo comum do que chamaríamos de mapa estratégico superficial. A empresa poderia incluir um ou dois indicadores sob cada uma dessas três categorias e empenhar-se na mensuração dos níveis de tais atributos. Mas o que realmente significa apresentar bons resultados nesses indicadores? As setas implicam que melhor desempenho na dimensão "Pessoas" contribui para melhor desempenho na dimensão "Clientes", a qual, por sua vez, contribui para melhorar os "Lucros". Mas o verdadeiro processo de criação de valor em qualquer empresa é muito mais complexo. Portanto, a "história" aqui está incompleta. Ela fornece apenas a mais perfunctória orientação ao processo decisório ou à avaliação do desempenho. É apenas marginalmente melhor do que os indicadores tradicionais que não se esforçam para conferir papel mais estratégico à atuação de RH. Caixas e setas criam a ilusão de compreensão e mensuração. Contudo, em face da própria limitação dos indicadores de *relações*, tais diagramas — e o pensamento a eles subjacente — por vezes até contribuem para solapar a confiança e a credibilidade de RH.

Figura 5.1 Mapa estratégico superficial

PESSOAS → CLIENTES → LUCROS

Ainda que a mensuração das relações seja o desafio mais premente com que hoje se deparam os gerentes de RH, os indicadores de atributos devem representar os alicerces do sistema de mensuração. Por quê? Porque o indício de um forte vínculo entre A e B é inútil se os próprios indicadores de A e B forem inúteis. Mas palavras como "inútil", "útil", ou "apropriado" não são suficientemente exatas para nossa discussão a respeito dos elementos da boa mensuração. Com efeito, dispõe-se de princípios bem definidos que caracterizam as práticas de mensuração eficazes. A compreensão desses princípios permite que se deem os passos iniciais para o desenvolvimento de um sistema de mensuração de RH dotado de foco estratégico.

NÚMEROS COM SIGNIFICADO

Comecemos com uma definição simples do que queremos dizer com mensuração. Em geral, mensuração é definida como a *atribuição de números a propriedades (ou características) de objetos, com base em um conjunto de regras*. A representação numérica é importante, pois geralmente estamos interessados em quantidades. Mas nosso interesse concentra-se apenas em quantidades com significado. Por exemplo, saber que o nível de satisfação da média dos empregados é de 3,5 numa escala de 5 pontos é um indicador numérico, mas que não apresenta muito significado intrínseco. Esse número é bom ou mau? Ou imagine um índice de rotatividade de pessoal de 15%. Pontos percentuais envolvem mais significado intrínseco do que posições em escalas de valores absolutos, mas o simples conhecimento da porcentagem não é muito elucidativo quanto ao seu verdadeiro impacto.

Para adicionar significado a esses níveis, precisamos de contexto. Aí reside o fascínio do *benchmarking*. Se descobrirmos que 3,5 numa escala de 5 pontos é muito melhor do que a classificação obtida pelos concorrentes setoriais, já estamos agregando algum significado ao indicador. Contudo, também poderíamos constatar que os nossos 3,5 pontos se situam bem abaixo de nosso nível histórico. Estamos melhores do que nossos concorrentes setoriais, mas regredimos no desempenho histórico. Evidentemente, em ambos os casos, interpretamos apenas valores *relativos*. Ou seja, estamos melhores ou piores do que algum padrão, mas em nenhum dos casos dispomos de algum indicador de valor *gerencial*. Em outras palavras, qual a diferença entre 3,0 ou 4,0 numa escala de 5 pontos referente à satisfação dos empregados? Para ter valor gerencial, o indicador deve ser expresso em unidades numéricas com significado intrínseco quanto ao desempenho (como dólares). Afora essa hipótese, devemos ser capazes de traduzir o indicador em unidades relevantes para o desempenho.

Considere este exemplo simples: suponha que se queira demonstrar o aumento do custo em dólar (custo de contratação e treinamento, e menor produtividade dos novos empregados) associado ao aumento de um ponto percentual no índice de rotatividade de pessoal da empresa. Para se extrair valor gerencial do exercício, seria preciso conectar os indicadores de RH aos vetores de desempenho em outras áreas da organização e, afinal, aos próprios resultados da empresa. Lembre-se da história da Sears. Os principais indicadores de "pessoal" do modelo de mensuração da Sears refletiam as atitudes dos empregados em relação ao trabalho e à empresa como um todo. A Sears poderia ter feito o *benchmarking* do *nível* dessas atitudes com o de indicadores semelhantes em outras empresas, ou talvez até com seus próprios padrões históricos. A partir desses elementos, é até possível que a empresa identificasse uma discrepância. Contudo, a pergunta daí resultante seria: "E daí?" Ao contrário da maioria das empresas, a Sears tinha uma resposta para essa pergunta, pois era capaz de traduzir as *mudanças* nesses indicadores de atitudes em *mudanças* no desempenho da empresa. Assim, os números referentes a "pessoas" tinham significado para os negócios.

A mensuração das relações dá significado aos níveis em si e às mudanças potenciais nesses níveis. No entanto, tais relações muito provavelmente serão específicas da empresa. Portanto, quanto mais exclusiva da empresa for a magnitude (o impacto de um indicador sobre outro) dessas relações, menor será a utilidade do *benchmarking* de níveis. O *benchmarking* de níveis de mensuração presume que as relações entre tais níveis sejam as mesmas em todas as empresas, e que, por conseguinte, têm o mesmo significado em todas as empresas. Isso equivale a afirmar que o processo de implementação da estratégia é uma *commodity* ou, pelo menos, que a contribuição de RH para esse processo é uma *commodity*. Por essa razão, consideramos que o *benchmarking* dos indicadores estratégicos de RH é no mínimo enganoso e, na pior das hipóteses, contraproducente.

INDICADORES *VERSUS* CONCEITOS OU VISÕES

Para nossos propósitos, a arquitetura de RH e os sistemas de implementação da estratégia são os "objetos" em nossa definição de mensuração. As "propriedades" desses objetos que mais nos interessam são os elementos de criação de valor dos dois sistemas — em outras palavras, os produtos de RH e os vetores de desempenho da empresa sujeitos à influência dos produtos de RH. Podemos raciocinar sobre essas propriedades como conceitos abstratos, mas também como indicadores observáveis. Primeiro, a organização ou a equipe da alta administração identifica os principais elos da cadeia de criação de valor, adotando o que chamamos de perspectiva "conceitual" ou de "visão". Por exemplo, a relação simples entre atitudes dos empregados e desempenho da empresa constitui os fundamentos do modelo de mensuração da Sears, já descrito nos capítulos anteriores. A Sears refinou ainda mais o seu modelo com breves declarações de visão sobre os atributos importantes de cada um de seus elementos. Lembre-se de que a alta administração da empresa decidiu que a Sears deveria ser um lugar *cativante* para trabalhar, um lugar *cativante* para comprar e um lugar *cativante* para investir (os "três Cs"). Como outro exemplo mais específico, um banco varejista com que trabalhamos identificou o "desempenho superior em vendas cruzadas" como vetor de desempenho crucial.

Tais conceitos e visões — a que nos referiremos em conjunto como "constructos" — são propriedades do processo de implementação da estratégia. Todavia, tal é seu grau de abstração que fornecem pouca orientação para o processo decisório ou para a avaliação do desempenho. A título de ilustração, a identificação do "desempenho superior em vendas cruzadas" como vetor de desempenho crucial talvez se situe um pouco à frente do estágio da visão, mas ainda é por demais conceitual para ser operacional. O que significa isso? Como o reconheceremos ao vê-lo? Será que dois gerentes diferentes saberão do que se trata ao se depararem com isso? Em síntese, como medi-lo?

A importância dos constructos arrebatadores e de fácil apreensão decorre do fato de contribuírem para a captação e para a divulgação da essência de ideias poderosas. São como melodias simples mas evocativas, que todos cantarolam de maneira inconsciente. Entretanto, não são indicadores. Ao contrário, constituem os alicerces sobre os quais se *constroem* os indicadores. A elucidação dos constructos é o primeiro passo para a compreensão do processo de criação de valor da empresa. Mas depois é preciso saber como erguer-se além dos constructos e chegar ao nível dos indicadores.

Um dos meios de detectar um bom indicador é ver o grau de precisão com que ele reflete os constructos subjacentes. Já dissemos que um indicador de relação entre A e B é inútil se os próprios indicadores básicos de A e B também forem inúteis. E A e B seriam inúteis se não refletissem os constructos por trás deles. Por exemplo, se a Sears medisse o constructo "lugar cativante para trabalhar" simplesmente avaliando o nível de satisfação dos empregados com a remuneração, o indicador daí decorrente não teria muita relevância. Por quê? Porque omite algumas dimensões críticas, como a compreensão da estratégia de negócios ou os relacionamentos com os supervisores, da ideia subjacente a ser explorada.

Uma maneira de evitar esse tipo de erro é usar vários indicadores que reflitam diferentes dimensões do mesmo constructo. No caso da Sears, os gerentes efetuaram um levantamento de setenta itens que então resumiram em dez tópicos, como indicador de "lugar cativante para trabalhar". Em seguida, consolidaram esses dez itens em duas dimensões — atitudes dos empregados em relação ao trabalho e atitudes dos empregados em relação à empresa. A Figura 5.2 ilustra a técnica. A abordagem forneceu à organização um meio explícito de avaliar até que ponto concretizava bem a visão de ser um "lugar cativante para trabalhar".

A Figura 5.3 ilustra outro problema que pode surgir na escolha das métricas. Observe que lá o indicador *não* corresponde ao constructo subjacente por duas razões. Primeiro, o indicador não reflete integralmente todas as propriedades do constructo de interesse. Essa "deficiência" é a área escura à esquerda. Segundo, o indicador reflete alguma coisa além daquele tipo de constructo. Em outras palavras, o indicador está contaminado (área mais clara à direita). Esse tipo de erro de mensuração é muito comum. Por exemplo, lembre-se do banco de varejo que identificou "desempenho de vendas cruzadas" como importante vetor de desempenho. Como a empresa deve medir esse constructo? Uma alternativa seria usar vendas totais, sob o pressuposto de que os empregados ou filiais com mais habilidades em vendas cruzadas venderiam maiores volumes. Mas aí também se incluiriam *outras* vendas além das resultantes do desempenho dos caixas em vendas cruzadas. Assim, esses outros dados contaminariam o indicador. E a hipótese de estimar o "número total de produtos diferentes por clientes" ou "novas vendas para os clientes existentes"? Em ambos os casos, o banco ainda teria de desenvolver um indicador que captasse os

Figura 5.2 Exemplo de vários indicadores refletindo diferentes dimensões do mesmo constructo: lugar cativante para trabalhar.

As respostas a essas 10 perguntas, dentre as 70 de uma pesquisa entre os empregados, exerciam maior impacto sobre o desempenho dos empregados (e, portanto, sobre a satisfação dos clientes) do que os indicadores concebidos de início: *crescimento e desenvolvimento pessoal* e *equipes com empowerment*.

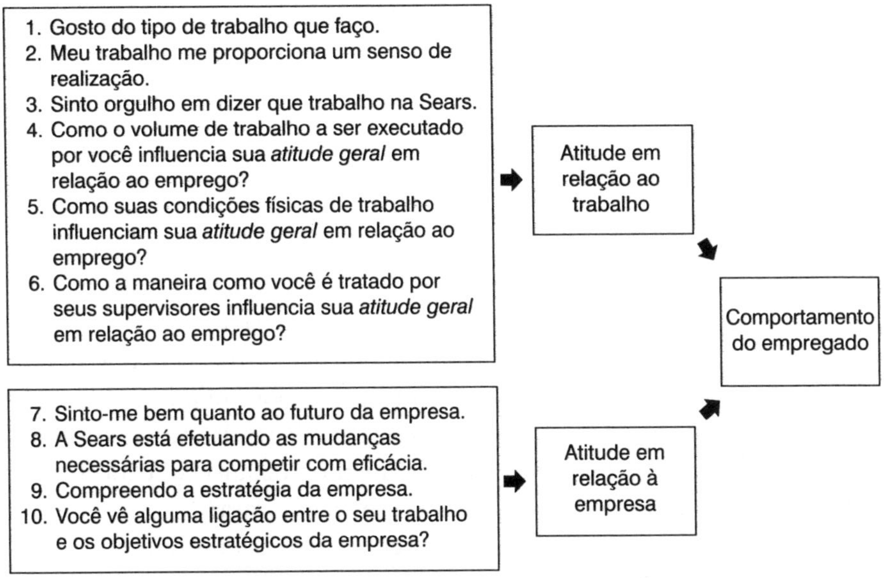

Fonte: Adaptado de Anthony J. Rucci, Steven P. Kirn e Richard T. Quinn, "The Employee-Customer-Profit Cain at Sears", *Harvard Business Review* 76, nº 1 (janeiro-fevereiro de 1998): 90.

atributos importantes do vetor de desempenho em questão, *sem* confundir a imagem com influências sem conexão.

Esses tipos de erros de mensuração reduzem gravemente o valor a ser extraído dos sistemas de mensuração. Caso se utilize um indicador deficiente, é muito provável que os empregados ignorem ou não interpretem corretamente determinado vetor de desempenho. Por exemplo, se um dos vetores-chave for "experiência de compra positiva pelo cliente", pode-se utilizar "tempo com o cliente" como indicador. Com efeito, as pesquisas de mercado mostram que os clientes ficam satisfeitos quando o pessoal de vendas não os pressiona para compras rápidas. Por outro lado, se este for o *único* indicador da experiência de compra do cliente, o pessoal de vendas talvez se veja tentado a prolongar desnecessariamente seus encontros com os clientes. Ainda é verdade que o que é medido é gerenciado. Em outras palavras, não se pode medir A e esperar B.[1]

MÉTRICAS QUE IMPORTAM

Suponha que você tenha desenvolvido um mapa estratégico claro, descrevendo o processo de implementação da estratégia em sua empresa, que também tenha identificado os principais vetores de desempenho, e que até já haja desenvolvido uma boa noção dos indicadores a serem utilizados para refletir os capacitadores de RH dos vetores de desempenho. Você ainda precisa tomar várias decisões importantes quanto à estrutura desses indicadores — decisões que afetarão de maneira drástica sua utilidade final. O processo de mensuração não é um fim em si mesmo. Ele tem valor apenas se seus resultados fornecerem contribuições significativas para decisões subsequentes e/ou se contribuírem para a maior eficácia da avaliação do desempenho. Portanto, ao pensar na escolha e na forma de determinado indicador, pare por um momento e reflita cuidadosamente sobre o que você fará com os resultados. Imagine-se recebendo seu primeiro relatório com o resumo dos indicadores. Os resultados serão úteis para que tipo de decisões críticas? Será que algum outro gerente, sobretudo fora da área de RH, considerará convincentes as recomendações baseadas nesse indicador? Será que esses resultados fornecerão fundamentos inequívocos para decisões referentes à distribuição de recursos dentro da empresa?

Definimos "mensuração" como o processo de atribuir números a propriedades de objetos, mediante a observância de certas regras. Os indicadores numéricos são atraentes porque se referem a quantidades, ou seja, algo que em geral desempenha papel crítico na maioria das decisões. Mas nem todos os indicadores fornecem informações sobre quantidades. Aqui estão algumas recomendações a ter em mente na escolha de indicadores:

Figura 5.3 Falta de alinhamento entre constructos e indicadores, provocando contaminação ou deficiência

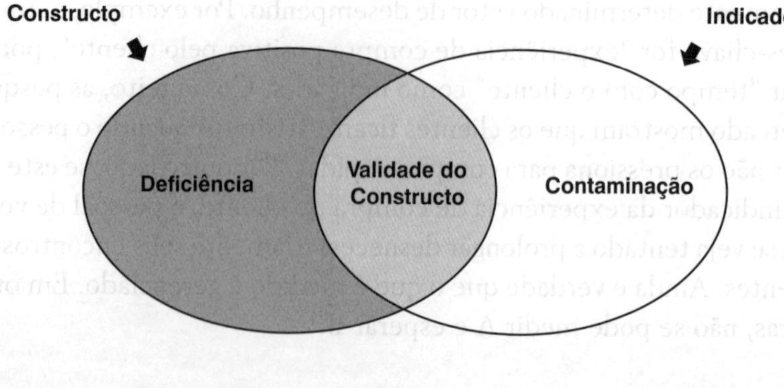

Indicadores Nominais. Os indicadores nominais representam o nível mais baixo de mensuração e nada informam sobre a quantidade de determinado atributo. Simplesmente indicam diferenças ou categorizações entre certas propriedades. Por exemplo, a classificação dos empregados, por gênero, indica uma diferença entre homens e mulheres. Nada acrescenta sobre se uma categoria é "mais" ou "menos" do que a outra em termos de gênero. Os indicadores nominais são úteis apenas para contagens. Quaisquer números atribuídos a essas categorias são utilizados como rótulos, por exemplo, em "categoria 1" ou "categoria 2". Em RH, as contagens de gêneros geralmente são usadas na verificação da observância de regulamentos, como no caso das normas referentes à igualdade de oportunidades de emprego (Equal Employment Opportunities — EEO), mas têm pouco valor na mensuração de RH como ativo estratégico.

Indicadores Ordinais. Os indicadores ordinais representam o próximo nível de mensuração. Fornecem a primeira e menos sensível referência quantitativa. Interprete com mais facilidade os indicadores ordinais como estimativas de classificação ou ordenação. Se sabemos que A for superior a B quanto à propriedade subjacente, podemos "classificar" A acima de B. Apenas não sabemos em quanto. Além disso, sabemos que se B for maior do que C, também A será maior do que C. Contudo, nada podemos afirmar sobre como a diferença entre A e B compara-se com a diferença entre B e C. Os indicadores de classificação ou ordenação são provavelmente mais úteis em avaliações do desempenho, tais como "bom", "melhor" e "ótimo". As propostas de promoção são outro exemplo. O primeiro candidato da lista é melhor do que os demais, mas essa classificação no topo da lista nada diz sobre até que ponto é melhor. (Observe que para efeitos de planejamento de sucessão, esse aspecto talvez não seja importante.)

Indicadores de Intervalo. Esses indicadores representam um passo à frente dos indicadores ordinais pois permitem presumir que o intervalo entre "pontuações" de 1 e 2 é igual ao intervalo entre 2 e 3. Muitos indicadores de desempenho dos negócios que se expressam em tempo, dólares, unidades, participação de mercado, ou qualquer combinação de seus índices se enquadram nessa categoria. Por exemplo, a mudança de 1 ponto percentual na participação de mercado significa o acréscimo da mesma *quantidade* de clientes, seja de 34% para 35%, seja de 67% para 68%. (Observe que esses exemplos também são indicadores de índice, descritos a seguir.) A forma mais comum de indicador de intervalo — e mais pura — são aquelas escalas em que "1" significa "concordo plenamente" e "5" significa "discordo totalmente".

Indicadores de Índice. Nos casos de distância, dólares e tempo que acabamos de descrever, vê-se que as escalas de índices apresentam importante vantagem em relação às escalas de intervalos, pois têm um verdadeiro ponto zero. Esse ponto de referência permite que se façam comparações significativas entre dois valores. Por exemplo, pode-se descrever um resultado como dois terços da quantidade de outro resultado. Os indicadores de índices também são atraentes, pois as unidades de medida tendem a ter significado intrínseco (dólares, quantidade de empregados, porcentagens, tempo etc.). Finalmente, esses indicadores são relativamente fáceis de coletar. (Observe, contudo, que a disponibilidade imediata em si não significa necessariamente que reflitam com exatidão o conceito ou a visão subjacente que se está tentando avaliar — como já vimos aqui.)

Idealmente, o sistema de mensuração a ser desenvolvido fornecerá respostas a perguntas como "em quanto teremos de mudar *X* a fim de atingir nossa meta de mudança em *Y*?". A título de ilustração, caso se aumente o tempo de treinamento em 20%, em quanto isso influenciará o desempenho dos empregados e, por fim, o desempenho do negócio? Ou, caso se reduza a rotatividade entre a importante equipe técnica de P&D em 10%, quanto tempo demorará para que tal mudança comece a influenciar o tempo dos ciclos de desenvolvimento de novos produtos? Não é fácil desenvolver um sistema de mensuração capaz de fornecer esse tipo de especificidade e, com efeito, talvez até esteja além do alcance da empresa. Mas a qualidade das mensurações é um todo, não algo absoluto. Como no caso da maioria das decisões, o desenvolvimento de um sistema estratégico de mensuração de RH envolve *trade-offs*. Para se fazer o *trade-off* correto, é necessário escolher o ponto, no todo, de qualidade a ser alcançado pela empresa.

MEDINDO A CAUSAÇÃO

Por que os números contábeis e os indicadores financeiros são tão irresistíveis? Não é tanto pelo fato de orientarem o processo decisório, mas principalmente porque são expressos em unidades que refletem diretamente o resultado final — dólares. Poderíamos criticar a suposta miopia dos "contadores de feijões", mas ainda há um fundo de verdade no adágio "um tostão poupado é um tostão ganho". Como vimos, essa característica torna especialmente desafiadora a tarefa de gerenciar ativos intangíveis (como o capital humano), em relação aos quais a quantificação dos custos é muito mais fácil do que a dos benefícios. Por exemplo, como se mediria o valor do desenvolvimento e da implementação de um novo modelo de competência? Conforme ocorre com muitos investimentos vultosos, é possível que não se usufruam seus benefícios durante vários anos, e mesmo assim eles talvez se manifestem apenas indiretamente, por meio da melhoria dos níveis dos vetores de desempenho em outros pontos da empresa. Como RH sempre tenderá a situar-se mais a montante no processo de criação de valor, a medição do valor das decisões referentes a recursos humanos significa avaliar seu impacto sobre os vetores estratégicos que se vinculam mais estreitamente — se não diretamente — ao resultado da empresa.

A quantificação dessas relações não é de modo algum tarefa fácil. Contudo, ainda que não se consiga verificar empiricamente uma cadeia de causação de cinco elos, por exemplo, entre RH e o desempenho da empresa, a determinação da influência de RH sobre os principais vetores de desempenho intermediários (como retenção de clientes ou tempo dos ciclos de P&D) tem implicações financeiras nítidas. À medida que os gerentes de RH validam um número cada vez maior de tais elos, eles começam a definir as conexões centrais entre RH e o desempenho da empresa. A identificação de indícios sistemáticos e quantificáveis da contribuição de RH para sete dentre vinte vetores de desempenho estratégicos, por exemplo, ainda não representa todo o processo da influência estratégica de RH, mas já é um avanço significativo em relação a zero em vinte!

Mas o que efetivamente significa "medir uma relação"? Termos como *associação*, *correlação* ou *causação* talvez logo venham à mente — embora por vezes sejam utilizados de maneira muito imprecisa e nem sempre útil. Duas variáveis são *relacionadas* quando variam juntas, mas não se sabe ao certo que uma é *causa* da outra. Contudo, você não pode dar-se ao luxo de perder tempo com essas nuances. É preciso tomar decisões, e seus colegas esperam que tais decisões produzam resultados. Em algum ponto, seu trabalho exige que você extraia inferências causais quanto às relações entre determinada decisão e seus resultados. Afinal, você não está interessado em meras "associações" entre certo sistema de incentivos e o desempenho dos empregados. É necessário saber se o sistema em questão redundará em mudanças no desempenho dos empregados e, se for o caso, de que magnitude.

Em síntese, necessita-se de indicadores de relações que induzam à "ação". Um dos indicadores mais comuns de relação estatística é o *coeficiente de correlação*. Variando de – 1.00 a + 1.00, os coeficientes de correlação descrevem a extensão em que duas variáveis mudam juntas. Infelizmente, os coeficientes de correlação têm pouco valor como indutores de ação. Primeiro, eles não são expressos em unidades com algum significado intrínseco. A título ilustrativo, como se interpretaria um coeficiente de correlação de 0,35? O seu CEO alguma vez lhe pediu para descrever a contribuição de RH sob a forma de indicadores de correlação ou, usando outro termo estatístico equivalente, de "variância explicada"? Segundo, os coeficientes de correlação geralmente descrevem as relações apenas entre duas variáveis. Uma vez que boa parte dos resultados das empresas tem mais de uma causa, esses indicadores simplesmente são incapazes de refletir a complexidade das questões do mundo real. Por exemplo, imagine-se no lugar do chefe de RH de um grande varejista, interessado em estabelecer a relação entre o treinamento do pessoal de vendas e a qualidade da experiência de compra do cliente. Tornando a tarefa mais complexa, as lojas onde o treinamento é mais intenso implementaram um novo sistema computadorizado que reduziu em 30% o tempo gasto pelo cliente em cada transação. As variáveis "tempo de treinamento" e "satisfação do cliente" talvez mostrem forte correlação positiva. Entretanto, é bem possível que boa parte desse efeito resulte da influência da nova tecnologia!

Assim, quais são as alternativas? Dispõe-se de muitas opções — mas todas elas envolvem algumas características importantes. Para começar, ao contrário das correlações simples há pouco descritas, todas essas ferramentas medem as relações sob uma perspectiva de muitas variáveis, e não de apenas duas variáveis. Isso significa que, caso o interesse seja compreender o efeito individual de determinado produto de RH sobre certo vetor de desempenho, o indicador de tal relação refletiria com exatidão o efeito *independente* daquele produto de RH específico. Ademais, esses modelos causais medem relações de maneira a induzir o usuário à ação. Por exemplo, você precisa saber que uma mudança de 20% na competência A aumentará os resultados dos empregados em vendas cruzadas em US$300 por empregado por semana, e não que os dois apresentam "correlação positiva e significativa".

Assim, é *possível* operacionalizar as inferências causais — basta analisar com cuidado as alternativas plausíveis quanto aos efeitos de RH em que se está interessado. Para que *X* seja causa de *Y*, por exemplo, você precisa estar confiante de que o efeito sobre *Y* não resulta de outro fator que não seja *X*. Caso se consiga evitar a variação das demais influências, a confiabilidade da inferência causal será maior. E também será possível expressar a inferência de maneira voltada para a ação.

Medindo os Vínculos Causais na Prática

Vejamos como algumas empresas desenvolveram meios para medir os vínculos causais.

A Experiência da GTE

A GTE fornece um exemplo muito interessante de como uma organização é capaz de estimar as conexões entre vários vetores de desempenho em um mapa estratégico. A unidade Network Services da GTE (cerca de 60 mil empregados) aventou a "hipótese" de que a participação de mercado fosse induzida pelo valor que os clientes atribuíam a seus serviços, o que, por sua vez, era impelido por fatores como qualidade dos serviços aos clientes, propaganda da marca e inflação. O vetor (indicador antecedente) serviços aos clientes era um conjunto de comportamentos estratégicos dos empregados que se concentravam na intensidade do envolvimento pessoal. A área de RH da GTE, criou o que chamou de "índice de envolvimento dos empregados" (employee engagement index — EEI), baseado em um subconjunto de sete perguntas extraídas da pesquisa da GTE entre os empregados, como indicador desses comportamentos estratégicos.

A análise respaldou a hipótese e comprovou a sabedoria da abordagem "equilibrada" de RH à mensuração e ao gerenciamento do desempenho. Por exemplo, a GTE descobriu que um aumento de 1% no EEI resultava em aumento de quase 0,5% no grau de satisfação dos clientes com os serviços. Em outras palavras, a GTE analisou uma área crítica de seu "mapa estratégico" e testou explicitamente a hipótese de que os comportamentos dos empregados são indicadores antecedentes indiretos de resultados estratégicos cruciais (participação de mercado).

A GTE atingiu esse nível de desempenho por três razões. Primeiro, ao contrário da HiTech, a área de RH tinha uma ideia clara de como os comportamentos dos empregados impulsionavam a estratégia da organização. Segundo, RH reconhecia a necessidade de coletar e combinar informações provenientes de várias fontes e referentes a diferentes períodos de tempo. Terceiro, tinha acesso à perícia técnica necessária à efetivação dessas estimativas estatísticas.[2]

A Experiência da Sears

A Sears foi uma das primeiras empresas a efetivamente quantificar as hipóteses em um mapa estratégico. Ela depois refinou seu modelo trabalho-loja-investimento para incluir o foco em relações específicas dentro das lojas (ver a Figura 2.6 no Capítulo 2, como exemplo de mapa estratégico para lojas de linhas completas). Por exemplo, na Sears, o departamento Brand Central especializa-se em bens de consumo duráveis (TVs, refrigeradores etc.). Esses itens tendem a ser dispendiosos e complexos, são comprados com pouca frequência e exigem altos níveis de assistência pré-compra pelos vendedores, que são remunerados por comissão. Em contraste, no departamento de roupas íntimas femininas de pronta entrega (Ready to Wear — RTW), os produtos tendem a ser de baixo preço e simples, os clientes geralmente fazem suas próprias escolhas com pouca influência dos vendedores e tendem a comprar com mais frequência. Aqui, os vendedores são remunerados por hora de trabalho.

Steve Kirn, vice-presidente de inovações e de desenvolvimento organizacional, e sua equipe queriam saber: será que as relações entre as categorias trabalho, compra e investimento são diferentes entre esses dois departamentos? Como a Sears coleta dados por departamento sobre cada um desses elementos, eles foram capazes de produzir algumas respostas surpreendentes. A propensão dos clientes para recomendar a Sears como lugar onde comprar (o que chamam de advocacia dos clientes) é vetor crítico da lucratividade da empresa. Por exemplo, um aumento de 1% na advocacia dos clientes relacionava-se com um aumento de 7,4% na receita no departamento de roupas íntimas femininas de pronta entrega e de 4% na receita do Brand Central. Contudo, os vetores de advocacia dos clientes diferiam entre departamentos. Na categoria de roupas íntimas femininas de pronta entrega, as condições de trabalho e a crença em que os preços da empresa eram importante fator competitivo afetavam significativamente a atitude geral em relação à Sears e exerciam impacto favorável

PESQUISANDO MAIS FUNDO NA SEARS

O conhecimento mais completo das relações entre pessoas, estratégia e desempenho por vezes também requer alguma dose de pensamento criativo na análise dos dados. Na Sears, a satisfação dos clientes é vetor crítico do desempenho das lojas, uma vez que os clientes satisfeitos não só tendem a tornar-se clientes frequentes, como também apresentam maior propensão a recomendar a Sears como bom lugar para fazer compras. Assim, conforme descrevemos neste capítulo, a advocacia dos clientes é vetor crítico de rentabilidade na Sears. Contudo, como constatou a Sears, a relação entre satisfação dos clientes e advocacia dos clientes não é linear. Por exemplo, dentre os clientes que atribuíram 10 pontos à sua satisfação total com a experiência de compra, em uma escala de 1 a 10, 82% deles provavelmente recomendariam a Sears a amigos ou à família — vetor crítico do sucesso da empresa no varejo. Contudo, quando os clientes avaliavam a experiência de compra em "9", apenas 33% indicavam a Sears como lugar onde comprar. Embora os gerentes da Sears acreditassem de início que "9" numa escala de 10 pontos fosse uma avaliação alta quanto à satisfação dos clientes, as análises demonstraram o contrário. Assim, a satisfação dos clientes não era suficiente — eles necessitavam de clientes *entusiasmados* que exaltassem as qualidades da Sears para outros clientes em potencial. A compreensão dessas relações ajudou os gerentes da Sears compreenderem o quanto de satisfação dos clientes era de fato "bastante".

sobre a advocacia dos clientes. No Brand Central (categoria baseada em comissões), os níveis de remuneração e a propensão para recomendar a loja eram vetores significativos. A presença de gerentes atenciosos e sensíveis destacava-se como vetor básico de atitudes associadas às vendas e, em última análise, de valor econômico em todos os departamentos estudados. Tais análises são cruciais para ajudar a Sears a compreender cada vez mais seu mapa estratégico, e a implementar com mais eficácia a estratégia.

Aumentando a Confiança em Relações Causais

Não obstante a vasta gama de influências sobre qualquer fenômeno gerencial, a dúvida ainda perdura: será que é de fato possível isolar o efeito de determinada política ou prática de RH sobre o desempenho da empresa? Quando se lida com sistemas complexos no mundo real, não é possível segregar totalmente as variáveis. Até mesmo nas experiências de laboratório mais rigorosas em ciências sociais, certos fatores ainda fogem ao controle dos pesquisadores. O melhor a fazer é aumentar a confiança na capacidade de julgamento. Eis alguns pontos a serem lembradas:

Apenas por ser possível não significa que vá acontecer. O simples fato de certo resultado organizacional estar sujeito aos efeitos de ampla variedade de influências não significa necessariamente que todos os fatores atuarão ao mesmo tempo. Na maioria dos casos, apenas algumas influências críticas afetam o resultado. Quando se conhece a empresa é fácil identificar esses poucos fatores. Em nosso exemplo da relação entre habilidades em vendas cruzadas (produto de RH) e desempenho de vendas cruzadas (vetor da meta estratégica de aumento da receita), o desempenho de vendas cruzadas também é fortemente influenciável pelo fornecimento, aos empregados, de informações oportunas sobre os produtos. Isso significa que a relação entre habilidades e desempenho pode ser contaminada pela disponibilidade de informações sobre os produtos? Não, se todos os empregados receberem as mesmas informações sobre os produtos. Sim, se a disponibilidade de informações sobre os produtos variar tanto em função das habilidades dos empregados como do desempenho das vendas cruzadas. No caso, não ocorre nenhuma das duas hipóteses de variação. Por outro lado, caso se constate que, por alguma razão, os empregados com melhores habilidades também dispunham de mais informações sobre os produtos, seria mais difícil isolar a influência independente das habilidades sobre o desempenho.

Caso seja possível medir, o problema é muito menor. Assim, o que fazer, caso haja outra influência, como disponibilidade de informações sobre os produtos, que talvez esteja confundindo nossa estimativa sobre a relação entre habilidades e desempenho dos empregados? Felizmente, caso se consiga avaliar essa outra influência — por exemplo, se for possível medir o *nível* da disponibilidade de informações sobre os produtos — muitas são as técnicas para estimar os *efeitos isolados* (ou independentes) de cada uma das variáveis — habilidades e disponibilidade de informações sobre os produtos – quanto ao desempenho dos empregados.[3] Os gerentes não precisam ser especialistas nessas técnicas, mas devem compreender as circunstâncias em que elas se tornam importantes.

As outras causas não são criadas iguais. Uma outra causa potencial torna-se motivo de preocupação quando afeta *ambas* as variáveis de interesse. Raciocine sobre essa outra causa como *influência conjunta*. Por exemplo, a disponibilidade de informações sobre os produtos pode confundir a relação entre habilidades e desempenho apenas quando se demonstrar que ela influencia ambas as variáveis. Caso afete somente o desempenho das vendas cruzadas mas não variar com as habilidades, também não afetará a relação estimada. Do mesmo modo, se variar apenas com as habilidades dos empregados mas não exercer efeito aparente sobre o desempenho das vendas, tampouco afetará as relações entre as duas variáveis.

Pode-se controlar as influências conjuntas. Evidentemente, o verdadeiro desafio na mensuração das relações causais situa-se no tratamento das *influências conjuntas* incomensuráveis. Caso *seja possível* medi-las, também é possível controlar seus efeitos perturbadores por meio de técnicas estatísticas. Contudo, a simples compreensão da lógica subjacente ao modelo causal e dos princípios básicos de mensuração já proporcionam melhor percepção da magnitude do problema e, de fato, se existe realmente um problema.

IMPLEMENTANDO O SISTEMA DE MENSURAÇÃO: DESAFIOS COMUNS

Agora que se tem uma visão geral dos fundamentos da boa mensuração, salientemos alguns problemas comuns com que se defrontam os gerentes ao tentarem implementar essas ideias. Esses problemas concentram-se nos desafios de natureza mais técnica em torno da implementação desses sistemas e não nos obstáculos organizacionais associados às iniciativas de mudança em geral. Deixamos a análise desses outros entraves para o Capítulo 8.

Abaixo o Ultrapassado, Viva o Inédito

Boa parte do desafio referente à implementação de um sistema de mensuração mais orientado para a estratégia diz respeito à complexidade de pôr em prática qualquer novo sistema de tecnologia da informação. Os sistemas e indicadores vigentes são confortáveis, e mudá-los talvez seja dispendioso. Isso aplica-se sobretudo a sistemas de mensuração que permitem que se avaliem relações e níveis. Ademais, os gerentes tendem a se tornar em muito dependentes em relação às suas próprias métricas, e temos visto muitas empresas que preservam esse *legado de métricas* do passado, já há muito obsoletas. Infelizmente, como já examinamos, é provável que ocorra uma relação inversa entre a *acessibilidade* dos indicadores vigentes e seu *valor* como sistema de mensuração estratégico. Lembre-se de nossa outra recomendação: *se os indicadores não refletirem integralmente os processos ou resultados organizacionais subjacentes que realmente impulsionam a estratégia, eles terão pouco valor*. Isso significa que é de fato necessário compreender o processo de criação de valor na organização e medir com exatidão os respectivos valores de RH. Para tanto, necessita-se de tempo e recursos, mas se a organização não estiver disposta a fazer tais investimentos, ela não contará com nada mais além de "lixo na entrada e lixo na saída".

Os gerentes de RH talvez com frequência se vejam na liderança desses programas de mudança, e analisaremos esses desafios com mais detalhes no Capítulo 8. Mas um dos primeiros obstáculos com que provavelmente se defrontarão esses gerentes será simplesmente a formação de consenso quanto à necessidade dessas mudanças. Embora tivesse tido a sorte de contar com o forte apoio do CEO Arthur Martinez, na Sears, Tony Rucci, ex-vice-presidente de administração da empresa, observou que os CHROs devem aprender a desenvolver seus próprios pontos de apoio, sempre que possível. Segundo sua experiência, cerca de dois terços dos empregados de qualquer organização se mostrarão indiferentes ou ativamente arredios a tais iniciativas.[4] Contudo, ele argumenta que a mudança eficaz ocorre com o tempo e é produto da energia aplicada sobre o um terço que apoia a mudança, em vez da tentativa de converter os dois terços que se opõem à mudança.

A Tentação de Medir Tudo

Não permita que o fato de talvez ser impossível medir *todas* as relações o impedir de utilizar com *sabedoria* os dados disponíveis. Por exemplo, a Sears conseguiu expressar com exatidão as relações entre empregados, clientes e rentabilidade, em parte pelo simples fato de atuar no comércio varejista. O vínculo causal entre empregados da linha de frente e rentabilidade não só era relativamente direto para a empresa, como também

Figura 5.4 Exemplo de identificação dos elos entre o sistema de RH e os vetores de desempenho em um mapa estratégico

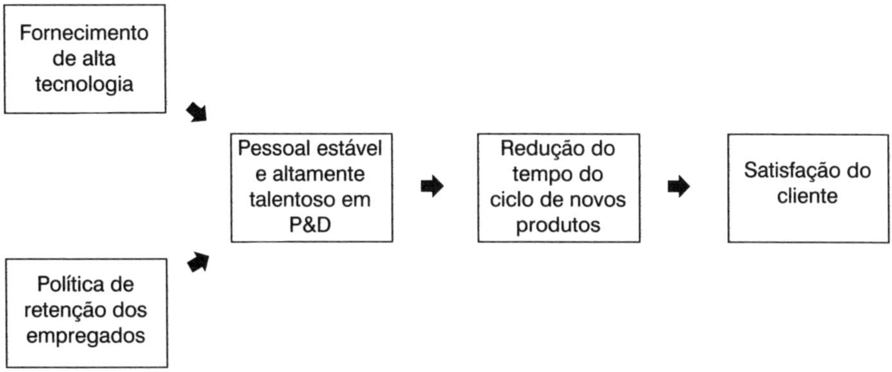

era bastante imediato. Em outras palavras, não havia uma quantidade assoberbante de elos entre o comportamento dos empregados e o desempenho financeiro.

Em fabricação e em outros setores onde os elos da cadeia de valor são mais complexos e provavelmente mais numerosos, os gerentes de RH talvez prefiram partir de relações mensuráveis com mais facilidade. Por exemplo, mesmo que o sistema de informações mais amplo da empresa seja incapaz de ligar a redução do tempo de ciclo de novos produtos à satisfação dos clientes e, em última instância, à rentabilidade, a identificação dos primeiros dos vários elos entre o sistema de RH e o tempo dos ciclos de P&D será muito esclarecedora quanto à influência estratégica de RH (ver Figura 5.4). Ao estabelecerem até mesmo as poucas conexões apresentadas na Figura 5.4, os gerentes de RH desenvolvem as primeiras percepções a respeito dos produtos de RH capazes de influenciar o negócio.

Compatibilizando os Dados com o Nível de Análise Apropriado

Para medir as relações, é preciso avaliar as causas e efeitos no mesmo *nível de análise*. Entre os exemplos de níveis de análise incluem-se empregados, equipes ou grupos, projetos, unidades, filiais, divisões e SBUs. O problema é que os indicadores de RH podem estar disponíveis em apenas um nível de análise (empregados), enquanto os vetores de desempenho, de ordem mais elevada, como satisfação dos clientes, talvez estejam acessíveis somente no nível das unidades ou de divisões organizacionais mais amplas. Ou certos indicadores de processo ou de desenvolvimento podem existir no nível de equipe ou projeto, mas a rentabilidade é medida em nível mais elevado.

É aí que entra a compreensão do processo de criar valor. Quando realmente se consegue entender como a estratégia é implementada na empresa, talvez se consigam criar indicadores paralelos no nível de análise apropriado. Por exemplo, um serviço internacional de entrega de encomendas utiliza um índice complexo de "tempo em trânsito" para medir o desempenho operacional no âmbito da empresa. Esse cálculo não significa nada para os motoristas de caminhão. Contudo, no nível individual, o "número de milhas fora do trajeto" é um dos muitos indicadores que compõem o índice "tempo em trânsito". As decisões de RH que influenciam o "número de milhas fora do trajeto", tais como programas de treinamento e sistemas de recompensa, têm valor estratégico, pois essas variáveis, em última instância, influenciam o índice "tempo em trânsito".

Alternativamente, talvez seja necessário agregar indicadores de nível mais baixo a níveis de análise mais elevados. Assim, por exemplo, se as informações financeiras ou os dados sobre satisfação dos clientes estiverem disponíveis apenas no âmbito de unidades ou divisões, os indicadores de RH no nível individual seriam agregados naquele patamar mais elevado. Ou seja, acumulam-se os indicadores de nível individual em um indicador sumário no âmbito de unidades ou divisões — no exemplo, a média dos indicadores referentes a todos os empregados representaria o indicador da "equipe". Por fim, é preciso perguntar o que se fará com os resultados e verificar se os produtos de determinado nível de análise realmente oferecerão as respostas necessárias. Do contrário, os aspectos de conveniência talvez comprometam a eficácia da mensuração.

Segregando os Indicadores Antecedentes dos Indicadores Consequentes

É possível distinguir logicamente os indicadores antecedentes dos indicadores consequentes, à medida que se desenvolve um modelo causal do processo de implementação da estratégia da empresa. Contudo, para identificar e quantificar as relações dentro do modelo, é preciso ir além do simples conhecimento de que "RH" é uma variável antecedente e que "satisfação dos clientes" é uma variável consequente. A avaliação exata das relações entre ambas demanda alguma noção da magnitude do intervalo de tempo entre a mudança nos indicadores antecedentes e as transformações daí resultantes nos indicadores consequentes. Não se preocupe em quantificar com exatidão o atraso, mas sim em compreender as implicações dos antecedentes e consequentes ao desenvolver o sistema de mensuração. A chave é coletar indicadores ao longo de vários períodos de tempo, a fim de avaliar as relações entre RH no tempo $T - 2$ e o vetor de desempenho X no tempo $T + 1$. Provavelmente será preciso coletar alguns dados com mais frequência do que no passado. As pesquisas entre empregados, por exemplo, têm pouco valor quando realizadas apenas uma vez por ano.

RESUMO: PENSAMENTO ESTRATÉGICO SOBRE MENSURAÇÕES

Raciocinar estrategicamente sobre mensuração significa compreender se o sistema de mensuração que se tem em mente fornecerá os tipos de informações que ajudarão a gerenciar estrategicamente a função de RH. Essa recomendação se insere no mesmo tema que temos enfatizado ao longo de todo o livro. Além disso, o raciocínio "de cima para baixo e não de baixo para cima" deve nortear as decisões técnicas referentes ao sistema de mensuração. Compreender o processo de criação de valor e o desenvolvimento de indicadores com validade de constructos constitui a abordagem "de cima para baixo". Partir dos indicadores disponíveis e extrair o melhor de uma situação ruim são características da abordagem "de baixo para cima" que quase sempre é perda de tempo e, no longo prazo, somente debilitará a credibilidade estratégica de RH. Este capítulo deve ter fornecido os princípios essenciais de mensuração que lhe permitirão ultrapassar os limites da abordagem do "melhor disponível". No próximo capítulo, aplicaremos esses princípios ao problema de avaliação do alinhamento de RH com o sistema de implementação da estratégia da empresa.

6

MEDINDO O ALINHAMENTO DE RH

Ao longo de todo este livro enfatizamos que a arquitetura de RH deve estar alinhada com o processo de implementação da estratégia da empresa, como requisito para que recursos humanos sejam legitimamente considerados um ativo estratégico. Também desenvolvemos um sistema de mensuração do desempenho de RH que ajuda as organizações a gerenciar esse ativo estratégico e a avaliar sua contribuição para o sucesso da empresa como um todo. Esse sistema de mensuração do desempenho também exige atenção ao alinhamento — primeiro, deslocar o foco dos indicadores operacionais tradicionais para os indicadores estratégicos e, segundo, desenvolver indicadores de alinhamento que sirvam como indicadores antecedentes no Scorecard de RH.

DUAS DIMENSÕES DO ALINHAMENTO

A Figura 6.1 apresenta as duas dimensões do alinhamento a serem incorporadas pela arquitetura de RH, a fim de tornar-se um ativo estratégico. Essas dimensões fornecem os fundamentos e o foco para o desenvolvimento de métricas de alinhamento efetivas.

A primeira, e talvez a mais importante, dessas duas dimensões é o alinhamento entre a implementação da estratégia e o sistema de RH. Vê-se essa dimensão no eixo vertical do diagrama. Para a consecução desse alinhamento, a organização deve enfatizar a implementação da estratégia e reconhecê-la como fonte de vantagem competitiva. Utilizando o termo de Kaplan e Norton, é preciso ser uma "organização orientada para a estratégia". Para tanto, ainda é necessário que a empresa compreenda a implementação da estratégia como um processo equilibrado de criação de valor, em vez de simplesmente um exercício de controle financeiro. Conforme já vimos antes, isso significa ser capaz de contar a história de "como a empresa ganha dinheiro". Também requer que se levem em conta variáveis financeiras e não financeiras, assim como indicadores antecedentes e consequentes.

O sistema "estratégico" de RH é concebido não de baixo para cima (isto é, "melhores práticas"), mas de cima para baixo. Na Figura 6.1, os produtos de RH representam os resultados da arquitetura de RH que estão integralmente conectados à implementação bem-sucedida da estratégia. As exigências singulares para implementação da estratégia em cada organização determinam os produtos de RH específicos que, por sua vez, forjam o sistema de RH.

O eixo horizontal representa a dimensão do alinhamento interno, dentro da própria arquitetura de RH, que influencia o desenvolvimento total de recursos humanos como ativo estratégico. Trata-se do ajustamento entre

Figura 6.1 Alinhamento de RH

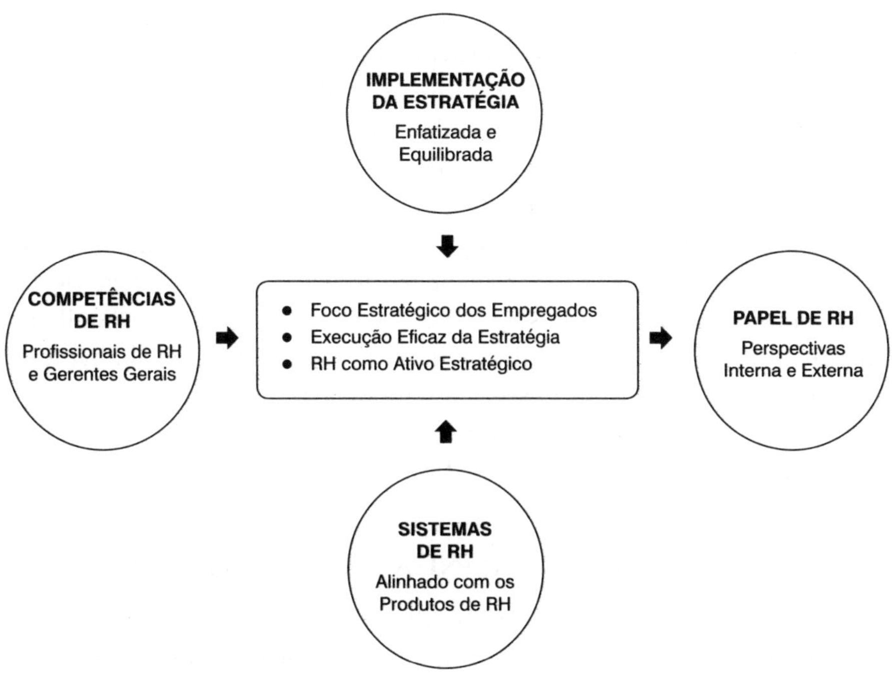

o papel estratégico potencial da função de RH e o nível e a composição das competências disponíveis entre os profissionais de RH e gerentes de linha. Na Figura 6.1, "Papel de RH" designa o grau em que os profissionais de RH veem-se a si próprios como parceiros estratégicos e a extensão em que os gerentes fora de RH compartilham a mesma visão. O alinhamento exige que a área de recursos humanos *e* os gerentes de linha desenvolvam uma perspectiva compartilhada sobre o papel de RH. A partir de então, RH está em condições de cristalizar essa visão comum, mediante o desenvolvimento de um argumento de negócios quanto à sua participação na criação de valor em toda a empresa (Passo 2 do modelo descrito no Capítulo 2).

A implementação do papel estratégico de RH geralmente requer o envolvimento de profissionais de recursos humanos e de gerentes de linha. Com efeito, muitas empresas dependem da participação dos gerentes de linha para implementar o sistema de RH de maneira a refletir as exigências de negócios da empresa. Ao mesmo tempo, dificilmente a organização encarará RH como ativo estratégico se não dispuser de um grupo básico de profissionais de recursos humanos com as competências imprescindíveis para o exercício desse papel. Portanto, o alinhamento ao longo do eixo horizontal concentra-se nas competências necessárias à implementação da visão *compartilhada* do potencial estratégico de RH.

Em síntese, a Figura 6.1 esclarece que, caso pretenda desenvolver RH como ativo estratégico, a organização precisará raciocinar de duas maneiras sobre o alinhamento. A primeira refere-se ao alinhamento entre o sistema de RH, que produz os principais produtos de RH, e as exigências impostas pelo sistema de implementação da estratégia da empresa. Este capítulo mostra como a organização mede este tipo de alinhamento. A segunda trata do alinhamento entre as expectativas quanto ao papel da função de RH e as competências individuais necessárias para que a função de RH realmente corresponda a tais anseios. O Capítulo 7 descreve detalhadamente essas competências. Em conjunto, ambos os tipos de alinhamento produzem um efetivo de pessoal orientado para a estratégia, capaz de garantir desempenho superior na execução da estratégia e, em última instância, criar valor para os acionistas.

AVALIAÇÃO DO ALINHAMENTO INTERNO

Os sistemas de mensuração podem atender a vários propósitos. Como vimos, orientam o gerenciamento da contribuição de RH para a implementação da estratégia. Também geram um "scorecard" que valida as contribuições de RH para o desempenho da empresa. E a mensuração ainda atende a outro propósito. Para os gerentes que pretendem avaliar com rapidez o potencial do sistema de RH da empresa como ativo estratégico, a disponibilidade de indicadores simples referentes ao alinhamento *interno* do sistema é muito útil.

O Caso da Stilwell Manufacturing

O exemplo da Stilwell Manufacturing é uma combinação de nossa experiência em várias empresas. O caso descreve um processo de diagnóstico relativamente simples para a avaliação do alinhamento interno do sistema de RH — ou seja, se os elementos do sistema de RH reforçam-se uns aos outros, em vez de trabalhar em sentidos opostos. A história da Stilwell também lança alguma luz sobre o impacto destrutivo do alinhamento deficiente da força de trabalho de uma organização.

A Stilwell é uma empresa industrial diversificada, com um sistema internacional de produção e distribuição. Embora a empresa tenha sido muito bem-sucedida nos últimos anos (gerou US$2 bilhões em receitas em 2000), a equipe gerencial sênior desenvolveu um novo plano estratégico para o negócio que prevê aumentos percentuais de dois dígitos, tanto na receita como na geração de caixa, nos próximos três anos. A maioria dos membros da organização considera o plano extremamente agressivo, sobretudo à luz da natureza fragmentada e altamente competitiva da atividade da Stilwell. Além disso, essas projeções foram feitas numa época em que a empresa enfrentava grandes dificuldades para a contratação e retenção de pessoal de alta qualidade (sobretudo para a área de P&D).

Para atingir suas duas metas financeiras otimistas, a equipe da alta administração da Stilwell identificou quatro vetores estratégicos que impulsionariam a empresa nos cinco anos seguintes:

- Encurtar o prazo de desenvolvimento de novos produtos.
- Acentuar o foco no cliente e a suscetibilidade ao cliente.
- Aumentar a produtividade.
- Desenvolver e gerenciar com êxito várias *joint ventures*.

A estrutura organizacional e o sistema de GRH vigentes apresentam as seguintes características:

- A estrutura organizacional consiste em muitos "silos" funcionais, com pouca comunicação e coordenação interfuncional.
- A função de RH também tem uma estrutura de silos. As atividades de recrutamento, seleção, gerenciamento do desempenho, remuneração, além de planejamento e estratégia de recursos humanos, geralmente funcionam de maneira autônoma e eficiente.
- Os gerentes de RH administram de maneira confiável e adequada os programas de remuneração e benefícios e contratam pessoal conforme as requisições, mas os gerentes de linha muitas vezes os descrevem como excessivamente voltados para o cumprimento de regulamentos e para a redução de custos, em detrimento da solução dos problemas empresariais.
- As descrições e especificações de cargos seguem a orientação tradicional (ou seja, estreitas); por exemplo, os operadores de máquinas-ferramentas tendem a trabalhar em apenas um tipo de equipamento ou componente. A empresa dispõe de poucas estruturas de trabalho e processos decisórios em equipe.
- As atividades de recrutamento e seleção concentram-se no preenchimento das vagas existentes. A empresa pouco se preocupa em contratar segundo o potencial de desenvolvimento ou perspectivas de promoção. As decisões sobre contratação baseiam-se em currículos e entrevistas; raramente se aplicam testes de seleção validados.
- A organização destina muitos recursos ao desenvolvimento de habilidades de empregados novos e antigos. Os sistemas de treinamento enfatizam as habilidades gerais e estão disponíveis para todos os empregados.
- Os sistemas de avaliação do desempenho e desenvolvimento gerencial já existem há muitos anos na Stilwell. Contudo, vários empregados descrevem o processo de gerenciamento do desempenho como "rotinizado", não exercendo muita influência sobre o comportamento dos indivíduos, das equipes ou das unidades de negócios. Além disso, os gerentes de linha frequentemente queixam-se do tempo necessário para completar as avaliações.
- A remuneração geralmente não depende do desempenho dos indivíduos, dos grupos de trabalho ou da empresa. Os aumentos de salários são distribuídos proporcionalmente entre todos os empregados. Em geral, a empresa não diferencia a remuneração dos trabalhadores de melhor e pior desempenho em qualquer cargo.

Diagnóstico do Entrosamento Interno da Área de RH da Stilwell

Que conclusões tirar do alinhamento interno do sistema de RH da Stilwell? O foco dos indicadores de alinhamento interno deve incidir sobre aqueles que "convivem com" o sistema de RH e aqueles cujos comportamentos devem ser influenciados pelos sistemas de RH — os gerentes de linha e os empregados de linha de frente. Para avaliar o alinhamento interno dentro do sistema de RH da Stilwell, pedimos a representantes de ambos os grupos que estimassem o grau em que os vários subsistemas de gestão de RH atuam de forma integrada. Eis uma maneira simples de iniciar o processo: raciocine sobre o grau de "entrosamento" e consistência interna como um todo de –100 a +100, e atribua um valor entre esses dois extremos a cada relação, usando a ferramenta de mensuração apresentada na Tabela 6.1. (Adicionamos algumas respostas à caixa para mostrar como a Stilwell avaliaria seu alinhamento interno de RH.) Os dados constantes do quadro podem ser coletados de várias maneiras. Contudo, na maioria das empresas, uma pequena pesquisa entre cerca de 100 indivíduos, além de sessões com um ou dois grupos de foco compostos de pessoal de nível médio e sênior, proporciona uma visão abrangente do atual alinhamento do sistema de RH da empresa.

Se olharmos com atenção as entradas no quadro da Stilwell, veremos que vários elementos do sistema de RH apresentam inconsistências internas. Por exemplo, os processos de seleção e avaliação do desempenho estão ultrapassados e não geram os tipos de competências de que a Stilwell precisa agora ou necessitará no futuro. Do mesmo modo, a Stilwell não oferece nem níveis nem pacotes de remuneração capazes de atrair talentos. Ademais, o sistema de remuneração não é compatível com a atual estrutura de equipes. Embora o sistema de RH ofereça ao vice-presidente da área os tipos de indicadores de eficiência tradicionalmente solicitados pelo CEO, suas características comprometem sua capacidade de contribuir para a criação de valor. O processo de preenchimento do quadro deixaria claro que o sistema de RH da Stilwell não está configurado para implementar a estratégia proposta pela empresa, ou talvez qualquer outra estratégia.

Causas do Fraco Alinhamento Interno

Mesmo um processo de diagnóstico simples como o que acabamos de descrever pode soar como alarme de eficácia surpreendente para muitos gerentes de recursos humanos. Ele é capaz de revelar que o sistema de

RH emite sinais conflitantes sobre os fatores valorizados pela organização e não promove o foco estratégico entre os empregados.

De que maneira se desenvolve esse alinhamento deficiente, mesmo em empresas onde os profissionais de RH são tarimbados, por vezes até especialistas competentes, em relação às atuais práticas de recursos humanos? A explicação mais comum é que os gerentes de RH simplesmente não dispensaram muita atenção ao assunto, pelo menos sob essa perspectiva. Em geral, o foco desses profissionais tem sido operacional, em vez de estratégico ou sistêmico. O excesso de especialização funcional em áreas como, por exemplo, remuneração ou desenvolvimento, negligenciando a importância das interações e entrando em conflito com outras políticas, apenas agrava a situação. Além disso, a ênfase operacional na consistência e uniformidade muitas vezes sobrepuja qualquer preocupação com o impacto potencial do alinhamento deficiente interno. Em situações extremas, os gerentes desprezam essas observações, com comentários superficiais do tipo: "Deixa isso pra lá — qual poderia ser o estrago?" RH tem a tradição de dizer aos gerentes de linha o que é proibido, e também é velha a crença de que as deficiências de RH não afetam nada de importante na empresa. Hoje, embora muitos desses profissionais tenham abraçado a ideia de desempenhar um papel estratégico na organização, eles se veem tolhidos por um sistema de RH mal alinhado — remanescente de tempos que não mais rodam moinhos.

Curiosamente, o fraco alinhamento dentro do sistema de RH também pode decorrer do excesso de ênfase no *benchmarking*. Mais uma vez, os elementos estratégicos do sistema de RH devem ser desenvolvidos sob uma perspectiva de cima para baixo — ou seja, a partir da análise das *exigências singulares* do processo de implementação da estratégia da empresa. Quando se faz o *benchmarking*, observa-se a experiência de outras empresas. A abordagem efetivamente trata as práticas (e indicadores) como *commodities*, pois presume que as soluções eficazes numa empresa também o serão em outras. Contudo, como dissemos em nossa discussão anterior sobre pensamento sistêmico, a remoção de um componente do sistema mais amplo pode ter consequências imprevisíveis, tanto para o componente como para o sistema. Especificamente, diminui-se o valor do componente quando se o avalia no contexto de outro sistema não concebido para o mesmo propósito do sistema original. O *benchmarking* talvez ajude a compreender processos, desde que se projete o sistema de RH sob uma perspectiva estratégica de cima para baixo. Contudo, com

Tabela 6.1 Diagnóstico do entrosamento interno

No quadro abaixo, queira estimar o grau em que os vários subsistemas de gestão de RH trabalham juntos, harmoniosamente, ou se "entrosam" entre si. Imagine o grau de entrosamento e consistência interna como um todo de –100 a +100, e atribua a cada interação determinado valor dentro dessa amplitude. Exemplos dos extremos e dos pontos intermediários no contínuo são os seguintes:

–100: Os dois subsistemas **trabalham em sentidos opostos**
0: Os dois subsistemas **exercem pouco ou nenhum efeito um sobre o outro**
+100: Os dois subsistemas se reforçam **mutuamente** e **apresentam consistência interna**
NS: Não sei ou não tenho opinião.

	Planejamento de RH	**Recrutamento e Seleção**	**Treinamento e Desenvolvimento**	**Gerenciamento e Avaliação do Desempenho**	**Remuneração e Benefícios**	**Organização do Trabalho (por exemplo, equipes)**	**Sistemas de Comunicação**	**Mensuração do Desempenho de RH**	
								Custo	Criação de Valor
Planejamento de RH	—	–30	0	–20	0	0	0	0	0
Recrutamento e Seleção		—	0	–10	–20	–30	0	+30	–40
Treinamento e Desenvolvimento			—	0	0	0	0	+30	–10
Gerenciamento e Avaliação do Desempenho				—	0	–30	–20	0	–20
Remuneração e Benefícios					—	–50	0	+40	0
Organização do Trabalho (por exemplo, equipes)						—	0	0	0
Sistemas de Comunicação							—	0	0
Mensuração do Desempenho de RH								—	

muita frequência, ele se transforma em principal insumo de um processo de desenvolvimento de baixo para cima.

AVALIAÇÃO DO ALINHAMENTO EXTERNO

O diagnóstico do alinhamento interno é capaz de ajudar a localizar com rapidez problemas potenciais dentro do sistema de RH e de destacar a necessidade de ação. Contudo, ele oferece pouca orientação corretiva. Isso porque o alinhamento interno decorre do alinhamento externo do sistema de RH — ou seja, a extensão em que o sistema de RH contribui para a implementação da estratégia da empresa. Em outras palavras, deve-se projetar o sistema de RH apenas depois de se analisar cuidadosamente os vetores estratégicos da *empresa* e os produtos de RH relevantes para o reforço dos vetores. Assim agindo, cria-se uma espécie de tecido estratégico que também entremeia o sistema de RH. Esse processo pode até oferecer razões para que se admitam alinhamentos deficientes ocasionais. Por exemplo, as práticas de desenvolvimento e recompensas para um produto de RH talvez exijam abordagem diferente das de outro produto de RH.

O Scorecard de RH inclui um conjunto de indicadores destinados a avaliar o grau de alinhamento *externo* entre o sistema de RH e as exigências do processo de implementação da estratégia da empresa (ver passos 5 e 6 do Capítulo 2). Ao construir o Scorecard de RH da empresa, chega-se a um *desenho* do sistema estratégico de RH, assim como a um sistema de mensuração que lhe permitirá *gerenciar* RH com eficácia. Mas para auferir esses dois benefícios do Scorecard, é preciso compreender a maneira como os produtos de RH impulsionam a implementação da estratégia na organização e que elementos do sistema de RH geram esses produtos.

Escala e Perspectiva

Ao escolher indicadores para avaliar o alinhamento externo de RH no Scorecard, é preciso considerar dois fatores: escala e perspectiva. *Escala* refere-se às ferramentas de mensuração específicas, escolhidas. Por exemplo, no Capítulo 3, discutimos o uso de alternadores de dois estados para indicar se os elementos do sistema de RH estão alinhados, de um modo geral, com os produtos de RH exigidos pelo processo de implementação da estratégia. Esses alternadores de dois estados simplesmente indicam a presença ou a ausência de alinhamento, e não o *grau* de alinhamento. Caso se considere que o grau de alinhamento é importante para a organização (por exemplo, durante uma grande iniciativa de mudança), seria o caso de optar-se por outra escala de mensuração (talvez um contínuo de 0 a 100) que reflita o progresso da empresa em busca do alinhamento).

Perspectiva trata de pontos de vista individuais. O alinhamento, assim como a beleza, situa-se nos olhos do observador. Representa o nexo entre RH e o resto da organização. É crucial que os julgamentos sobre alinhamento reflitam ambos os lados da divisória. Por exemplo, é bem possível que para você o sistema de RH de sua empresa esteja alinhado com os necessários produtos de RH, mas se o resto da organização não percebe a situação da mesma maneira, não se tem alinhamento. Portanto, ao desenvolver os indicadores de alinhamento externo, teste seus pressupostos quanto ao alinhamento com base nas experiências e impressões dos gerentes e do pessoal fora de RH.

A Matriz de Alinhamento Externo

Para medir o alinhamento externo do sistema de RH, recomendamos um processo de dois passos: (1) teste o alinhamento dos produtos de RH dentro do mapa estratégico, e (2) teste o alinhamento de seu sistema de RH com os produtos de RH. Em ambos os passos, colete informações de grupos de foco ou de outros grupos representativos de empregados, embora a segunda iniciativa possa basear-se mais intensamente na perspectiva de RH. Como se verá, o processo ajuda a descobrir se certos produtos de RH são de fato os principais vetores de desempenho para cada elemento respectivo do processo de implementação da estratégia da empresa. Ele também mostra se o sistema de RH está fornecendo as habilidades, a motivação e as estruturas de trabalho para gerar esses produtos. (Mais uma vez, retorne ao Capítulo 2 para ver como esses passos se relacionam com o processo de desenho do sistema de mensuração.)

A Tabela 6.2 mostra o tipo de informação a ser coletada para o teste do alinhamento entre os produtos de RH e o processo de implementação da estratégia da empresa.[1] O quadro pede aos respondentes que indiquem o grau em que cada produto de RH reforça o vetor estratégico apropriado, numa escala de –100 a +100. Observe que os respondentes avaliam apenas os produtos de RH e os vetores de desempenho estratégico conectados entre si, mediante a *identificação e localização dos produtos de RH dentro do mapa estratégico da empresa* (ver Passo 4 do Capítulo 2).

Os valores constantes da matriz refletem o que a Stilwell Manufacturing teria descoberto caso tivesse analisado o papel de RH com base em nosso modelo do Capítulo 2.

A Stilwell Manufacturing tem muito trabalho pela frente. Até mesmo essa análise simples destaca as deficiências de alinhamento entre os produtos do sistema de RH e as necessidades de a organização implementar sua estratégia de alto crescimento. Por exemplo, a empresa apresenta considerável rotatividade entre seus técnicos de pesquisa de mais alto nível, o que dificulta a redução dos ciclos de desenvolvimento de produtos. Conforme se verifica, os níveis de remuneração da Stilwell estão abaixo do mercado, e a empresa está perdendo seu pessoal sênior mais talentoso para os concorrentes. Além disso, a unidade de P&D evoluiu para um sistema baseado em equipes multidisciplinares, na tentativa de alavancar novas ideias ao longo de toda a linha de produtos da empresa. No entanto, o pessoal de P&D carece das habilidades de trabalho em equipe para que o esquema produza resultados, agravando ainda mais os

Tabela 6.2 Teste do alinhamento dos produtos de RH dentro do mapa estratégico, conforme ilustrado pela Stilwell Manufacturing

Por favor, indique o grau em que, *atualmente*, cada produto de RH no quadro abaixo reforça cada vetor estratégico, numa escala de –100 a +100. As células vazias indicam que este não é um produto "crítico" para determinado vetor. Exemplos dos extremos e dos pontos intermediários do contínuo são os seguintes:

–100: Este produto é **contraproducente** para reforçar este vetor
0: Este produto exerce **pouco ou nenhum efeito** sobre esse vetor
+100: Este produto **reforça significativamente** este vetor
NS: Não sei ou não tenho opinião.

	PRODUTOS DE RH			
Vetores de desempenho estratégico	**Estabilidade no emprego entre o pessoal sênior de P&D**	**Comportamentos baseados em equipes**	**Desempenho orientado para a estratégia**	**Nível de provimento de pessoal de alto talento**
1. Redução dos prazos de desenvolvimento de produtos	–80	–30	+30	
2. Aumento do foco e responsividade em relação aos clientes	–20		–20	
3. Aumento da produtividade		–10	–50	–40
4. Desenvolvimento e gerenciamento eficaz de joint ventures	–10	–50		

atrasos. O aspecto positivo é que, embora os *níveis* de remuneração estejam abaixo do mercado, as recompensas estão estruturadas para motivar comportamentos estratégicos (ao contrário do que ocorre no restante da empresa) — neste caso, para estimular o encurtamento dos prazos de desenvolvimento de produtos. Embora essa análise esteja limitada à função de P&D, seria fácil estendê-la ao foco organizacional mais amplo dos demais vetores de desempenho.

Depois de avaliar o entrosamento entre os produtos de RH e os vetores de desempenho estratégico, deve-se medir a extensão em que o sistema de RH produz os elementos apropriados de desempenho humano necessários ao desenvolvimento desses produtos. Várias são as maneiras de abordar essa análise, dependendo do grau de precisão almejado. Uma abordagem é conectar os produtos aos respectivos elementos de desempenho humano e então examinar como o sistema de RH influencia esses elementos de desempenho humano. Por exemplo, o desempenho humano estratégico nas organizações é função de três elementos inter-relacionados:

- *Habilidades dos Empregados*: os empregados têm as habilidades necessárias para desempenhar seus papéis?
- *Motivação dos Empregados*: os empregados estão motivados para aplicar essas habilidades?
- *Foco Estratégico dos Empregados*: os empregados compreendem como seu trabalho contribui para a implementação bem-sucedida da estratégia da empresa e têm oportunidade de aplicar esse conhecimento?

Em outras palavras:

$$\text{Desempenho Humano Estratégico} = \text{Habilidades dos Empregados} \times \text{Motivação} \times \text{Foco Estratégico dos Empregados.}$$

Contudo, essa abordagem exige um segundo passo para que seus resultados sejam "indutores de ação", a saber, que essas dimensões do desempenho humano estejam conectadas aos elementos do sistema de RH que as produz.

A Tabela 6.3 descreve uma abordagem mais direta, onde o indicador de alinhamento vai diretamente do produto de RH para o sistema de RH. Essa abordagem presume que RH estruturou a análise de seus produtos (como na Tabela 6.2) para enfatizar as dimensões do desempenho humano estratégico. Mais uma vez, as respostas estão na escala de –100 a +100. Esses dados podem então ser utilizados para determinar se os elementos do sistema de RH projetado para gerar esses produtos estão alinhados de maneira adequada.

A amostra da Tabela 6.3 destaca os poucos pontos vitais do alinhamento entre o sistema de RH e o conjunto de produtos de RH. A matriz descreve um sistema de RH que não está alinhado externamente às exigências do processo de implementação da estratégia da empresa. Para citar apenas uns poucos exemplos: o processo de contratação não está produzindo a qualidade e a quantidade de talentos exigidos pela estratégia de alto crescimento. A recente reorganização da empresa, com a implementação de uma estrutura baseada em equipes, não foi respaldada de maneira adequada por programas intensivos de treinamento de pessoal ou pela reformulação dos sistemas tradicionais de gerenciamento do desempenho e de remuneração e recompensas. A política de remuneração não é suficientemente agressiva para manter em níveis adequados a estabilidade no emprego.

Resumindo, descrevemos um indicador de alinhamento interno e dois indicadores de alinhamento externo. Cada um reflete uma dimensão diferente, mas relevante, do processo de alinhamento. A Figura 6.2 localiza cada um desses indicadores de alinhamento no contínuo entre o sistema de RH e o mapa estratégico mais amplo da empresa.

UM PASSO ADIANTE NA SOFISTICAÇÃO: O MAPA DE ALINHAMENTO DO SISTEMA

Os indicadores de alinhamento que exploramos até agora baseiam-se em princípios de mensuração muito simples. A vantagem deles se situa menos em seu grau de sofisticação do que na capacidade de convergir o foco para a atividade de mensuração em geral. Todas essas ferramentas induzem à reflexão sobre como o sistema de RH alinha-se às exigências singulares do processo de implementação da estratégia. Mais importante, esses indicadores simples "alinham" a atenção do usuários a questões estratégicas, em vez de operacionais.

Outros indicadores de alinhamento mais sofisticados refletem inter-relações sutis entre o sistema de RH e o comportamento dos empregados. Os indicadores anteriores concentram-se nos elementos individuais do sistema. Eles não oferecem uma visão completa do alinhamento total

Tabela 6.3 Teste do alinhamento do aistema de RH com os produtos de RH, conforme ilustrado pela Stilwell Manufacturing

Por favor, indique o grau em que os seguintes elementos do sistema de RH facilitam os produtos de RH aqui apresentados, numa escala de –100 a +100. Exemplos dos extremos e dos pontos intermediários do contínuo são os seguintes:

–100: Esta dimensão é **contraproducente** para reforçar este produto
0: Esta dimensão exerce **pouco ou nenhum efeito** sobre este produto
+100: Esta dimensão **reforça significativamente** este produto
NS: Não sei ou não tenho opinião

Produtos de RH	Planejamento de RH	Recrutamento e Seleção	Treinamento e Desenvolvimento	Gerenciamento e Avaliação do Desempenho	Remuneração e Benefícios	Organização do Trabalho (por exemplo, equipes)	Sistemas de Comunicação
Estabilidade no emprego	0	0	0	0	–50	–20	0
Comportamentos baseados em equipes	0	0	–30	–20	–40	0	0
Comportamentos orientados para a estratégia	0	0	0	0	+40	0	0
Nível de provimento de pessoal de alto talento	0	–50	0	–50	0	0	0

Figura 6.2 Indicadores de alinhamento interno e externo no contínuo entre sistema de RH e mapa estratégico

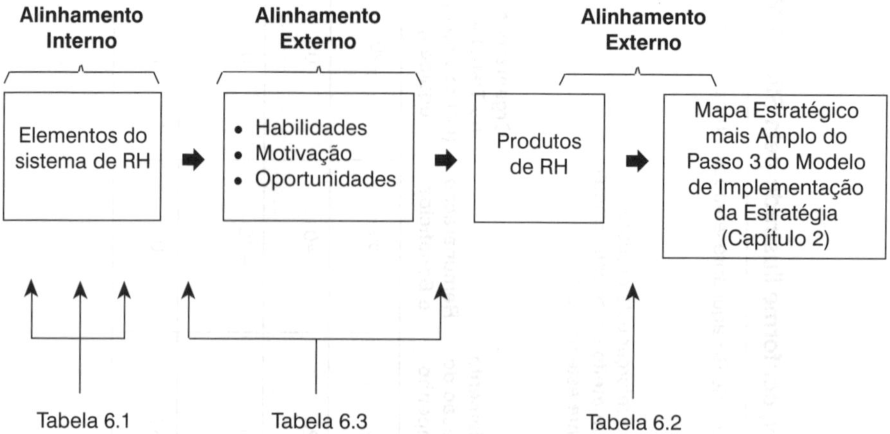

do sistema de RH, mas apenas um conjunto de elementos individuais. A perspectiva sistêmica é essencial para determinar como mudar o sistema a fim de melhorar o alinhamento. Muitas são as inter-relações, tanto *dentro* do sistema de RH como *entre* o sistema de RH e a estratégia da empresa. Sempre que se começa a fazer a sintonia fina de qualquer sistema, é preciso pensar em todas as consequências não intencionais das mudanças efetuadas e na maneira como tais ajustes podem repercutir ao longo do sistema e em outras dimensões fora do sistema.

Para tratar desses aspectos, desenvolvemos um indicador que chamamos Mapa de Alinhamento dos Sistemas (MAS). Essa métrica proporciona vários benefícios importantes:

- *Permite a visualização do alinhamento.* Como reconhecer o alinhamento ao se deparar com ele? O MAS envolve um processo de mensuração que possibilita a criação de uma "imagem" do sistema de RH e de seu alinhamento com as metas estratégicas da empresa. A visualização do alinhamento estratégico esclarece onde se necessita de mudanças e qual deve ser a natureza dessas mudanças. Já há muito tempo se considera que representação visual de fenômenos multidimensionais tem duas vantagens. Primeiro, facilitam para o observador a identificação de padrões nos dados. Esse aspecto é sobremodo importante para gerentes não familiarizados com técnicas de análise de dados mais tradicionais. Segundo, quando se retratam os dados dessa maneira, eles se tornam mais acessíveis aos olhos humanos e, portanto, mais interpretáveis.[2]

- *Incorpora perspectivas de toda a organização*. Como indicamos, alinhamento é sobretudo uma questão de perspectiva. É muito difícil para os profissionais de RH compreender plenamente a influência que todo o sistema de RH exerce sobre os empregados, em diferentes níveis da organização. O MAS incorpora todas essas perspectivas e possibilita que se projetem indicadores de alinhamento para grupos de empregados, divisões ou processos específicos.
- *Mede o alinhamento de maneira sistemática e induz a iniciativas realistas*. A metodologia MAS incorpora todos os elos que compõem o alinhamento externo e interno do sistema de RH. Em consequência, cria condições para que se simule a maneira como certas mudanças em determinado elemento do sistema afetarão o alinhamento de *todo* o sistema. Mais importante, o MAS ajuda a identificar maneiras de promover o alinhamento de elementos isolados do sistema — sem o surgimento de consequências não intencionais.
- *É relativamente fácil de administrar*. A metodologia MAS não exige que os empregados pensem fora de sua própria experiência organizacional. Como resultado, a ferramenta proporciona uma agregação de percepções individuais sobre o alinhamento, a partir de todas as facetas da organização. O processo de coleta de dados não é mais intrusivo do que as pesquisas tradicionais entre os empregados. Com efeito, talvez seja menos ameaçador do que as pesquisas típicas, pois não demanda avaliações sensíveis.
- *Baseia-se nos melhores princípios científicos de mensuração*. A técnica MAS baseia-se em um método de escalonamento multidimensional bem desenvolvido, chamado Galileo,[3] que possibilita o gerenciamento de alguns desafios muito difíceis em mensuração e produz resultados indutores de ação.

O método de mensuração Galileo foi desenvolvido com o objetivo de proporcionar maior precisão e credibilidade do que as métricas tradicionais do tipo Likert (5 pontos). Como gera índices, em vez de apenas medidas de intervalo (isto é, inclui um zero absoluto e pode ser positivo ou negativo), é especialmente adequado para nosso foco em alinhamento, quando queremos compreender que X está duas vezes mais distante de A do que Y. Os resultados de uma análise Galileo podem ser representados de forma numérica e visual. Ambas são importantes para uma análise completa do alinhamento estratégico, mas a representação visual tende a oferecer melhores insights intuitivos a respeito de fenômenos geralmente muito complexos. No contexto de negócios, o método Galileo é mais utilizado em marketing, quando os clientes fornecem um mapa perceptual da proximidade entre os atributos do produto desejável e as características do produto em questão.[4]

O Galileo baseia-se numa agregação de percepções individuais. Isoladamente, essas percepções talvez sejam reflexos imperfeitos da experiência organizacional mais ampla; porém, em conjunto, elas proporcionam uma imagem notavelmente exata. Tem-se uma ideia do poder da técnica Galileo quando se analisa um exemplo famoso em psicologia cognitiva, chamado quarto de demonstrações Johnson Laird.[5] Nesse caso, os sujeitos da experiência recebem uma descrição da sala. O texto é propositadamente impreciso (o que Johnson-Laird chama de "indeterminado"). Com base na descrição, pede-se aos indivíduos que estimem as distâncias entre pares de objetos em toda a sala (por exemplo, cama, aquecedor, rádio, guarda-roupa, estante, janela, porta etc.), usando a técnica Galileo. Embora o mapa cognitivo produzido por cada indivíduo se apresente distorcido e desequilibrado, quando agregados de modo a reunir as percepções de todos os sujeitos, os muitos mapas individuais produzem em conjunto a imagem de um quarto razoável, equilibrado e em proporções adequadas (as localizações dos vários objetos não são inconsistentes com a descrição original). Assim, o modelo mental de cada indivíduo reflete inconsistências e distorções, mas o mapeamento agregado revela as verdadeiras posições físicas dos vários objetos do quarto, com exatidão surpreendente.

A estratégia — obter a representação Galileo para depois retornar à representação original (conforme avaliada pelos indivíduos e suas percepções) — assemelha-se à prática de mapear a validade de materiais de pesquisa multiculturais, por meio de uma primeira tradução e, em seguida, de uma segunda tradução de volta ao original. Da mesma maneira como pode ser usado para agregar mapas individuais de imagens físicas, também é possível aplicar o Galileo para reunir mapas cognitivos individuais de atitudes ou crenças, a fim de obter uma representação mais completa das efetivas relações entre conceitos. O esforço cumulativo final é notavelmente exato. Utilizamos a mesma abordagem para construir um mapa de alinhamento organizacional, baseado na percepção de cada um dos empregados a respeito do alinhamento de suas próprias unidades dentro da organização.

Usando o MAS

Por que o alinhamento é tão importante para a estratégia? Porque sem isso a organização não pode esperar que os empregados desenvolvam o foco estratégico necessário à implementação da estratégia da empresa. Mas os empregados apuram o foco estratégico apenas ao experimentar os vários sistemas organizacionais que orientam seu comportamento. A abordagem MAS permite que se compreendam as percepções dos empregados acerca desses sistemas. Para desenvolver um Mapa de Alinhamento dos Sistemas, recomendamos os seguintes passos:

1. *Identifique os principais vetores estratégicos da empresa.* Os vetores podem ser as metas estratégicas da empresa ou vetores de desempenho do mapa estratégico. A escolha dependerá de como esses conceitos foram divulgados e compreendidos em toda a organização. Em todo o caso, esses são os "alvos" estratégicos do sistema de RH e a base de qualquer julgamento sobre alinhamento.
2. *Identifique os elementos críticos do sistema de RH que devem impulsionar a implementação da estratégia.* Esses são os mesmos elementos do sistema de RH que usamos nas Tabelas 6.1 e 6.3. As categorias genéricas poderiam incluir remuneração, recompensas, gerenciamento do desempenho, desenvolvimento de carreiras, competências, recrutamento e seleção, e treinamento e desenvolvimento, mas as escolhas específicas provavelmente variarão entre diferentes organizações.

   Na seção anterior, salientamos os dois estágios do alinhamento externo: do sistema de RH com os produtos de RH e dos produtos de RH com os vetores de desempenho estratégico (ver Figura 6.2). Os passos 1 e 2 dessa sequência de desenvolvimento do Mapa de Alinhamento Estratégico consolidam esses dois estágios. Contudo, não há razão para não incluir os produtos de RH como um terceiro conjunto de comparações. Assim se obteria uma imagem mais rica do alinhamento, mas ao preço de tornar a análise mais difícil para os respondentes.

3. *Peça a uma amostra representativa dos empregados para apresentar uma lista de avaliações de pares de "alinhamentos" de todos os elementos identificados nos passos 1 e 2.* Para tanto, forneça aos respondentes uma matriz semelhante à mostrada da Tabela 6.4. Preenchemos algumas das caixas com exemplos de elementos do sistema de RH e de metas estratégicas, além de algumas amostras de avaliação. Ao contrário do que ocorre com outros indicadores de alinhamento, pede-se aos respondentes que descrevam a "distância" entre uma série de pares de comparações, tais como remuneração e serviços aos clientes, utilizando uma escala de 0 a 100. O valor 0 significa "próximo" ou "semelhante", enquanto 100 significa "dessemelhante" ou "distante".

Também se fornece aos respondentes um "padrão" para calibrar suas avaliações. Por exemplo, eles partiriam do exemplo de "CEO" e "serviços aos clientes", com a orientação de que a distância entre os dois conceitos é de 30. Há várias regras práticas para a seleção de um padrão. Primeiro, o padrão deve ser extraído dos conceitos que estão sendo objeto de classificação. Segundo, convém selecionar dois conceitos com que os empregados estejam familiarizados e, de preferência, algo que seja objeto de consenso. Finalmente, é melhor escolher um par cuja distância se aproxime do meio da escala de 0 a 100.

As avaliações na Tabela 6.4 ilustram as percepções de apenas um empregado. Observe que também incluímos colunas para o próprio empregado e para seu supervisor, a fim de que se tenha uma ideia de como os empregados percebem o alinhamento dos sistemas organizacionais e como veem-se a si próprios ("Eu" na Tabela 6.4) em relação a esses sistemas. Essa última perspectiva é o fator crítico do foco estratégico dos empregados. Os indicadores de alinhamento entre supervisor e empregado fornecem insights sobre os tipos de mensagens — intencionais ou não — que os gerentes talvez estejam enviando aos empregados. Os supervisores de qualquer nível exercem poderosa influência sobre o comportamento dos empregados, em boa parte por causa dos sinais que emitem sobre o que a organização considera apropriado e valioso. Um entrave muito comum à mudança organizacional é a relutância gerencial em aderir a determinado programa de mudança por não compreendê-lo ou por sentir-se pessoalmente ameaçado. Sem que necessariamente tenham tal intenção, os supervisores transmitem essa relutância aos subordinados diretos e, em

Tabela 6.4 A matriz MAS

Reflita sobre sua experiência de trabalho nesta empresa durante os últimos três meses. Você percebe e observa uma ampla gama de políticas, comunicações e interações com outros membros da organização. Estamos interessados em sua opiniões sobre como se entrosam essas diferentes experiências. Em outras palavras, estamos "todos na mesma página"? Suas respostas, juntamente com as de centenas de outras pessoas, nos ajudarão a responder a essa pergunta.

Numa escala de 0 a 100, descreva, por favor, o quanto cada um dos seguintes conceitos organizacionais "se distanciam" dos demais. Quanto mais diferentes, ou distantes uns dos outros eles pareçam ser, maior o número que você deve atribuir a eles. Para ajudá-lo a calibrar suas avaliações, presuma que CEO e serviços aos clientes estejam separados por 30 unidades. Se duas palavras ou frases não forem diferentes, escreva 0. Se você não tiver opinião, deixe o espaço em branco.

	Meta Estratégica 1: Acelerar o Desenvolvimento de Produtos	Meta Estratégica 2: Intensificar o Foco no Cliente	Última Meta Estratégica	Primeiro Elemento do Sistema de RH: Recrutamento e Seleção	Segundo Elemento do Sistema de RH: Remuneração e Benefícios		Último Elemento do Sistema de RH	Eu	Meu Supervisor
Meta Estratégica 1: Acelerar o Desenvolvimento de Produtos	—	50		20	80				
Meta Estratégica 2: Intensificar o Foco no Cliente		—			20				
Última Meta Estratégica			—						
Primeiro Elemento do Sistema de RH: Recrutamento e Seleção				—	10				
Segundo Elemento do Sistema de RH: Remuneração e Benefícios					—				
						—			
Último Elemento do Sistema de RH							—		
Eu								—	
Meu Supervisor									—

Nota: Esta é uma versão truncada da matriz original. As células hachuradas indicam onde a matriz foi omitida.

consequência, emperra-se o programa de mudança. A inclusão de informações sobre o supervisor no Mapa de Alinhamento dos Sistemas talvez o ajude a explicar essa influência.

Marketing e Refino na Mobil Oil: Um Exemplo de MAS

Para ilustrar as possibilidades da abordagem MAS, consideremos o grupo Marketing and Refining (M&R), da Mobil Oil.[6] Embora esse grupo não adote explicitamente o método MAS, seu uso do Balanced Scorecard foi bem documentado. Portanto, a experiência da organização serve como exemplo da metodologia MAS.

Na Mobil, o grupo M&R desenvolveu vários temas estratégicos para a organização. Com o objetivo de simplificar nosso exemplo do MAS, concentraremos a atenção apenas em quatro temas, expressos nos seguintes slogans:

- Financeiramente Forte
- Encantar o Cliente
- Seguro e Confiável
- Conforme as Especificações, no Prazo.

Para usar o MAS, a M&R inseriria esses temas entre os vetores estratégicos que compõem o fluxo causal de um sistema de mensuração equilibrado. Em seguida, identificaria os produtos de RH e as necessidades de alinhamento do sistema de RH com vistas à geração desses produtos. Imaginemos agora que a M&R identificasse *competências* como o segundo mais importante produto de RH para a implementação da estratégia da empresa. Mais uma vez, a bem da simplicidade, limitaremos a análise aos seguintes elementos do sistema de RH: *remuneração*, *recompensas* e *treinamento e desenvolvimento*. Presumindo que M&R considerasse essas três funções como importantes capacitadores de competências, concentremo-nos nesse subconjunto do sistema de RH em nosso exemplo de análise.

Exemplo 1: Sistema Mal Alinhado

A Figura 6.3 mostra uma representação Galileo de um sistema de RH um tanto mal alinhado.[7] (Os dados utilizados nesse gráfico seriam obtidos por meio de uma matriz de pesquisa entre os empregados, como a mostrada na Tabela 6.4.) Essa figura representa a possível percepção *agregada* de

Figura 6.3 Mapa Galileo de um sistema de RH mal alinhado

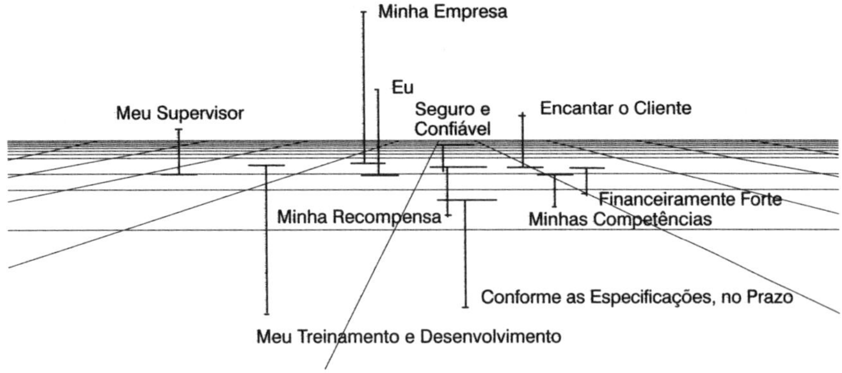

todos os empregados pesquisados, quanto ao alinhamento entre as metas estratégicas da empresa, as "competências" produzidas por RH, e os elementos do sistema de RH destinados a gerar os produtos.

Como interpretar o gráfico? Primeiro, vemos que os empregados geralmente consideram as competências em estreito alinhamento com as metas estratégicas "Financeiramente Forte" e "Encantar o Cliente". Os alinhamentos percebidos entre esse produto e as metas "Seguro e Confiável" e "Conforme as Especificações, no Prazo" não são tão fortes. Nesse caso, se a empresa espera que as competências exerçam a mesma influência sobre *cada* uma das quatro metas estratégicas declaradas, ela precisará reforçar aquelas que especificamente respaldam "Seguro e Confiável" e "Conforme as Especificações, no Prazo".

Segundo, considere a localização de "Eu" (o agregado de todos os respondentes individuais) em relação às metas estratégicas da empresa. Esse posicionamento indica a extensão do *foco estratégico dos empregados* já descrito. Ao imaginar o empregado médio neste exemplo, é provável que ele mantenha-se a alguma distância das metas estratégicas da empresa. Essa constatação provavelmente reflete o impacto conjunto do sistema de remuneração, da política de desenvolvimento da empresa, e do supervisor do empregado — fatores que não estão alinhados às metas estratégicas. Por exemplo, talvez as políticas de treinamento e desenvolvimento reflitam uma estratégia anterior ou consistam em atividades genéricas, consideradas irrelevantes para as novas metas estratégicas. Do mesmo modo, os supervisores imediatos da maioria dos empregados simplesmente estão salientando a importância dessas metas. Esse é um dos insights mais valiosos a ser oferecido por um Mapa de Alinhamento de Sistemas. Ele não só fornece uma imagem do foco estratégico dos empregados, como também destaca os sinais conflitantes que se situam no âmago de qualquer deficiência de alinhamento. Não explica a razão de determinado alinhamento inadequado, mas salienta a existência de um problema que exige maiores investigações.

De que maneira o MAS apresentaria resultados indutores de ação? Para começar, ele oferece um resumo visual e intuitivo de como a dimensão humana da organização alinha-se às metas estratégicas e ao sistema de RH no âmbito mais amplo da empresa. Assim, alerta quanto aos problemas de alinhamento e proporciona alguma orientação sobre como cuidar desses problemas. Observe-se, contudo, que, por se tratar de mapa perceptivo, ele não afirma que os elementos do sistema de RH estão *de fato* fora de alinhamento; apenas mostra a percepção dos empregados quanto a estes elementos. Portanto, o profissional de RH precisa determinar se o alinhamento inadequado é estrutural ou apenas resulta de problemas de compreensão entre os empregados. Com base em nossa experiência, depois que os profissionais de RH identificam um mau alinhamento, eles não têm problemas em produzir a motivação e as habilidades para eliminá-lo. O grande obstáculo, que o Mapa de Alinhamento de Sistemas ajuda a resolver, é identificar a natureza do problema de alinhamento, ao apontar as partes da organização que estão alinhadas e as que não estão.

A abordagem MAS também produz resultados indutores de ação de outra maneira. Especificamente, a metodologia baseia-se em indicadores exatos das "distâncias" e dos inter-relacionamentos entre as percepções representadas no gráfico Galileo. Com efeito, essas percepções de alinhamento assemelham-se um pouco aos planetas de um sistema solar. Como os planetas, os conceitos no formato Galileo exercem atração gravitacional uns sobre os outros. O deslocamento de determinado conceito em direção a outro não apenas influencia as relações entre eles, mas também altera as relações com outros elementos do sistema. Por exemplo, no caso de alinhamento inadequado que acabamos de descrever, pode ser que as prioridades de treinamento se baseiem, em grande parte, no feedback dos gerentes de linha. Se os gerentes de linha se tornarem mais "orientados para a estratégia", a consequência será o deslocamento das políticas de desenvolvimento e treinamento para mais perto das metas estratégicas, impulsionando ainda mais da movimentação do empregado médio rumo às mesmas metas. Ao compreender o impacto potencial dessa "atração gravitacional" entre os vários elementos diferentes do sistema de RH e o resto da empresa, é possível desenvolver intervenções mais inteligentes para resolver os problemas de alinhamento.

Exemplo 2: Sistema Alinhado

A Figura 6.4 ilustra uma situação de alinhamento relativamente boa entre os empregados e os elementos do processo de implementação da estratégia. Qualquer gráfico Galileo apresenta necessariamente a posição relativa dos vários elementos dentro do sistema mais amplo. Neste caso, tanto *recompensas* como *treinamento e desenvolvimento* estão um tanto fora de alinhamento. Contudo, em contraste com a Figura 6.3, vê-se que o alinhamento interno do sistema de implementação da estratégia dessa organização é bastante bom.

Uma das vantagens da metodologia Galileo é não depender apenas de gráficos na comparação de dois mapas de alinhamento. O método fornece estimativas numéricas que permitem comparações exatas do grau de alinhamento entre dois mapas. (Esse aspecto do Galileo está além do escopo deste capítulo, mas os trabalhos citados possibilitam maior aprofundamento sobre o assunto.) Assim, o Galileo é especialmente útil para medir as mudanças no alinhamento estratégico dentro da empresa ao longo do tempo, à medida que se implementam intervenções de RH. Assim, é

Figura 6.4 Mapa Galileo de um sistema de RH alinhado

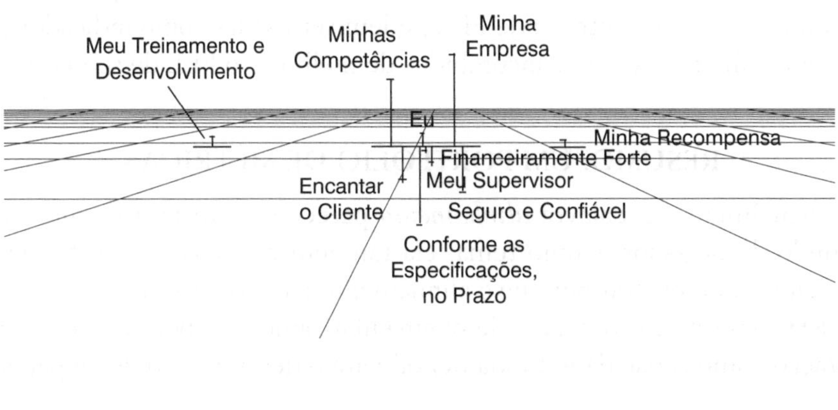

muito fácil incorporar esses indicadores à dimensão de alinhamento do Scorecard de RH. Uma das maneiras mais eficazes de reforçar o papel estratégico de RH é a realização de sessões mensais ou trimestrais para a avaliação do alinhamento, nas quais o Mapa de Alinhamento de Sistemas é o foco das discussões.

FOCO ESTRATÉGICO DO EMPREGADO COMO VETOR DE DESEMPENHO: USANDO MÉTRICAS *MAS* PARA GERENCIAR O DESEMPENHO

Os resultados do MAS fornecem várias métricas a serem monitoradas. Uma é o alinhamento geral de RH. É possível calcular as distâncias *agregadas* entre o sistema de RH e as metas estratégicas. Mais importante, também se consegue medir as mudanças neste tipo de alinhamento ao longo do tempo. E ainda se pode usar o "eu" agregado em relação a cada meta estratégica como mais um indicador do "foco estratégico do empregado". Novamente, a mensuração de mudanças nessas relações ao longo do tempo é sobremodo valiosa. Finalmente, dispõe-se de meios para calcular indicadores de FEE (foco estratégico dos empregados) em níveis organizacionais mais baixos, inclusive na esfera individual, para ajudar a analisar problemas de desempenho. Contudo, não recomendamos usar as respostas às métricas do MAS para julgar o desempenho dos empregados. As métricas do MAS são dados de "self-reporting" e dependem de opiniões honestas dos empregados sobre o alinhamento estratégico dentro da empresa. Se esses indicadores se tornassem parte da avaliação do desempenho, seria muito fácil para os empregados apresentar os dados de maneira a servir a seus próprios interesses. Todavia, na extensão em que alguns gerentes são considerados responsáveis pelos resultados de seus subordinados nas pesquisas entre os empregados, as métricas de FEE podem ser usadas como indicador do desempenho dos gerentes incumbidos de melhorar o FEE de seu pessoal.

RESUMO: UM PORTFÓLIO DE MÉTRICAS

Atualmente, a palavra *alinhamento* parece ser um lugar-comum no mundo de negócios. Como tema, ela também permeia todo este livro. Tentamos demonstrar por que o alinhamento é tão relevante para o papel de RH como ativo estratégico. Também enfatizamos a importância da mensuração como capacidade fundamental para o desempenho desse papel.

A necessidade de melhores indicadores é ainda mais premente na avaliação do alinhamento. Neste capítulo, introduzimos várias abordagens diferentes à mensuração do alinhamento. Primeiro, discutimos os indicadores de alinhamento como ferramentas de diagnóstico. A ênfase aqui foi no *alinhamento interno*, como indicador do alinhamento mais primordial entre RH e a estratégia da empresa. Em seguida, exploramos um processo de dois passos para a avaliação do *alinhamento externo*. Esse processo envolve a avaliação do entrosamento tanto entre os produtos de RH e os vetores estratégicos, como entre os produtos de RH e o sistema de RH. Finalmente, descrevemos uma abordagem singular para captar todo o entrosamento entre estratégia e RH, por meio da representação visual do alinhamento. Cada uma dessas métricas contribui com uma peça importante do quebra-cabeça e enriquece a visão geral. Estimulamos os leitores a partirem de todas essas ideias e adaptá-las aos desafios únicos de cada organização.

7

COMPETÊNCIAS DOS PROFISSIONAIS DE RH

Agora que se desenvolveu um padrão para projetar a arquitetura estratégica de RH e que se explorou um sistema de mensuração para o gerenciamento dessa arquitetura, de que maneira garantir que os profissionais de RH possuem as habilidades necessárias para realmente implementar essa perspectiva estratégica? Essa tarefa exige competências que talvez sejam novas para os profissionais de RH. Neste capítulo, analisamos as habilidades a serem desenvolvidas pelos profissionais de RH para a formação de uma parceria estratégica com os gerentes de linha. Também apresentamos exemplos de empresas que cultivaram com êxito essas competências.

TRANSFORMANDO A PROFISSÃO

Todas as profissões estabelecem padrões mínimos que determinam níveis de entrada e certificam a proficiência. Na década passada, os interessados na disciplina de recursos humanos atuaram com energia e ousadia para caracterizá-la como profissão. Essas iniciativas abrangem a notável expansão da Society for Human Resource Management (SHRM), dos Estados Unidos, que agora vangloria-se de ter mais de 150 mil membros em todo o mundo; o desenvolvimento de um processo de certificação sancionado pela SHRM, possibilitando que os iniciantes demonstrem conhecimentos dos princípios fundamentais da disciplina; e diplomas de graduação especializada em recursos humanos (por exemplo, em Cornell, Universidade de Illinois, estado de Michigan, Universidade de Minnesota, estado de Ohio, Rutgers, Universidade de Wisconsin, e várias outras instituições). Os elementos fundamentais desse movimento em busca do profissionalismo formam um corpo de conhecimentos, um conjunto de comportamentos esperados e a definição de resultados específicos para os que trabalham na área de RH. Esses conhecimentos, comportamentos e resultados almejados constituem o que chamamos de *competências*. Para atuar como parceiros de negócios valiosos, os profissionais de RH precisam definir e medir essas competências de maneira sistemática.

O QUE É COMPETÊNCIA EM RH

A competência refere-se às características de um indivíduo, em termos de conhecimentos, habilidades, capacidades e personalidade, que afetam diretamente o respectivo desempenho no trabalho. O conceito de competência individual tem longa tradição no campo da administração. Boa parte desse trabalho se concentrou nos líderes e nos gerentes gerais.[1] Outras pesquisas procuraram especificar as competências de RH por meio de entrevistas com executivos dentro de uma única empresa ou de um conjunto limitado de empresas.[2] Muitas organizações tentaram identificar competências críticas de RH, perguntando aos gerentes de linha o que eles esperavam de RH e quais eram as qualidades necessárias aos profissionais de RH (por exemplo, o que os gerentes de linha precisam de RH). Essa abordagem presume que cada empresa tenha expectativas únicas quanto a seus profissionais de recursos humanos e que, como clientes, os gerentes de linha desempenham papel central na definição dessas expectativas.

A definição das competências em RH por empresa, mediante entrevistas com executivos, tem algumas vantagens. Para começar, a abordagem esteia as descobertas em comportamentos, pois é possível direcionar as perguntas das entrevistas para casos reais em que os profissionais de RH da empresa demonstraram competência. Ela também adapta o processo às necessidades específicas das empresas em questão. Contudo, o perigo é que os executivos talvez não se deem conta do que não sabem. Ou seja, os executivos identificariam apenas as competências que testemunharam, quando, de fato, outras competências de RH talvez fossem mais importantes para a empresa, caso ao menos fossem reconhecidas. Por vezes, a abordagem também produz resultados distorcidos, dependendo da amostra de executivos selecionados para a entrevista. A orientação gerencial dos executivos, em vez das reais necessidades do negócio, influenciaria as expectativas quanto a RH. Por exemplo, gerentes de linha que nunca conviveram com profissionais de RH em funções estratégicas talvez não sejam capazes de pensar em RH como alguma outra coisa além de despesa administrativa. As empresas geralmente apresentam exigências peculiares para a implementação da estratégia. Portanto, embora os estudos específicos de determinadas empresas por vezes representem exemplos interessantes, esses casos sozinhos não oferecerão um modelo geral de competências para a função de RH.

Três estudos de grande abrangência a respeito de competências em RH, realizados na década de 1990, lançaram algumas luzes interessantes sobre o status da profissão. No primeiro estudo, a Towers Perrin colaborou com a IBM em uma pesquisa entre 3 mil profissionais de RH, consultores, executivos de linha e acadêmicos, a respeito de ampla gama de questões de RH.[3] O trabalho revelou uma perspectiva um tanto diferente sobre competências em RH. Entre os quatro grupos pesquisados, as competências apontadas com mais frequência abrangiam as seguintes:

- Noções básicas de computação (executivos de linha)
- Amplo conhecimento e visão em RH (acadêmicos)
- Capacidade de prever os efeitos das mudanças (consultores)
- Aptidão para treinar e influenciar os gerentes de linha (executivos de RH)

O segundo estudo foi patrocinado recentemente pela Society of Human Resource Management Foundation.[4] Esse trabalho se concentrou nas competências *futuras* que serão imprescindíveis aos gerentes de recursos humanos. Com base em dados referentes a mais de 300 profissionais de RH, oriundos de diferentes setores e de empresas de diversos portes, o estudo concluiu que as competências essenciais em recursos humanos giravam em torno de atributos referentes à liderança e à gestão, assim como de qualidades pessoais e funcionais, que se tornam mais importantes em função do nível e dos papéis específicos.

O terceiro estudo sobre as competências em RH, e também o mais abrangente, foi realizado pela University of Michigan School of Business em três rodadas, durante um período de dez anos (1988 a 1998). Esse trabalho envolveu mais de 20 mil profissionais de RH e de linha e identificou as competências em recursos humanos por especialidades funcionais de RH, setores, empresas e época. O estudo almejava criar um padrão de competências para toda a profissão de RH, e não apenas para uma única empresa. Examinemos mais de perto essa pesquisa.

Pesquisa de Michigan sobre Competências em RH

A equipe de pesquisas de Michigan, liderada por Wayne Brockbank, Dale Lake, Dave Ulrich, e Arthur Yeung, desenvolveu e testou, de início, um modelo de competências em RH, baseado em análise cuidadosa da literatura. Em seguida, submeteu o modelo a testes de campo, em ampla variedade de setores, funções de RH e regiões geográficas. A primeira rodada de coleta de dados, em 1988, abrangeu mais de 10 mil indivíduos em 91 empresas.[5] A equipe concluiu que as competências em RH eram classificáveis em três áreas distintas: conhecimento do negócio, fornecimento de práticas de RH e capacidade de gerenciar a mudança. Curiosamente, os resultados àquela altura indicavam que, entre as três áreas, a capacidade de gerenciar a mudança era a mais importante na antecipação da eficácia geral dos profissionais de RH.

Com o andamento do projeto, os pesquisadores continuaram a explorar as competências dos profissionais de RH em bases específicas para cada empresa. À medida que se acumulavam as descobertas desses estudos de casos, ao longo de muitos anos, despontou um padrão claro de mudança quanto às competências necessárias: os profissionais de RH eram eficazes quando também demonstravam credibilidade pessoal, quando se dedicavam a questões estratégicas cruciais, em vez de apenas a processos administrativos, e quando dominavam mudanças repentinas e aceleradas. Essas constatações levaram a uma segunda rodada de pesquisas em 1992 e 1993, mais focada em empresas globais, envolvendo mais de 5 mil participantes. Os resultados salientaram o novo papel estratégico de RH na virada do século XX. Especificamente, os pesquisadores observaram um aumento drástico no tempo que os profissionais de RH dedicavam a assuntos estratégicos e uma diminuição relativa no tempo alocado a questões mais tradicionais.[6] Por exemplo, os profissionais de RH, mais do que em qualquer outra época, precisavam de conhecimentos e de experiência em gestão financeira, concorrência externa e exigências dos clientes. Também deviam ser capazes de trabalhar com os gerentes de linha na difusão de mensagens claras e consistentes sobre as metas e trajetórias estratégicas da empresa.[7] Finalmente, a pesquisa mostrou que as empresas de melhor desempenho reduziam o tempo e o esforço dedicados à rotina de RH por meio de terceirização, da automatização e de reengenharia dos processos internos de RH.

A terceira fase do projeto manteve o foco na evolução das competências de RH e culminou com outra pesquisa mais recente, entre 5 mil profissionais de RH, em 1997 e 1998. Esses resultados revelaram uma profissão em contínua mutação, assumindo cada vez mais um papel estratégico na vida organizacional. Os dados continuavam a reforçar a importância das áreas de competências definidas originalmente — conhecimento do negócio, domínio profissional na área de RH, e gestão da mudança. Contudo, também destacaram-se duas outras áreas de competências: gestão da cultura e credibilidade pessoal.[8] Descreveremos sucintamente cada uma dessas áreas de competências:

Conhecimento do Negócio

Os profissionais de RH agregam valor à organização quando compreendem o funcionamento do negócio. Por quê? Porque essa compreensão lhes permite adaptar a área de RH e as atividades organizacionais às mudanças nas condições empresariais. Apenas conhecendo os recursos financeiros, estratégicos, tecnológicos e organizacionais da empresa os profissionais de RH serão capazes de desempenhar um papel importante em qualquer discussão estratégica. Os profissionais de RH com forte domínio sobre relações industriais, empregatícias e humanas, mas que ainda não compreenderam plenamente a essência do negócio da empresa, talvez sejam extremamente competentes em sua disciplina, mas não estão aptos a exercer o papel de parceiros estratégicos. Por exemplo, embora alguns profissionais de RH saibam *usar* a tecnologia de recursos humanos, tal como sistemas de avaliação do desempenho de 360 graus, não conseguem *adaptar* a tecnologia às condições de negócios específicas e em mudança. Algumas empresas já estão promovendo avaliações do desempenho pela Web, incluindo no processo clientes e fornecedores, além de supervisores, pares e subordinados. A acuidade em negócios exige conhecimentos, além de experiência operacional direta, em áreas funcionais como marketing, finanças, estratégia, tecnologia, vendas, assim como em recursos humanos. Quando falamos em "conhecimento do negócio" não nos referimos à capacidade de *gerenciar* todas essas funções, mas sim à aptidão para *compreendê-las*. Para implementar o modelo descrito no Capítulo 2, os profissionais de negócios precisam entender os dois lados do nexo entre produtos de RH e problemas de negócios e de estratégia. Em síntese, para serem parceiros de negócios valiosos, os profissionais de RH precisam conhecer muito mais a empresa do que os gerentes de linha devem conhecer recursos humanos.

Fornecimento de Práticas de RH

Como quaisquer outros membros da equipe de apoio, os profissionais de RH precisam ser, no mínimo, expertos nas respectivas especialidades. Conhecer e ser capaz de fornecer práticas inovadoras de RH, no estado da arte, reforça a credibilidade desses profissionais e assegura-lhes o respeito do restante da organização. Essa é a condição *sine qua non* para cultivar a "marca" profissional de RH. Contudo, conforme analisamos nos capítulos anteriores deste livro, as dimensões dessa especialização profissional estão em rápido processo de transformação. Portanto, os profissionais de RH devem ser suficientemente dedicados para continuarem dominando a teoria básica da área de RH e bastante ágeis para adaptar a teoria às condições específicas de cada organização. Por exemplo, proferimos uma palestra num simpósio recente de executivos voltados para o aprendizado e passamos algum tempo salientando como alguns dos conceitos básicos de Chris Argyris ajudavam as organizações a construir disciplinas de aprendizado. No final da seção, profissionais de grandes empresas acercaram-se de nós e perguntaram como se soletrava "Argyris". A pergunta em si revelava pouco conhecimento do trabalho pioneiro desse desbravador — fato um tanto surpreendente por se tratar justamente de pessoas incumbidas de ajudar a transformar suas empresas em organizações que aprendem. Na extensão em que essas perguntas demonstram falta de conhecimento sobre as teorias do aprendizado e sobre a aplicação dessas doutrinas, os profissionais de RH talvez tenham de dedicar-se mais aos deveres de casa.

Gestão da Mudança

Esta competência é outro exemplo do papel cada vez mais importante de RH como parceiro de negócios. Talvez o desafio mais premente com que se depara a maioria dos CEOs seja a necessidade de deslocar o foco da organização, em resposta às novas trajetórias estratégicas. Os profissionais de recursos humanos estão bem posicionados para impulsionar essa mudança — se estiverem preparados. O profissional de RH capaz de orquestrar os processos de mudança apresenta as seguintes capacidades: diagnosticar problemas, cultivar relacionamentos com os clientes, articular a visão da empresa, definir a agenda de liderança, resolver problemas, implementar metas. Essa competência envolve conhecimento (do processo da mudança), habilidades (como agente da mudança) e capacidades essenciais (de promover a mudança) para promover o lado humano da organização.

Gestão da Cultura

Os pesquisadores em gestão, John Kotter e James Heskett, descobriram que as empresas com culturas "mais fortes" (medida pela extensão em que os empregados compartilham os valores da organização) tendem a atingir níveis de desempenho mais elevados.[9] Já descrevemos o papel estratégico da arquitetura de RH e já enfatizamos a importância dos sistemas. Em última análise, o comportamento dos empregados, induzido por esses fatores, se entremeia na cultura da organização. Nesse sentido, uma estratégia de RH, de alto desempenho, é um indicador antecedente de uma cultura de alto desempenho. Os profissionais de RH precisam compreender que eles são os "guardiões da cultura" e que seu impacto vai bem além das fronteiras funcionais.[10]

Credibilidade Pessoal

Se as outras quatro áreas de competências podem ser consideradas os pilares da competência em RH, a credibilidade pessoal seria descrita como a base rochosa em que se apoiam esses alicerces. O projeto de pesquisa da Michigan constatou que os profissionais de RH bem-sucedidos eram tidos como dignos de crédito tanto dentro como fora da função. Mas o que significa credibilidade? Acreditamos que esse atributo envolva três dimensões. Primeiro, exige que os profissionais de recursos humanos "vivam" os valores da empresa. Isso, evidentemente, caminha de mãos dadas com a condição de "guardiões da cultura". Um dia visitamos uma empresa onde o chefe de RH estava sendo processado por assédio sexual, com base em indícios esmagadores contra ele. Nesse caso, por mais que ele conhecesse a empresa, a teoria e a prática de RH, a cultura organizacional e o processo de mudança, o executivo carecia totalmente de credibilidade pessoal. Os valores da organização nos quais por vezes tropeçam os executivos de RH são abertura, franqueza, capacidade de trabalhar em equipe, empenho em tratar todas as pessoas com respeito, zelo pelo processo de apuração de fatos, e insistência nos mais altos níveis de desempenho pelos próprios executivos de RH e respectivas equipes. Se os profissionais de RH não viverem esses valores no trabalho, dificilmente desfrutarão de muita credibilidade na organização.

Segundo, os profissionais de RH ganham credibilidade quando seu relacionamento com os colegas baseia-se na confiança recíproca. Essas relações de confiança se desenvolvem quando os profissionais de RH atuam como parceiros valorizados nas equipes gerenciais, quando sua "química" com os demais gerentes promove reações positivas, quando são capazes de trabalhar bem como membros de equipes, quando exercem influência sem autoridade e quando promovem, com habilidade, os objetivos da empresa.

Terceiro, os profissionais de RH conquistam o respeito dos colegas quando agem com "firmeza".[11] Nesse contexto, "firmeza" para nós significa ter um ponto de vista sobre o êxito nos negócios, sustentar essa opinião com fatos (um dos principais objetivos deste livro), apresentar ideias e soluções espontâneas, e estimular o debate sobre temas cruciais. Os líderes de recursos humanos precisam dessa firmeza sobretudo ao iniciar o Passo 2 de nosso modelo no Capítulo 2 — desenvolver um argumento de negócios sobre por que e como RH é importante para a implementação da estratégia.

Definindo Prioridades para as Competências

Na mais recente rodada de pesquisas do projeto Michigan, os pesquisadores analisaram o impacto relativo dessas cinco áreas de competências sobre a eficácia geral dos profissionais de recursos humanos. A Tabela 7.1 descreve os indicadores comportamentais dessas competências e mostra como elas se classificam quanto à percepção da respectiva contribuição para o melhor desempenho dos profissionais de RH. Todas essas áreas de competências são consideradas importantes para o profissional de RH. Contudo, a pesquisa indica que o papel de cada uma delas varia da menos importante para a mais importante, na seguinte ordem: conhecimento da empresa (permite que os profissionais de RH se juntem à equipe gerencial), domínio das práticas de RH (possibilita que definam e acessem as melhores práticas na área de RH), gestão da cultura (ajuda-os a moldar a identidade da empresa), orquestração da mudança (capacita-os a "fazer acontecer"), e demonstração de credibilidade pessoal (rende-lhes respeito e boa vontade). Essa classificação é válida em qualquer setor de atividade, nível de profissional de RH e área de especialização.

Tabela 7.1 Descrição e importância relativa das áreas de competências de RH

Área de Competências	Classificação da Importância (1 = mais alto)	Competências Específicas (em ordem de importância)
Credibilidade Pessoal	1	Apresenta antecedentes de sucesso Conquistou confiança Instila segurança nos outros Tem "química" com os principais públicos Demonstra alta integridade Faz perguntas importantes Estrutura ideias complexas de maneira útil Assume riscos adequados Faz observações francas Apresenta *insights* alternativos sobre assuntos de negócios
Capacidade de Gerenciar a Mudança	2	Promove confiança e credibilidade no relacionamento com os outros É visionário Assume papel proativo na indução da mudança Constrói relacionamentos solidários com os outros Instiga a criatividade alheia Encaixa problemas específicos no contexto de sistemas mais amplos Identifica problemas fundamentais para o sucesso do negócio Compartilha conhecimentos entre as fronteiras organizacionais
Capacidade de Gerenciar a Cultura	3	Promove processos de transformação cultural Traduz a cultura almejada em comportamentos específicos Desafia o *status quo* Identifica a cultura necessária à implementação da estratégia de negócios da empresa e estrutura a cultura de modo a entusiasmar os empregados Encoraja os executivos a se comportarem de maneira compatível com a cultura almejada Foca a cultura interna no atendimento das necessidades dos clientes externos É eficaz na comunicação verbal Trabalha com os gerentes para divulgar mensagens claras e consistentes
Fornecimento de Práticas de Recursos Humanos	4	É eficaz na comunicação por escrito Facilita o processo de reestruturação organizacional Projeta programas de desenvolvimento que facilitam a mudança Promove o desenho de processos de comunicação interna Atrai empregados adequados Desenvolve sistemas de remuneração Facilita a disseminação de informações sobre os clientes

Área de Competências	Classificação da Importância (1 = mais alto)	Competências Específicas (em ordem de importância)
Conhecimento do Negócio	5	Compreende o seguinte: • práticas de recursos humanos • estrutura organizacional • análise dos concorrentes • finanças • marketing e vendas • sistemas de informação

A pesquisa de Michigan é reforçada por dados referentes a outras empresas que desenvolveram seus próprios modelos de competências. Conforme demonstra a Tabela 7.2, a experiência da General Electric e de outras empresas da *Fortune* 500 é compatível com o modelo de Michigan.

Tabela 7.2 Competências de RH por empresa

	General Electric	Grande Fabricante de Produtos de Consumo	Empresa Farmacêutica Internacional
Categorias gerais de competências identificadas por empresa	1. Conhecimento do negócio 2. Fornecimento de RH 3. Gestão da mudança 4. Credibilidade pessoal	1. Liderança 2. Conhecimento do negócio 3. Pensamento estratégico em RH 4. Habilidades em processos 5. Tecnologias de RH	1. Conhecimento do negócio 2. Liderança individual 3. Práticas de processos 4. Práticas de RH 5. Planejamento estratégico
Competências relacionadas com o conhecimento do negócio	• Acuidade em negócios: conhece os objetivos, os ciclos e a evolução global do negócio • Orientação para os clientes: sabe quem são os clientes e como eles tomam as decisões de compra • Relações externas: trabalha com os principais públicos (mídia, escolas, governos) e com os formuladores de políticas públicas	• Compreende os negócios da empresa (estrutura, visão, valores, estratégias, indicadores financeiros e de desempenho) • Compreende os clientes internos e externos • Compreende as principais disciplinas de negócios, gestão baseada em valor, implicações dos negócios globais em termos de RH, tecnologia da informação • Compreende o processo de planejamento da estratégia e dos negócios • Compreende e é capaz de aplicar processos sistemáticos de planejamento de RH	• Compreende a visão, a missão, a cultura, as metas, os valores, as estratégias e os indicadores financeiros e de desempenho da corporação e das divisões • Conhece os produtos da empresa • Compreende o setor de assistência médica e os atuais desafios com que ele se defronta • Compreende as principais políticas da empresa • Compreende a estratégia e o processo de planejamento de negócios • Aplica processos sistemáticos de planejamento de RH

(continua)

Tabela 7.2 Competências de RH por empresa *(continuação)*

	General Electric	Grande Fabricante de Produtos de Consumo	Empresa Farmacêutica Internacional
Competências relacionadas com a gestão da cultura	• Avalia continuamente temas e tendências organizacionais com vistas a melhorias • Promove work-outs como meio para reforçar a mudança contínua • Consultoria e orientação: alavanca recursos para atender às necessidades dos negócios • Introduz novas maneiras de pensar	• Compreende o ambiente (externo e interno) da empresa e cada um dos negócios • Seleciona, projeta e integra os sistemas ou práticas de RH para construir a mentalidade, as capacidades e a vantagem competitiva da organização nos respectivos negócios • Desenvolve e integra as estratégias de RH em cada negócio, dentro do referencial das estratégias de RH no nível corporativo • Conhece os processos gerenciais dos negócios	• Demonstra habilidades eficazes em gestão de projetos • Compreende e aplica princípios de desenho da organização • Demonstra mentalidade sistêmica e de processos, empenha-se para desenvolver procedimentos integrados
Competências relacionadas com expertise técnica em RH	• Projeto organizacional: conhece estruturas alternativas e formação de equipes de trabalho • Seleção e provimento de pessoal: desenvolve planejamento de sucessão, encoraja a diversidade, identifica e avalia talentos, promove orientação, encoraja a retenção • Mensuração e recompensas: gerencia o desempenho, remuneração e feedback • Negociação e solução de conflitos: gerencia relações trabalhistas • Aprendizado e desenvolvimento: promove desenvolvimento individual e de equipes, desenvolvimento de carreiras, treinamento e aprendizado baseado em experiências • Relações com empregados: gerencia questões com empregados, políticas e práticas de RH • Comunicação: desenvolve planos de comunicação, compartilha informações	• Tem uma perspectiva generalista sobre os sistemas e práticas em RH no que se relacionam com a consecução da vantagem competitiva dos negócios • Projeta, integra e implementa os sistemas de RH para desenvolver a capacidade organizacional • Projeta e fornece práticas de vanguarda para atender às necessidades competitivas dos negócios • Avalia a eficácia dos sistemas e práticas de RH	• Demonstra expertise técnica em disciplinas de RH • Conhece e tem experiência em práticas de RH "melhores da classe" • Projeta e fornece práticas de vanguarda • Avalia a eficácia dos sistemas e práticas de RH.

(continua)

Tabela 7.2 Competências de RH por empresa *(continuação)*

	General Electric	Grande Fabricante de Produtos de Consumo	Empresa Farmacêutica Internacional
Competências relacionadas com a credibilidade pessoal	• Credibilidade: mantém confidencialidade, cumpre compromissos • Julgamento: estabelece prioridades, age quanto às questões críticas, toma decisões com base em informações • Coragem: defende suas crenças, fornece informações honestas • Valores da GE: advoga e molda os valores da GE	• Compreende a natureza e os estilos de liderança e apresenta características de liderança adequadas • Demonstra liderança em vários níveis de desempenho: individual, equipe e unidade	• Constrói parcerias e relacionamentos colaborativos com os clientes, trabalhando para a realização de objetivos comuns • Promove discussões e toma iniciativas quanto às implicações de RH para as estratégias de negócios • Vende ideias e abordagens de RH aos gerentes de linha, de modo a reforçar os compromissos
Competências relacionadas com a capacidade de fazer acontecer a mudança	• Advocacia da mudança: estimula o apoio a novas ideias, busca novas ideias • Facilitação: gerencia conflitos pessoais, encoraja a criatividade	• Demonstra competência nos processos da empresa • Domina habilidades em processos críticos, tais como prestação de consultoria, solução de problemas, avaliação e diagnose, organização de seminários e facilitação • Compreende os princípios e processos de transformação e de desenvolvimento organizacional • Equilibra, integra e gerencia sob condições de incerteza e paradoxo	• Demonstra habilidades eficazes em consultoria: empenha-se em compreender as necessidades dos clientes, envolve-se na solução construtiva de problemas, esclarece papéis e responsabilidades, forma parcerias com clientes, acompanha o andamento dos compromissos • Demonstra habilidades eficazes em facilitação: contribui para a eficácia das equipes, forças-tarefas etc.; projeta processos para realizar metas combinadas em reuniões ou em outros foros • Planeja e facilita a mudança organizacional: compreende processos de mudança organizacional, inicia e lidera a mudança, elabora planos de mudança, é capaz de gerenciar a mudança em condições paradoxais • Demonstra habilidades analíticas e de solução de problemas • Exibe habilidades em comunicação verbal e por escrito

Podemos extrair várias lições das competências descritas na Tabela 7.2. Para começar, embora os estudos em grande escala, de Michigan, se baseassem necessariamente em competências relativamente genéricas, eles seguiram de perto as experiências das empresas dessa tabela. Isso nos inspira confiança em que o modelo subjacente reflita, com exatidão, os desafios com que em geral se defrontam os profissionais de RH. Além disso, as informações na Tabela 7.2 tornam o modelo de competências mais indutor de ações, pois revelam os comportamentos necessários em cada área de competências. Finalmente, esses resultados salientam um aspecto que tem sido objeto de debates contínuos na profissão de RH. As discussões giram em torno de quanto se precisa dominar em cada competência técnica de RH (tais como as complexidades dos sistemas de incentivos orientados para equipes) para destacar-se como profissional de recursos humanos verdadeiramente eficaz. A maioria das empresas espera proficiência técnica, embora algumas lhe atribuam relativamente pouco peso no total. Em nossa opinião, as competências técnicas devem ser representadas no portfólio de competências em RH da empresa. Contudo, tais competências provavelmente não são essenciais à capacidade dos profissionais de RH servirem como parceiros de negócios e arquitetos estratégicos. Nesses papéis, é mais importante compreender as implicações da estratégia da empresa, em geral, e dos vetores estratégicos adequados, em especial, para a área de RH. Essa compreensão talvez exija uma sexta competência: o gerenciamento do desempenho estratégico de RH.

GERENCIAMENTO DO DESEMPENHO ESTRATÉGICO DE RH: UMA NOVA COMPETÊNCIA

Este livro não versa primordialmente sobre um novo *papel* para RH; a ideia de RH como parceiro estratégico já estava presente durante boa parte da década de 1990. Contudo, ele de fato propõe uma nova *competência* — gerenciamento do desempenho estratégico de RH — que devemos adicionar às cinco já analisadas. O que queremos dizer com gerenciamento do desempenho estratégico? Referimo-nos ao processo de orquestrar a implementação da estratégia da empresa, por meio de sistemas equilibrados de mensuração. Observe que usamos o termo *gerenciamento*, em vez de *mensuração*, na definição da competência. Assim fizemos porque o propósito dos sistemas de mensuração discutidos neste livro é sobretudo o gerenciamento *organizacional* mais eficaz. Contudo, a capacidade de implementar sistemas equilibrados de *mensuração* do desempenho, como o Balanced Scorecard, também é essencial para essa competência.

Cada vez mais, as empresas que compreendem a importância da execução da estratégia para o sucesso de longo prazo estão praticando o gerenciamento do desempenho estratégico como competência crucial e enfatizando a gestão movida a mensurações. Contudo, essa tendência emergente também representa um desafio. De um lado, acena com a esperança de que RH de fato se converta em legítimo ativo estratégico. De outro, como vimos com a história recente do Balanced Scorecard, RH tradicionalmente, tem sido o elo frágil do sistema de mensuração do desempenho. Acreditamos que essa debilidade pode ser transformada em força, se os profissionais de RH desenvolverem essa nova competência em gerenciamento do desempenho estratégico.

Para construir tal competência, os gerentes de recursos humanos devem compreender a mensuração estratégica ao longo de duas dimensões: *o que* medir e *como* medir. O *quê* refere-se à implementação da estratégia, enfatizada ao longo de todo este livro. O foco na implementação da estratégia é a pedra angular da gestão estratégica de RH. Conforme vimos no Capítulo 5, o *como* da mensuração por vezes envolve aspectos um pouco mais técnicos. Talvez não seja preciso dominar cada nuance, mas é preciso pelo menos levar em conta os muitos aspectos da mensuração, a fim de tomar decisões esclarecidas quanto aos resultados.

As Dimensões do Gerenciamento do Desempenho Estratégico

As dimensões da competência em gerenciamento do desempenho estratégico são provavelmente um pouco diferentes das dimensões da maioria das competências que os profissionais de recursos humanos cultivaram no passado. Elas reforçam com intensidade nosso argumento de que os gerentes de recursos humanos devem aprender a pensar de maneira diferente sobre RH. Ademais, elas confirmam a ideia de que esses líderes precisam ser capazes de demonstrar para os gerentes de linha seniores a influência estratégica de RH. Dividimos a competência em gerenciamento do desempenho estratégico em quatro dimensões a serem analisadas nas próximas seções.

Raciocínio Causal Crítico

No Capítulo 2, observamos que o elo estratégico entre a arquitetura de RH e o desempenho da empresa é o mapa estratégico que descreve o processo de implementação da estratégia da empresa. Lembre-se de que este mapa é um conjunto de hipóteses sobre os fatores que criam valor na empresa. Os profissionais de RH devem começar a pensar nesses termos causais, a fim de avaliarem a maneira como RH impulsiona o desempenho da empresa. Esta capacidade é especialmente importante, pois os produtos de RH geralmente se posicionam a montante das conexões causais. A linha de visão entre RH e o desempenho da empresa é tão longa que, se RH não explicar as conexões entre esses dois elementos, tampouco outros o conseguirão.

Compreensão dos Princípios da Boa Mensuração

Um fundamento crítico de qualquer competência gerencial é a confiança em melhores indicadores. Como vimos no Capítulo 5, os profissionais de RH precisam sentir-se seguros ao fazerem a distinção entre os *constructos* conceituais que se situam por trás dos vetores que compõem o mapa estratégico e os *indicadores* que refletem e, sobretudo, devem descrever em termos aproximados esses constructos. Como vimos, não se pode medir A e esperar B.

Estimando as Relações Causais

O pensamento causal e a compreensão dos princípios de mensuração ajudam a estimar as relações causais entre RH e o desempenho da empresa. Na prática, tais estimativas apresentam diferentes graus de precisão, desde inferências opinativas até resultados quantitativos. Embora a maioria dos profissionais de RH com quem trabalhamos preferisse ir além de afirmações baseadas em julgamentos sobre o impacto estratégico de RH, não se deve subestimar o poder desses argumentos. Mesmo que se sustente determinado ponto de vista em bases hipotéticas, o raciocínio ganhará peso se estiver fundamentado na lógica subjacente à história de criação de valor da empresa. De maneira ideal, até nesses casos, também se acabarão desenvolvendo estimativas quantitativas quanto à conexão entre RH e desempenho da empresa, ou pelo menos se terão condições de mostrar as ligações específicas no mapa estratégico. Contudo, as tarefas mais importantes são constatar que tais estimativas são possíveis e efetuá-las quando surgir a oportunidade.

Por exemplo, imagine-se na posição de chefe de RH de uma empresa de oleodutos e gasodutos em que a manutenção tende a ser mais corretiva do que preventiva. Como resultado dessa posição reativa, a empresa sofre paralisações frequentes, altos custos de manutenção, insatisfação do cliente e, em última análise, redução da rentabilidade. Você propõe algumas mudanças nos sistemas de treinamento e recompensa referentes ao pessoal de manutenção das tubulações, como meio de reverter esses problemas. Para avaliar o potencial dessa intervenção, você poderia simplesmente calcular as despesas do programa proposto e compará-las com as de outros programas de treinamento e recompensa da empresa. Ou talvez apurar os custos por trabalhador e constatar que ele se situa 20% *abaixo* da média do setor. Contudo, se você tivesse cultivado sua competência em gerenciamento do desempenho estratégico, sua maneira de enfrentar o desafio seria muito diferente. Ou seja, você (1) reconheceria as implicações estratégicas da mudanças na arquitetura de RH em relação ao pessoal de manutenção, (2) identificaria a oportunidade de relacionar essas mudanças de RH na área de manutenção às melhorias na confiabilidade das instalações, nos custos de manutenção e, em última instância, na satisfação dos clientes e na rentabilidade da empresa, e (3) definiria os indicadores necessários para demonstrar essas relações.

Os profissionais de RH também devem ser capazes de perceber padrões em dados aparentemente não correlatos. Ocorre que muitas vezes se constatam temas comuns quando se examinam tendências por meio de diferentes análises. Por exemplo, como parte de nossas avaliações de RH, frequentemente coletamos dados de várias fontes (entrevistas, observações, levantamentos, relatórios). Como equipe, identificamos o que observamos nos dados coletados, registramos essas observações e verificamos se outros que coletaram dados de outras fontes fizeram observações semelhantes. Esta técnica, chamada triangulação de análises, permite que se extraiam conclusões mais ricas e mais seguras dos dados.[12]

Comunicando os Resultados do Desempenho Estratégico de RH aos Gerentes de Linha Seniores

Para gerenciar o desempenho estratégico de RH na empresa, o profissional de RH deve ser capaz de comunicar, com eficácia, aos executivos seniores e aos gerentes de linha sua compreensão sobre o impacto estratégico de RH. Com isso, prosseguimos em nosso tema do pensamento de cima para baixo. Especificamente, devem-se prever as perguntas para as quais os gerentes fora da área de RH queiram respostas e a maneira como os resultados do sistema estratégico de mensuração de RH fornecerá as respostas a essas perguntas. Não se deixe dispersar pelo conjunto de indicadores disponíveis e pela mecânica de coleta de dados. Em vez disso, pergunte-se: "O que vou fazer com esses indicadores quando eles se tornarem disponíveis? Como os usarei para gerenciar o sistema estratégico de RH? Como os aplicarei na demonstração do impacto estratégico de RH?" Alternativamente, à medida que novas questões estratégicas se tornarem objeto de atenção dos gerentes seniores, pense em como os indicadores atualmente em uso seriam reestruturados de outras maneiras para lançar novas luzes sobre esses temas.

Integrando o Gerenciamento do Desempenho Estratégico às Cinco Competências Essenciais de RH

Como integrar essas novas competências em gerenciamento do desempenho estratégico às cinco competências essenciais de RH já descritas? Oferecemos algumas ideias nas próximas seções.

Conhecimento do Negócio

Como competência, o gerenciamento do desempenho estratégico deve alavancar as outras competências essenciais. Qualquer profissional de RH eficaz precisa compreender os indicadores financeiros de sucesso do negócio (valor para os acionistas, crescimento dos lucros, gestão do balanço patrimonial, lucro por ação, retorno sobre os ativos), os indicadores de sucesso com os clientes (pesquisas de satisfação e envolvimento dos clientes, critérios de segmentação, critérios de compra, dados referentes à participação no mercado e nas compras dos clientes), análise dos concorrentes (tendências setoriais, pontos fortes e pontos fracos dos concorrentes) e melhoria de processos. Todos os profissionais de RH também devem ser capazes de expressar os resultados de seu trabalho na mesma linguagem orientada para finanças e clientes, tão comum nas demais áreas da empresa. Isso não significa que todas as decisões de RH tenham vínculos diretos com o retorno sobre o patrimônio líquido, mas é preciso saber como as decisões de RH impulsionam, *em princípio*, o valor para os acionistas. Em síntese, os profissionais de RH devem ser capazes de descrever seu trabalho sob a perspectiva do CFO ou do CEO. Por exemplo, o Capítulo 4 mostra como usar princípios básicos de análise financeira para avaliar as decisões de RH.

Como vimos, os profissionais de RH muitas vezes querem medir seu sucesso com base no resultado de suas atividades e não em função dos resultados do negócio. Quando se é mais competente no gerenciamento do desempenho estratégico, consegue-se estimar como determinado investimento no sistema de RH influenciaria os resultados financeiros da empresa, a proposição de valor para os clientes ou a vantagem competitiva. Contudo, quando pedimos a profissionais de RH para ilustrar a relação entre determinado investimento em RH e o subsequente impacto estratégico, utilizando um gráfico de dois eixos, muitos têm dificuldade de fazê-lo. Eles se mostram inseguros sobre como medir os investimentos em RH (ou seja, o eixo de X) e como determinar o que sofrerá a influência do investimento (ou seja, o eixo de Y). Além disso, não sabem representar a relação potencial entre as duas variáveis do gráfico (isto é, determinar se a linha do gráfico seria retilínea ou curvilínea). Em síntese, não são capazes de descrever o impacto estratégico de RH de forma ágil e sucinta, em termos convincentes para os gerentes de linha.

Percebemos pela primeira vez essa dificuldade numa empresa onde os gerentes de linha resistiam aos investimentos em RH. Eles não acreditavam que RH exercesse influência direta sobre o desempenho do negócio e os gerentes de RH não conseguiam desenvolver argumentos persuasivos em sentido contrário. Para induzir os gerentes de linha a pensarem de maneira diferente sobre RH, pedimos a cada um deles para plotar o impacto esperado da melhoria da qualidade da gestão em termos de desempenho da empresa. Formulamos a seguinte pergunta: "Se a qualidade da gerência nesta organização aumentasse em 10%, qual seria o impacto daí decorrente sobre os resultados do negócio?" Ao refletirem sobre o assunto e registrarem suas pontuações, eles logo perceberam que não era difícil desenvolver um argumento de negócios em favor de RH. Todos concordaram em que a melhoria da qualidade da gestão impulsionaria, em última instância, os resultados do negócio. A intensidade do impacto previsto variou de 10:3 para 10:10, com a média de 10:7. Em outras palavras, para cada unidade de aumento na qualidade da gestão esse grupo de gerentes, de início céticos, acreditava que se seguiriam 7 unidades de aumento nos resultados. À medida que nos tornávamos mais específicos sobre as iniciativas de RH que melhorariam a qualidade da gestão e sobre as consequências a serem esperadas pelos gerentes, em termos de desempenho da empresa, esses líderes se tornaram muito mais propensos a apoiar os investimentos em RH.

Fornecer Práticas de Recursos Humanos

A competência em gerenciamento do desempenho estratégico atribui grande ênfase à mensuração. Essa ênfase, por sua vez, respalda os profissionais de RH que precisam tomar decisões esclarecidas sobre que sistemas de RH devem receber mais ou menos investimentos. Conforme demonstram os exemplos do Capítulo 4, um sistema de avaliação rigoroso compara os resultados potenciais de um programa de remuneração ou de uma oportunidade de treinamento com os de outros projetos. A mensuração de RH possibilita a definição dos *trade-offs* quantificáveis relacionados com determinados investimentos em RH. Em outras palavras, nem tudo que vale a pena ser feito deve ser feito da melhor maneira possível. Em algum ponto, iniciam-se os retornos decrescentes. A mensuração do valor criado por diferentes práticas de RH ajuda a identificar aquelas que oferecem os mais altos retornos sobre o investimento, com o maior impacto sobre os empregados e sobre o desempenho financeiro e que, portanto, devem receber maior atenção da gerência. Dentro de determinada área funcional, como treinamento, esse tipo de avaliação é crucial. Uma empresa com uma verba de treinamento de US$4 mil por empregado provavelmente disporá de várias opções para a distribuição dessa verba — programas externos, programas de tecnologia, treinamento técnico, treinamento gerencial, orientação, e assim por diante. Por meio da mensuração do desempenho estratégico, os executivos de recursos humanos são capazes de avaliar os *trade-offs* de cada uma dessas escolhas e obter os mais altos retornos possíveis de cada decisão de investimento.

Gestão da Cultura

Como sabemos, o que se mede se consegue. Mas aquilo que se mede também define a cultura da empresa. Por quê? Porque descreve o que é valorizado. Por exemplo, uma empresa de seguros de âmbito mundial iniciava um processo de transformação estratégica, passando da venda de produtos para o projeto de soluções. A meta dos gerentes de alto nível era criar intimidade com clientes-alvo e inspirar esses clientes a comprar um conjunto mais amplo de serviços financeiros. Em outras palavras, a meta era maior "participação na carteira" do cliente. Para empreender essa migração estratégica, a cultura da organização deveria evoluir do foco em produtos e custos para o foco em serviços aos clientes. Esse deslocamento exigia alterações significativas nos indicadores de desempenho utilizados em toda a empresa. Além disso, alguém tinha de contar a história de como essa nova estratégia seria implementada. A tarefa recaiu sobre os profissionais de RH, que, em razão de sua competência comprovada em gerenciamento do desempenho estratégico, foram muito bem-sucedidos. Eles conseguiram expressar com clareza a maneira como uma nova cultura e um novo conjunto de valores seriam capaz de melhorar a reputação da empresa entre os investidores e clientes. Eles também ofereceram explicações confiáveis sobre por que o comprometimento dos empregados com a nova cultura era fator crítico de sucesso. Talvez mais importante, também compreenderam como os novos indicadores de desempenho dos empregados exerceriam papel central na implementação da nova estratégia. Ao mesmo tempo, ainda foram capazes de explicar essas mudanças aos empregados de maneira não ameaçadora. Finalmente, os profissionais de RH conseguiram comunicar como e por que uma experiência de aprendizado abrangente, baseada em equipes, seria capaz de deflagrar a mudança cultural. Eles recomendaram que os clientes se envolvessem na experiência de aprendizado — como projetistas, participantes e apresentadores. Também sugeriram o desenvolvimento de projetos orientados para os clientes durante as sessões e mostraram como esses projetos seriam mais bem distribuídos entre os participantes das sessões. Finalmente, propuseram usar os indicadores de desempenho referentes às soluções para os clientes, como critério básico de remuneração.

Gestão da Mudança

Os profissionais de RH com competência em gerenciamento do desempenho estratégico estão bem posicionados para facilitar o ritmo e o escopo da mudança nas respectivas organizações. Os sistemas de RH podem ser obstáculos ou capacitadores no processo de mudança organizacional rápida, mas os profissionais de RH dotados dessa competência pelo menos compreenderão o argumento de negócios no sentido de que RH lidere esses programas de mudança. Em determinado caso, a equipe de liderança de RH de uma empresa industrial global criou um modelo visual que lhes permitiu medir várias manifestações de "velocidade". O modelo parecia um eixo cercado de raios, com o "comprometimento individual" no centro. Os profissionais de RH sugeriram que, se os empregados conseguissem desembaraçar-se dos impedimentos ao trabalho, seu grau de comprometimento e sua energia arbitrária seriam maiores. Sua "velocidade", ou a capacidade de responder com rapidez a novas situações, dependia em parte de foros criados por RH, nos quais os empregados identificavam e se desvencilhavam dos controles burocráticos que estorvavam seu trabalho.

Os raios do modelo representavam outros processos internos críticos a serem gerenciados pela empresa, tais como pontualidade na entrega dos pedidos, tempo dos ciclos de inovação de produtos e contratação de talentos. A equipe de RH media o sucesso com base em padrões de velocidade classe mundial para cada processo (por exemplo, o prazo de entrega de 48 horas era classe mundial, mas a empresa operava com o prazo de 96 horas). Em síntese, a empresa considerava a "velocidade" organizacional uma capacidade estratégica que impulsionava outros processos críticos. RH liderou a iniciativa para alinhar essa capacidade aos padrões classe mundial. Além disso, seu modelo converteu o conceito de "velocidade" em um conjunto de resultados mensuráveis (empregados mais comprometidos e processos críticos mais rápidos) que a empresa então comparava com padrões ao longo do tempo e relacionava com outros resultados estratégicos.

Credibilidade Pessoal

Vimos que a credibilidade pessoal dos profissionais de RH é a chave para a aceitação de seu papel como parceiros estratégicos. Os profissionais de RH com competência no gerenciamento do desempenho estratégico serão procurados cada vez mais para assessoria e orientação em assuntos empresariais com forte componente de "pessoas". Como esses gerentes estarão vivendo os valores da empresa, seus colegas os verão como dignos de crédito, confiáveis e alinhados ao restante da gerência da organização.

GERENCIAMENTO DAS COMPETÊNCIAS DE RH

Desenvolver modelos de competências para os profissionais de RH é um primeiro passo importante na evolução da profissão. Contudo, a maneira como se gerenciam e fomentam essas competências, na prática, determinará em última instância os novos avanços da profissão. O gerenciamento dessas competências abrange o aprimoramento do desempenho dos profissionais de RH, a avaliação do desempenho de RH e a recompensa pelos bons resultados, e o planejamento de programas de desenvolvimento em RH. Analisemos sucintamente cada um desses tópicos

Gerenciamento do Desempenho dos Profissionais de RH

Um adágio que esperamos esteja enterrado para sempre afirma que se alguém não alcançar sucesso em outras áreas da empresa acabará em recursos humanos. Essa percepção de RH desaparecerá para sempre apenas quando os gerentes de RH começarem a "fazer diferença" nas respectivas organizações. A transformação do papel de RH relaciona-se intimamente com a transformação de RH como profissão. Nessa condição, RH fundamenta-se em um legítimo corpo de conhecimentos, em um conjunto previsível de resultados e em um modelo de competências. Esses três "pilares" determinam quem é contratado para RH, como se avalia seu desempenho e como o profissional é remunerado.

Ao contratar o pessoal de RH, os executivos de recursos humanos podem escolher entre numerosas fontes de candidatos. Por vezes, os novos contratados saem diretamente das universidades e fazem carreira na empresa, por meio do processo sucessório interno. Uma alternativa é serem oriundos de outras áreas da empresa ou serem recrutados no mercado de trabalho. As decisões sobre onde recrutar talentos dependem da intensidade com que a função de RH pretende manter ou mudar sua identidade. Por exemplo, uma função de RH que queira valorizar seu passado talvez contrate mais candidatos internos do que outra função de RH que sinta necessidade de criar novo futuro. Contudo, o referencial de competências a ser apresentado pelos profissionais de RH deve permanecer constante.

A título de ilustração, com base no modelo de competências de cinco dimensões, já descrito, os gerentes de linha seniores de uma instituição global de serviços financeiros decidiram alterar drasticamente a trajetória da função de RH da empresa. Escolheram uma executiva de fora da área de RH para chefiar a função. Ela, por sua vez, substituiu 60% de seus subordinados diretos por pessoas que também não atuavam na área de RH. Teve o cuidado de garantir que toda a nova equipe apresentasse notável acuidade em negócios, capacidade para forjar a cultura da empresa e para gerenciar a mudança, além de credibilidade pessoal. Mas ela percebeu que a equipe carecia de expertise técnica profunda. Em consequência, estimulou o pessoal a cercar-se de profissionais de RH talentosos e depois cultivar com afinco as habilidades gerais em negócios de que precisavam para atender às exigências de RH. Assim, os novos membros do staff, originários de outras áreas fora de RH, certificavam-se de que seus subordinados diretos eram tecnicamente proficientes e então trabalharam com diligência para dominar, por si próprios, as teorias básicas de RH. Ao adotar essa abordagem, a nova equipe reforçou a credibilidade da função, desenvolveu planos mais orientados para os negócios e fortaleceu a função de modo a gerar práticas de RH inovadoras. Neste exemplo, a competência em gerenciamento do desempenho estratégico evoluiu de maneira gradual, por meio de sinergias informais entre gerentes com habilidades gerais em negócios e os novos profissionais de RH.

Avaliação do Desempenho de RH

O referencial de competências em RH também serve como ferramenta para avaliar o desempenho de RH. Jack Welch, CEO da General Electric, adotou uma abordagem singular, ao defender a mensuração de resultados de acordo com a capacidade de o gerente "viver" os valores da empresa. Ele argumentou que os líderes bem-sucedidos da empresa precisavam alcançar alta pontuação tanto ao atingirem resultados como na incorporação dos valores essenciais da empresa. O maior desafio, reconhecia ele, consistia em esclarecer esses valores, de modo que a empresa fosse capaz de medir o grau em que cada um de seus líderes os manifestava em seu comportamento diário.

Como outros líderes organizacionais, os profissionais de RH devem ser avaliados em função dos resultados alcançados e dos comportamentos exibidos. Neste livro, exploramos um modelo para a mensuração do impacto estratégico de RH. Os comportamentos decorrem das competências que analisamos neste capítulo. Mas como efetivamente medir as competências em RH? Para tanto, conta-se com várias ferramentas de mensuração. Como parte do estudo de Michigan, já discutido aqui, os pesquisadores desenvolveram um instrumento para a avaliação do desempenho dos profissionais de RH. Essa ferramenta consiste em mais ou menos sessenta perguntas referentes a comportamentos, as quais analisam a extensão em que os profissionais de RH demonstram determinada competência. Ele já foi usado em mais de trinta empresas e gerou valioso feedback para os profissionais de RH, os supervisores imediatos e os executivos de RH dessas empresas. Monitoradas anualmente, tais informações podem ajudar a empresa a elaborar planos de desenvolvimento em nível individual e no âmbito de toda a função de RH. Além dessa, dispõe-se de outras ferramentas de avaliação semelhantes (por exemplo, a Society for Human Resource Management também tem a sua ferramenta de avaliação), restando ainda a alternativa de as empresas desenvolverem seus próprios instrumentos. Em cada caso, a ferramenta de avaliação converte-se em guia ostensivo das competências a serem demonstradas pelos profissionais de RH e em mecanismo de avaliação do grau em que efetivamente eles incorporam tais competências.

Ao avaliar as competências de RH, a empresa também deve vincular recompensas às competências demonstradas. Como diz o ditado, "O que é recompensado é executado". Mas é difícil recompensar alguma coisa que não se consegue medir. E é difícil medir alguma coisa que não se consegue definir e operacionalizar com clareza. Depois de definir as competências de RH em termos comportamentais, a empresa pode utilizar quaisquer ferramentas de avaliação (como a técnica de feedback de 360 graus) para julgar a extensão em que o indivíduo demonstra competência em certas questões. Em seguida, a empresa distribui recompensas com base no total de competências, na melhor pontuação das competências, ou na comparação das competências individuais entre os diferentes profissionais do grupo.

Desenvolvimento de Profissionais em RH

Para desenvolver os talentos de seus profissionais de RH, as empresas recorrem a vários programas de treinamento internos e externos, assim como a experiências de desenvolvimento específicas. Os programas internos geralmente contam com a participação de grande proporção da comunidade de RH. A duração varia de oficinas de um dia, a seminários de duas semanas. A Tabela 7.3 apresenta a configuração típica de um seminário de uma semana. Como se vê, os programas geralmente incluem módulos sobre estratégia de negócios, papel de RH, RH estratégico, melhores práticas de RH (provimento de pessoal, desenvolvimento, indicadores e recompensas, estrutura organizacional e comunicação), habilidades em consultoria e em gestão da mudança e interação com os gerentes de linha.

Várias empresas introduziram suas próprias inovações nesse projeto básico. Por exemplo, o programa de desenvolvimento em RH da Eastman Kodak consistiu de cinco sessões de um dia, distribuídas ao longo de oito semanas. Cada participante devia trazer um cliente (seja um gerente de linha atendido por um generalista, seja um generalista de RH atendido por um especialista de RH) na tarde do primeiro dia e para a sessão de encerramento do quinto dia. No dia um, os participantes pediam aos clientes para listarem suas expectativas em relação aos profissionais de RH da Kodak. Essa atividade gerava feedback sobre o que os clientes queriam e o que RH seria capaz de fornecer. Na última tarde, os clientes retornavam e se encontravam de novo com os profissionais de RH. Durante o encontro, eles elaboravam um contrato sobre expectativas, padrões e produtos para o futuro.

Em outro exemplo, a General Electric promoveu um programa de RH de duas semanas. Antes do programa, os três executivos de RH seniores que patrocinavam o curso expuseram ao coordenador do programa um desafio real que enfrentavam no momento, envolvendo aspectos de negócios e de RH (por exemplo, recompensas a equipes, organização global, tempo de ciclos de produtos). Durante o programa, os participantes formavam equipes, que então visitavam o respectivo executivo de RH patrocinador do evento, coletavam dados, desenvolviam recomendações e ofereciam orientação sobre como resolver o problema. Nesse exemplo vívido de aprendizado em ação, os participantes aplicavam seus conhecimentos a temas reais. Além disso, nesse programa, os executivos de RH seniores e os respectivos gerentes de linha, como clientes, geralmente faziam apresentações conjuntas. Essas exposições em equipe ofereciam aos participantes modelos de papéis e exemplos práticos da coordenação linha/RH.

Outros exemplos de empresas revelam a riqueza desses programas. Na Digital e na Amoco, por exemplo, os profissionais de RH submetiam-se a experiências de desenvolvimento sequencial. Em ambas as empresas, a primeira semana de treinamento concentrava-se em práticas de RH no

Tabela 7.3 Protótipo de seminário de RH de uma semana

	Dia 1	**Dia 2**	**Dia 3**	**Dia 4**	**Dia 5**
Manhã	Recepção pelo executivo sênior de RH Desafios de negócios Visão de RH	RH estratégico: transformação das metas da empresa em prioridades de RH, com o foco concentrado no compartilhamento de atitudes mentais e no diagnóstico da organização	Melhores práticas de RH: mensurações e recompensas	Atuando como agente da mudança ou consultor em RH: aprendendo e aplicando um modelo de mudança	Liderança pessoal: construindo credibilidade
Tarde	Papéis e produtos de RH Competências dos profissionais de RH	Melhores práticas de RH: provimento de pessoal e desenvolvimento	Melhores práticas de RH: desenho organizacional e comunicação	Mensuração da eficácia de RH	Plano de ação para o negócio, para a função de RH e para o indivíduo Assumindo compromissos de ação

estado da arte. A segunda semana enfatizava o pensamento estratégico e de negócios, com suas implicações para RH. Nas duas empresas, o patrocinador do curso era um executivo sênior de RH que dele participava, expunha suas perspectivas sobre RH e respondia às perguntas. A General Mills, de sua vez, pedia aos participantes para realizarem sessões de feedback de 360 graus sobre os papéis de RH, antes do início do programa. Durante o programa, os dados assim coligidos ajudavam os participantes a identificar os pontos fortes e os pontos fracos de RH, de modo a produzir planos de ação específicos. Na Saudi Aramco, realizou-se uma pesquisa entre clientes e participantes sobre o papel de RH, cujos resultados foram então utilizados como padrão para a aferição da qualidade de RH. Seis meses depois do programa, a empresa mediu o progresso alcançado, reaplicando a pesquisa aos mesmos clientes e participantes.

Além das oportunidades de desenvolvimento interno de RH, também existem numerosos programas de desenvolvimento externo. Esses cursos podem enfatizar habilidades técnicas ou conhecimentos gerais de RH. Por exemplo, a WorldatWork oferece programas sobre tendências em remuneração, apresentados por meio de associações, universidades, empresas de consultoria, consórcios (por exemplo, School of Industrial and Labor Relations, da Cornell University), ou abertos ao público (por exemplo, curso Human Resource Executive, da University of Michigan).[13] Esses programas externos são muito semelhantes aos desenvolvidos pelas empresas, com a exceção de que permitem aos participantes experimentar como outras empresas tratam de assuntos semelhantes. Por exemplo, em recente programa executivo de duas semanas, na University of Michigan, os quarenta e dois participantes eram oriundos de 12 países, de diversos setores de atividade (produtos de consumo, serviços financeiros, serviços de utilidade pública e alta tecnologia) e de diferentes culturas organizacionais. Os participantes puderam perceber como um conjunto básico de princípios aplicava-se a cada ambiente específico, além de ter a oportunidade de aprender uns com os outros. Por exemplo, vários participantes já haviam vivenciado experiências de fusões e aquisições e assim transmitiram a toda a turma suas listas de verificação referentes ao "dever de diligência em RH", abrangendo itens para antes e depois da fusão. As cinco listas de verificação oferecidas à turma permitiram aos participantes, que até então não haviam passado por experiências concretas de fusões e aquisições, aprender com a prática dos colegas e assim criar suas próprias listas de verificação nas próprias empresas.

Finalmente, os profissionais de RH também podem desenvolver suas habilidades por meio de atribuições e experiências específicas. Por exemplo, na PPG Industries, os líderes do nível alto acreditam que os profissionais de RH da empresa são capazes de desenvolver competências críticas por meio de tarefas e projetos específicos no próprio trabalho, de experiências em sala de aula, ou ambos. A Tabela 7.4 apresenta as diretrizes de desenvolvimento da PPG, para os seguintes horizontes temporais: primeiro ano, 2 a 4 anos e 5 a 9 anos. A empresa acredita que cultivar certas competências dentro desses prazos é responsabilidade conjunta de cada

Tabela 7.4 Diretrizes de desenvolvimento da PPG Industries para profissionais de RH

Função	**Primeiro Ano**	**2-4 Anos**	**5-9 Anos**
Recrutamento e seleção	• Técnicas de seleção	• Recrutamento em universidades • Admissão de pessoal horista • Reduções no efetivo de pessoal	• Orientação interna sobre provimento de pessoal e estrutura • Admissão de profissionais experientes
Treinamento e desenvolvimento	• Treinamento em processos de qualidade • Treinamento e educação corporativa	• Desenvolvimento e apresentação de programas • Liderança de reuniões • Gerenciamento de equipes, *empowerment*, equipes de trabalho autogerenciadas etc. • Treinamento de operadores e de pessoal de manutenção	• Treinamento em liderança • Processo de planejamento de desenvolvimento individual
Remuneração e benefícios	• Conteúdo de programas de benefícios • Benefícios corporativos • Treinamento em HRIS/PC	• Elaboração de descrições de cargos	• Gerenciamento de programas de cargos e salários
Relações trabalhistas e industriais	• Habilidades de "chão de fábrica"	• Administração de acordos coletivos e investigação de reclamações trabalhistas • Práticas preventivas em relações trabalhistas	• Arbitragem • Preparação e participação em negociações • Processos de relações trabalhistas • Preparação para greves

(continua)

Tabela 7.4 Diretrizes de desenvolvimento da PPG Industries para profissionais de RH *(continuação)*

Função	Primeiro Ano	2-4 Anos	5-9 Anos
Administração e sistemas de pessoal	• Política e administração • Áreas de regulamentação	• Sistemas de recompensas • Questões de diversidade da força de trabalho • Análises de observância de regulamentos e acusações de discriminação	• Gerenciamento do desempenho e sistemas e práticas de avaliação
Segurança, medicina do trabalho e meio ambiente	• Normas sobre segurança e medicina do trabalho • Processos de produção e riscos operacionais	• Legislação sobre invalidez por acidente de trabalho	• Questões de segurança
Comunicações	• Publicações internas e reuniões com os empregados		
Relações com o governo e com a comunidade		• Programas de intercâmbio comunitário	• Práticas de relações com o governo
Habilidades em gestão de negócios			• Orçamentos e relatórios financeiros • Estratégia empresarial e processos de planejamento

profissional de RH e do respectivo supervisor. (Os horizontes temporais da PPG são mera orientação e devem ser adaptados às circunstâncias específicas do indivíduo e de cada empresa.)

A General Electric é outro bom exemplo. A empresa identificou vinte experiências em desenvolvimento de pessoal que ela considera importantes para a construção de competências em RH (ver quadro "Oportunidades de Desenvolvimento em Recursos Humanos na GE"). Sob a perspectiva da GE, os profissionais de RH são capazes de cultivar seus talentos por meio de atribuições de trabalho, rotação de cargos, participação em forças-tarefas e interações em rede com outros gerentes. Além dessas experiências em desenvolvimento, a GE elaborou uma lista de leituras para o reforço de atividades de desenvolvimento específicas, abrangendo trabalhos de importantes teóricos em RH, como Chris Argyris, Richard Beatty, Wayne Brockbank, Lee Dyer, Edward Lawler, George Milkovich, Jeffrey Pfeffer e Craig Schneier.

RESUMO: NOVAS COMPETÊNCIAS PROFISSIONAIS

Este livro apresenta algumas perspectivas e metodologias inovadoras a respeito dos problemas mais prementes com que se defrontam os gerentes de recursos humanos. Acreditamos que as ideias aqui exploradas sejam especialmente pertinentes nesta altura do desenvolvimento da profissão de RH. Particularmente, estamos confiantes em que essas abordagens e ferramentas contribuirão para o desenvolvimento da profissão na trajetória vibrante e em rápida mutação que tem predominado nos últimos anos. Neste capítulo, sustentamos que, se os profissionais de RH pretenderem

OPORTUNIDADES DE DESENVOLVIMENTO EM RECURSOS HUMANOS NA GE

1. Tarefas de solução de problemas em relações com os empregados
2. Tarefas de generalistas em RH
3. Tarefas técnicas e especializadas
4. Experiências de intervenção para a eficácia organizacional
5. Experiências em consultoria de processos
6. Experiências em relações com a comunidade
7. Distendimento das atribuições no trabalho
8. Exposição a temas globais
9. Tarefas em equipes de apoio
10. Experiências multifuncionais
11. Tarefas quebra-galho
12. Tarefas de partida
13. Programas de mudança em grande escala
14. Tarefas de organização e estruturação
15. Tarefas corporativas
16. Tarefas de liderança em áreas funcionais de RH
17. Experiências de parcerias em equipes de negócios
18. Tarefas de apoio a líderes empresariais
19. Exposição a modelos de funções
20. Rede profissional ampliada

percorrer com sucesso nesse novo rumo e aproveitarem na íntegra as ideias deste livro, eles terão de ampliar suas competências profissionais, para incluir o que chamamos de gerenciamento do desempenho estratégico. Contudo, as outras cinco dimensões das competências em RH, analisadas de início, também são essenciais para que RH atue como legítimo parceiro estratégico. Associadas à compreensão de como gerenciar essas competências de RH, esse modelo de seis dimensões pode servir como padrão de desenvolvimento para os profissionais de RH no futuro.

8

DIRETRIZES PARA A IMPLEMENTAÇÃO DE UM SCORECARD DE RH

Desenvolver um Scorecard de RH e sua efetiva implementação são duas coisas diferentes. Conforme observa nosso colega Steve Kerr, qualquer iniciativa de mudança compõe-se de dois elementos genéricos definidos pela seguinte equação:

$$\text{Mudança Eficaz} = \text{Qualidade} \times \text{Aceitação (ou ME} = Q \times A)$$

Qualidade significa que os aspectos técnicos da mudança foram definidos com clareza. Nos capítulos anteriores definimos os elementos técnicos de um Scorecard de RH. Mostramos como o Scorecard deve conectar-se à estratégia da empresa, ser congruente com a arquitetura de RH da empresa (função de RH, sistema de RH e comportamento dos empregados), e passar nos testes de validade e confiabilidade. Contudo, um Scorecard de RH de alta *qualidade* não é suficiente para garantir o sucesso. Sem *aceitação*, essa iniciativa de mudança talvez comece com entusiasmo e vibração, mas rapidamente perderá o vigor.

Este capítulo explica como desenvolver o elemento aceitação de seu Scorecard de RH, ou seja, como ser disciplinado na aplicação dos ensinamentos sobre gestão da mudança à implementação do Balanced Scorecard. Serve menos como mapa do conteúdo do Scorecard e mais como guia para a implementação do Scorecard. Este capítulo fornece aos responsáveis pela implementação de um Scorecard de RH um plano de ação.

LIÇÕES GERAIS DE MUDANÇA

A maioria das iniciativas de mudança não atinge suas metas. Conforme relataram Peter Senge e colegas, boa parte de seus esforços para criar organizações que aprendem não produziram os resultados almejados.[1] Ron Ashkenas escreve que apenas 25% a 30% dos esforços de mudança são de fato bem-sucedidos.[2] James Champy compartilha ideias semelhantes sobre seu trabalho em reengenharia, relatando índices de êxito de aproximadamente 25% a 33%.[3] Sem dúvida, as intervenções — não importa o quanto bem intencionadas ou cuidadosamente planejadas — são de implementação muito mais difícil do que em geral se imagina.

Da mesma maneira, visitamos muitas empresas que acreditam na importância da mensuração e que genuinamente pretendem desenvolver e utilizar um Scorecard de RH. Em geral, essas empresas expressam enorme interesse inicial na abordagem, realizam um ou dois workshops sobre o uso do Scorecard, começam a identificar os indicadores de RH mais importantes e os apuram e monitoram umas poucas vezes. Contudo, em breve, elas descobrem que o comprometimento com o trabalho de mensuração de RH foi mais retórica e esperança do que realidade e ação. Na maioria dos casos, o "Q", ou aspecto técnico, do Scorecard é gerenciável. (Os executivos conseguem identificar os indicadores corretos e criar índices para avaliá-los.) Mas o *raciocínio* de alta qualidade sobre o Scorecard de RH, como programa de mudança, jamais se desenvolve. Essas empresas não aplicam as lições sobre gestão da mudança à implementação do Scorecard.

Muito se tem escrito sobre como de fato assegurar a implementação das mudanças almejadas. Com base em trabalho na General Electric, Steve Kerr, Dave Ulrich e colegas desenvolveram uma metáfora adequada para a efetivação da mudança bem-sucedida. Eles sugeriram que se encarasse a mudança como a lista de verificação de um piloto. Ao se preparar para um voo, qualquer piloto segue sua lista de verificação, para garantir que a aeronave esteja pronta para a viagem. Nesse caso, a lista de verificação não se destina a ser uma ferramenta de ensino. Com efeito, a maioria das pessoas até se recusaria a entrar no avião se descobrisse que o piloto estava aprendendo com a lista de verificação. Em outras palavras, a lista de verificação deve conter poucas surpresas. Ademais, o piloto deve realizar cada uma e todas as ações constantes da lista, sem exceção, toda vez que se preparar para um voo. Como pilotos tarimbados, a maioria dos gerentes, com base na experiência e em pesquisas, sabe como fazer a mudança acontecer. O desafio consiste em descobrir de que maneira converter o que *sabem* no que *fazem*. Na General Electric, Kerr e Ulrich criaram um "checklist do piloto" para assegurar a realização da mudança e então ajudaram os gerentes a desenvolver o equivalente à disciplina do piloto para aplicar a lista de verificação ao projeto de mudança.

Jeffrey Pfeffer e Robert Sutton prosseguiram com o tema em seu trabalho sobre como evitar a "armadilha inteligente" (o verdadeiro problema de não saber traduzir o conhecimento em ação eficaz).[4] Para evitar a armadilha, o executivo de recursos humanos que pretender implementar o Scorecard de RH deve seguir rigorosamente a lista de verificação da mudança. Essa providência aumentará drasticamente a probabilidade de que a empresa não apenas elabore, mas também implemente o Scorecard.

Evidentemente, muitos são os debates sobre como definir as características cruciais da mudança bem-sucedida. Douglas Smith identifica dez características dos líderes de mudança; John Kotter sugere oito fatores críticos para a eficácia na liderança da mudança; o modelo de mudança de Michael Beer apresenta cinco fatores essenciais.[5] Mas argumentaríamos que o *uso* de uma lista de verificação — qualquer lista de verificação — é mais importante do que a escolha de determinada lista de verificação entre outras disponíveis. Os problemas na implementação da mudança decorrem não da má compreensão sobre *o que* fazer, mas da falta de disciplina sobre *como* fazer.

Com base em nossa experiência com a lista de verificação da mudança aplicada na General Electric, vamos usá-la para esboçar algumas diretrizes para a criação e sustentação do Scorecard de RH.[6] Uma equipe de agentes de mudança internos e externos projetou a lista de verificação da mudança na GE.[7] O grupo analisou mais de 100 artigos e livros sobre mudanças no nível de indivíduos, equipes, organizações e sociedades e então sintetizaram as descobertas em sete fatores críticos. Esses fatores apresentam validade convergente, por serem consistentes com as pesquisas sobre outros modelos de mudança; com efeito, se baseiam neles. Além disso, também têm validade ostensiva — em outras palavras, os gerentes da GE confirmaram que esses elementos contribuíram para a efetivação da mudança. Finalmente, também exibem validade flexível, pois foram aplicados na forma original ou adaptada a milhares de projetos de mudança em centenas de empresas. A Tabela 8.1 mostra esses sete fatores e suas definições.[8]

Os sete fatores da Tabela 8.1 foram aplicados em vários ambientes e assim oferecem alguns ensinamentos gerais para a implementação bem-sucedida de um Scorecard de RH. Primeiro, a organização deve observar todos os fatores a fim de assegurar o sucesso do Scorecard. O processo de iniciação e sustentação do Scorecard pode ser iterativo, ou seja, talvez se precise retornar a algumas das primeiras fases várias vezes. Mas, em geral, ele se desenrola na sequência apresentada no quadro.

Segundo, os fatores também se prestam à criação de um perfil da atual capacidade de mudança da empresa em qualquer projeto específico, não apenas no caso do Scorecard de RH. Produz-se esse perfil pontuando-se a extensão em que se manifestam os sete fatores, numa escala de 0 a 100, e plotando-se os pontos na forma apresentada na Figura 8.1. Recomendamos que os líderes do programa de mudança analisem rotineiramente seu progresso em cada uma das dimensões do processo de mudança, usando um sistema simples de representação gráfica, como o ilustrado na mesma Figura 8.1. Durante a fase de planejamento, o gráfico pode ser usado para inventariar os pontos fortes e os pontos fracos do processo de mudança *em curso* na empresa. Quando se consideram os programas de mudança do passado, onde a empresa foi especialmente eficaz e onde tais iniciativas apresentaram deficiências? Isso possibilita o foco nas áreas que necessitam de ações corretivas.

Por exemplo, a experiência a que se refere a Figura 8.1 é típica de muitas empresas. Conta-se com um quadro de líderes razoavelmente entusiasmado com a mudança, mas seus êxitos são apenas modestos na promoção de um senso de urgência comum em torno da necessidade da mudança e na difusão de uma perspectiva coerente quanto ao futuro, caso a mudança seja implementada com sucesso. Os líderes do programa compreendem a necessidade de mudança e preveem como seria o futuro, mas não foram eficazes na projeção da visão para o resto da empresa. Uma vez que os elementos básicos não são tão eficazes o quanto seria necessário, o resto do processo da mudança fica prejudicado. Nessas condições, é muito difícil mobilizar o comprometimento com a mudança fora do grupo central, porque a mensagem a favor da mudança não é muito convincente. Assim, conta-se com pouco apoio para a transformação de outras alavancas institucionais, como os sistemas de recompensa, que

Tabela 8.1 Fatores e processos para a efetivação da mudança

Fatores Críticos de Sucesso da Mudança	Questões para a Avaliação e Realização da Mudança
1. *Liderando a mudança* (quem *é responsável)*	Temos um líder que ... • Assume e promove a mudança? • Demonstra compromisso público com a efetivação da mudança? • Angariará recursos para sustentar a mudança? • Investirá tempo e atenção pessoal para implementar a mudança?
2. *Criando necessidades compartilhadas* (por que *mudar)*	Os empregados... • Percebem os motivos da mudança? • Compreendem por que a mudança é importante? • Estão conscientes de como a mudança os ajudará e/ou a empresa no curto e no longo prazo?
3. *Amoldando a visão* (como *será quando a mudança estiver concluída)*	Os empregados... • Veem os resultados da mudança em termos comportamentais (ou seja, o que farão de maneira diferente como resultado da mudança)? • Estão entusiasmados com a perspectiva desses resultados? • Compreendem como a mudança beneficiará os clientes e outros stakeholders?
4. *Mobilizando o comprometimento* (quem *mais precisa ser envolvido)*	Os patrocinadores do programa de mudança... • Reconhecem as outras pessoas que devem comprometer-se com a mudança para que ela aconteça? • Sabem como construir uma coalizão de apoio à mudança? • Têm a capacidade de arregimentar o apoio do pessoal-chave da organização? • Têm a capacidade de construir uma matriz de responsabilidade para assegurar a efetivação da mudança?
5. *Construindo sistemas capacitantes* (como *institucionalizar a mudança)*	Os patrocinadores do programa de mudança... • Compreendem como sustentar a mudança por meio de modificações no sistema de RH (por exemplo, provimento de pessoal, treinamento, avaliação, recompensas, estrutura, comunicação)? • Reconhecem os investimentos em tecnologia necessários para implementar a mudança? • Têm acesso a recursos financeiros para promover a mudança?
6. *Monitorando e evidenciando o progresso* (como *medir a mudança)*	Os patrocinadores do programa de mudança... • Dispõem de meios para medir o sucesso da mudança? • Planejam fazer o *benchmark* do progresso, quanto aos resultados da mudança e a implementação do processo?
7. *Tornando duradouro* (como a *mudança será iniciada e sustentada)*	Os patrocinadores do programa de mudança... • Reconhecem os primeiros passos necessários à deflagração da mudança? • Dispõem de planos de curto e longo prazo para manter o foco da atenção sobre a mudança? • Dispõem de planos para a adaptação da mudança, ao longo do tempo, às circunstâncias em evolução?

Figura 8.1 Perfil do processo de mudança

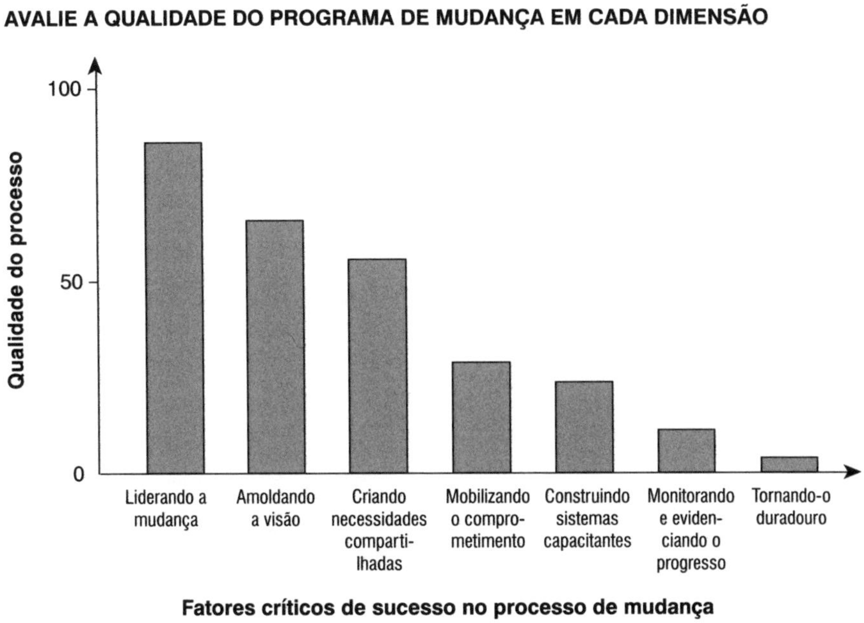

reforcem e impulsionem a mudança. Portanto, não surpreende que, no caso, não se conte desde cedo com histórias de sucesso para demonstrar o progresso do programa de mudança. Por fim, a iniciativa jamais decola e acaba transformando-se em mais uma "moda do mês". Na Tabela 8.2, apresentam-se recomendações para a construção bem-sucedida de cada um dos fatores críticos de sucesso.

Terceiro, a lista de verificação da mudança proporciona uma abordagem disciplinada para o monitoramento dos fatores críticos que requerem mais atenção. Por exemplo, em muitas iniciativas de mensuração de RH, as justificativas do programa são evidentes para muitas pessoas (ou seja, a necessidade já é alta), mas a percepção das consequências da mensuração é vaga. Nesses casos, em vez de promover discursos, seminários e workshops sobre a necessidade da mensuração, seria mais prudente que a organização se empenhasse em esclarecer e divulgar a visão subjacente ao Scorecard de RH.

Finalmente, a lista de verificação da mudança por vezes fornece nova e poderosa linguagem nas discussões sobre como a empresa efetivamente

Tabela 8.2 Diretrizes para a implementação do Scorecard de RH

Item da Lista de Verificação da Mudança	Perguntas Norteadoras aos Patrocinadores da Mudança	Sugestões de Diretrizes para a Implementação
1. *Liderando a mudança*	Quem é o responsável pelo programa? Quem é o patrocinador? Quem é o paladino?	1. Necessita de dois patrocinadores (gerente de linha e chefe de RH) 2. Requer um paladino da mensuração: alguém especializado em avaliação de RH 3. Precisa de uma equipe consultiva para supervisionar o trabalho
2. *Criando necessidades compartilhadas*	Por que desenvolver o Scorecard de RH? Como ele se encaixa na empresa?	1. Desenvolva um argumento de negócios a favor de RH e da mensuração de RH 2. Compartilhe esse argumento com a gerência de linha e com RH 3. Aloque de 3% a 5% do orçamento de RH para a mensuração
3. *Amoldando a visão*	Qual o resultado esperado do Scorecard?	1. Defina os resultados esperados do Scorecard de RH 2. Determine os principais indicadores e esclareça como serão monitorados 3. Identifique decisões a serem tomadas com base nesses indicadores 4. Crie mecanismos para a coleta de dados subjacentes aos indicadores
4. *Mobilizando o comprometimento*	Quem precisa apoiar o projeto?	1. Identifique os principais atores cujo apoio é imprescindível para o projeto 2. Descubra como envolver esses principais atores para que apoiem o projeto
5. *Construindo sistemas capacitantes*	Como construir sistemas para sustentar a mudança?	1. Envolva no projeto as pessoas certas 2. Assegure-se da existência de incentivos adequados 3. Certifique-se de que o grupo de mensuração de RH reporta-se às pessoas certas 4. Desenvolva um plano de comunicação das mensurações de RH 5. Invista nas exigências tecnológicas para a execução do Scorecard de RH 6. Efetue os investimentos financeiros necessários
6. *Monitorando e evidenciando o progresso*	O que usaremos para monitorar o processo de implementação?	Desenvolva um plano para o projeto de mensuração de RH
7. *Tornando duradouro*	Como sustentaremos o programa?	1. Comece por indicadores simples 2. Torne os indicadores visíveis e aplicáveis 3. Registre os indicadores 4. Mude os indicadores com o tempo, se necessário

implementaria o Scorecard de RH. A título de ilustração, os profissionais de recursos humanos da General Mills, que atuam como agentes de mudança, ajudam seus clientes internos no exercício de elaboração do perfil apresentado na Figura 8.1 em várias iniciativas. Assim agindo, eles familiarizam os gerentes com uma nova maneira de pensar e discutir as transformações na organização, tornando-se capazes de conversar com esse pessoal sobre como garantir que as boas ideias se convertam em mudanças eficazes e duradouras.

APLICANDO OS ENSINAMENTOS SOBRE GERENCIAMENTO DE MUDANÇAS AO SCORECARD DE RH

Quando a empresa concebe seu Scorecard de RH como programa ou projeto, ela deve desenvolver cada um desses sete fatores para ampliar a probabilidade de êxito da iniciativa. Examinemos algumas sugestões práticas sobre como gerenciar cada um desses elementos.

Liderando a Mudança

A mudança torna-se mais provável quando conta com o apoio integral dos líderes — na forma de patrocinadores e paladinos. O patrocinador defende a mudança, percebe o valor da mudança e aloca recursos para a realização da mudança. Em geral, o Scorecard de RH tem dois patrocinadores. O *patrocinador principal* quase sempre é o chefe de RH. Esse indivíduo abraça a ideia do Scorecard de RH, constitui uma força-tarefa para o desenvolvimento do programa, certifica-se do alinhamento do Scorecard à estratégia de negócios e fornece recursos à força-tarefa.

Na GTE, o vice-presidente executivo de RH, Randy MacDonald, buscou ativamente a adesão de outros e os tornou responsáveis pelo desempenho. Enfatizou que o objetivo do Scorecard era desenvolver processos de RH altamente eficazes, em vez de identificar o fraco desempenho. Como líder da mudança, ele mobilizou o compromisso de prestar os melhores serviços possíveis aos empregados da GTE, aos clientes de RH, assim como de aumentar a contribuição de RH para os resultados finais da empresa. MacDonald foi capaz de usar o Scorecard de RH para impulsionar a proposição de valor de RH na empresa. Ele não se limitava a ter um assento à mesa; ele influenciava o planejamento estratégico da empresa. Assim, o apoio executivo sênior ao programa de mensuração do desempenho foi fundamental para o lançamento bem-sucedido do Scorecard de RH da GTE.

O *patrocinador secundário* é geralmente o principal executivo da empresa ou da divisão. Trata-se de alguém intensamente focado no modo como a empresa executa sua estratégia de negócios e que compreende a importante contribuição da arquitetura de RH para a implementação da estratégia. Essa pessoa sabe que a mensuração da arquitetura de RH aumentará as chances de a empresa atingir suas metas. Além disso, o patrocinador secundário preocupa-se com o bom investimento dos recursos de RH. Em face da escassez de recursos — em marketing, projetos de produtos ou desenvolvimento de pessoal — que caracteriza a maioria das empresas, o líder de negócios prudente usa o Scorecard de RH para determinar quanto investir na arquitetura de RH. Esse líder encoraja a implementação do Scorecard de RH, usa as informações assim coletadas para tomar decisões e fazer declarações públicas sobre a empresa e atribui a outros gerentes de linha a responsabilidade pela implementação do Scorecard.

O *paladino* do Scorecard tem a missão básica de transformar o Scorecard em realidade. Trata-se geralmente de profissional tarimbado, responsável pelo desenvolvimento de RH. O paladino muitas vezes constitui uma equipe ou força-tarefa para criar o Scorecard. Às vezes, o paladino é responsável por outras áreas de apoio de RH. Por exemplo, na General Mills, o paladino também é chefe da área de remuneração da empresa. Na Prudential, o principal executivo de aprendizado assumiu a função de liderança no desenvolvimento do Scorecard de RH da empresa. Na GTE, o paladino é o diretor de Planejamento, Mensuração e Análise de RH. Outras vezes, o paladino é incumbido basicamente de "RH para RH", aplicando os ensinamentos de RH à função de RH, além de ser responsável pela governança de RH e do Scorecard.

O paladino provavelmente dedica pelo menos 20% de seu tempo à criação do Scorecard. Para tanto, constitui uma equipe cujos membros são profissionais de RH, oriundos do staff corporativo ou das unidades de negócios, líderes da empresa e pessoal de apoio das áreas de finanças e contabilidade. Essa equipe desenvolve o argumento de negócios a favor da mensuração de RH, elabora o Scorecard de RH e supervisiona sua implementação. O paladino deve apresentar as competências imprescindíveis ao desempenho estratégico, apresentadas no Capítulo 7. Essa pessoa presta contas, com frequência, à equipe sênior de RH sobre o progresso do Scorecard, monitora os precursores para avaliar os casos de sucesso e fracasso e adapta o Scorecard às características exclusivas da empresa.

Criando Necessidades Compartilhadas de Mudança

A mudança torna-se mais provável quando os motivos que a justificam são claros. Além disso, as razões para a mudança devem ser mais fortes do que qualquer resistência a ela. Os motivos que justificam a mudança por vezes relacionam-se com situações de perigo ("enfrentaremos problemas se não mudarmos"). Qualquer iniciativa de mudança também exerce impactos de curto e longo prazo. É importante compartilhar as razões para a mudança com aqueles que serão afetados por ela.

Criar necessidades comuns em termos de um Scorecard de RH envolve a compreensão da importância dos indicadores de RH e de como essas métricas contribuem para a implementação da estratégia da empresa. Investir em mensuração de RH apenas porque outras empresas o estão fazendo ou porque está na moda dificilmente redundará em resultados duradouros. Conforme analisamos em todo este livro, as mensurações de RH devem estar vinculadas aos resultados da empresa. O paladino do Scorecard de RH deve ser capaz de expressar com clareza os resultados potenciais dos investimentos no programa. Esses resultados talvez incluam melhor alocação do tempo e do dinheiro destinados a RH, maior probabilidade de implementação bem-sucedida da estratégia geral da empresa, empregados mais produtivos e comprometidos, organização mais competitiva e aumento do valor para os acionistas. Às vezes, a ênfase na necessidade de um Scorecard de RH significa perguntar: "Como saber se fizemos um bom trabalho em RH?" Sem o Scorecard, a pergunta suscita respostas vagas, baseadas na experiência e nos pressupostos pessoais do respondente a respeito do significado de "bom". O Scorecard de RH confere contexto e solidez a essas premissas e percepções pessoais, e as ancora a dados concretos.

Garrett Walker observa que a motivação da GTE para desenvolver o Scorecard de RH decorreu basicamente da aceleração das mudanças em seu ambiente de negócios. Desregulamentação, alteração nas leis sobre telecomunicações, novas necessidades dos clientes, oportunidades globais, competição baseada no preço, e escopo multinacional criaram uma nova paisagem competitiva que atribuiu maior ênfase ao capital humano e convergiu novo foco sobre RH. Observa Walker:

A equipe gerencial sênior acreditava que a capacidade competitiva da força de trabalho era fator crítico na determinação da própria competitividade da empresa. Em resposta a essa situação, desenvolvemos uma Estratégia de Capital Humano orientada para a compatibilização das capacidades dos empregados com as necessidades da empresa. Os principais elementos dessa estratégia eram talento, liderança, desenvolvimento da força de trabalho e serviços aos clientes. Tínhamos uma boa declaração de missão e desenvolvêramos a visão a ser compartilhada pela empresa, mas não dispúnhamos de meios quantitativos para medir a eficácia com que executávamos a estratégia. Apenas gastar dinheiro e estar ocupado não eram parte da arquitetura de sucesso de RH, em nosso então vigente ambiente de negócios. Precisávamos de uma maneira de focar o desempenho, esclarecer a visão e reforçar a estratégia de negócios, ao mesmo tempo em que promovíamos o aprendizado e a mudança.[9]

Ao esclarecer a necessidade de investir no Scorecard de RH, os paladinos devem evitar algumas armadilhas comuns que geram resistências. Por exemplo, se o Scorecard medir apenas parte da eficácia de RH, os gerentes de linha talvez desenvolvam percepções distorcidas de como se cria valor na organização, as quais, por sua vez, talvez redundem em decisões impróprias. Determinada empresa construiu um Scorecard com base sobretudo na produtividade do pessoal e nos índices de eficiência (por exemplo, receita por empregado, custos de mão de obra/receita e efetivo de pessoal/margem). Assim, os gerentes dessa organização de vendas concentraram-se na eficiência dos empregados, e não na competência, e decidiram reduzir o efetivo de pessoal a fim de controlar os custos da mão de obra. A consequência final foi que a falta de atenção quanto à qualidade do pessoal acabou comprometendo o desempenho da empresa. Por quê? Porque os empregados mais tarimbados e dispendiosos, justamente os que foram dispensados, teriam produzido mais receitas de longo prazo do que o pessoal que sobreviveu aos cortes. O paladino do Scorecard de RH tem condições de evitar esse tipo de armadilha por meio de indicadores mais eficazes.

Os paladinos do Scorecard também enfrentam resistências potenciais dos próprios profissionais de RH. Como em qualquer outra função, algumas dessas pessoas preferem que não avaliem seu desempenho. Trabalhar numa área de RH sem mensuração talvez seja uma carreira menos ameaçadora. Com a mensuração aumenta a responsabilidade, e alguns desses empregados talvez careçam de confiança ou competência para assumirem a responsabilidade pelo próprio trabalho. O paladino do Scorecard seria capaz de superar essas resistências por meio de amplo treinamento e de alguns investimentos, de modo a proporcionar a esses indivíduos as competências necessárias para que correspondam às expectativas.

Com a tendência de terceirização de muitas das funções de RH, a mensuração da eficácia de RH torna-se ainda mais importante. As possíveis eficiências de curto prazo, decorrentes da terceirização, talvez não sejam sustentáveis, à medida que se manifestam outros custos de mais longo prazo — como fornecedores exclusivos, falta de paridade nas atividades de RH terceirizadas e ausência de capacidades singulares dentro da organização.

Por todos esses motivos, os paladinos do Scorecard de RH precisam desenvolver um argumento de negócios convincente, como condição para iniciar e implementar o Scorecard. Elaborado com habilidade, esse argumento de negócios esclarecerá os gerentes de linha, ajudará os executivos de RH a exercer opções inteligentes e orientará e inspirará os profissionais de RH em toda a empresa.

Amoldando a Visão

A mudança também torna-se mais provável quando seu resultado for compreendido, explicitado e compartilhado com clareza, em termos de aspirações e de comportamentos. As aspirações energizam e empolgam as pessoas afetadas pelos resultados da iniciativa proposta; as definições de comportamentos comunicam as ações almejadas. Ambos os elementos se tornam parte de uma declaração de visão bem-sucedida.

A visão de um Scorecard de RH define os resultados que se espera da iniciativa, determina o que será medido e descreve o processo de coleta de dados. Os resultados almejados são para fazer opções esclarecidas a respeito dos investimentos em RH, identificar práticas de RH de alto e baixo impacto, documentar as relações entre a arquitetura de RH e o desempenho financeiro da empresa e contribuir para a implementação da estratégia. Esses resultados ajudam os gerentes de linha a cumprir as metas da empresa por meio de RH e criam condições para que os executivos de recursos humanos controlem os elementos da arquitetura de RH.

Na GTE, os profissionais de RH reagiram aos imperativos da Nova Economia por meio de uma nova visão para RH. O Scorecard de RH, desenvolvido pela área de recursos humanos da GTE, ao mesmo tempo difunde e reforça a visão entre todos os gerentes de RH. Garrett Walker assim resumiu suas perspectivas:

> *Vemos o talento como a única nova vantagem competitiva sustentável no futuro. Para aproveitar essa oportunidade, RH deve evoluir de parceiro de negócios a "gerente de recursos" do capital humano dentro da empresa. O Scorecard de RH destina-se a traduzir a estratégia de negócios em objetivos e ações de RH. Divulgamos a intenção estratégica, ao mesmo tempo em que motivamos e monitoramos o desempenho em comparação com as metas de RH e da empresa. Isso permite que cada profissional de RH alinhe-se à estratégia de negócios e vincule suas ações cotidianas aos resultados da empresa.*[10]

Um Scorecard de RH bem elaborado compila e monitora as informações necessárias para a consecução desses resultados. No Capítulo 3, analisamos os indicadores gerenciais e de criação de valor que devem compor um Scorecard de RH. A equipe do Scorecard de RH deve partir da identificação da estratégia de negócios desenvolvida pela organização. Em seguida, mediante a seleção dos principais itens dentre as opções disponíveis no Capítulo 3, a equipe pode começar a construir o Scorecard. Como vimos, o Scorecard geralmente inclui indicadores referentes aos três componentes da arquitetura de RH: comportamento dos empregados, sistema de RH e função de RH. Também é importante que passe em teste simples, mas poderoso. Simplesmente faça a si mesmo duas perguntas: até que ponto esse Scorecard conecta o desempenho de RH ao desempenho da empresa? Será que os gerentes de linha seniores chegariam às mesmas conclusões?

Mobilizando o Comprometimento

A mudança também se torna mais provável quando os que são por ela afetados estão comprometidos com ela. O comprometimento ocorre quando as pessoas dispõem de informações sobre o processo da mudança, participam da modelagem do processo e se comportam como se estivessem comprometidos. Pesquisas sobre o comprometimento sugerem que, quando as pessoas se comportam como se estivessem comprometidas com uma iniciativa, em foro público e por opção, elas efetivamente *se tornam* mais comprometidas com a iniciativa.[11]

Os Scorecards de RH exigem comprometimento dos gerentes de linha e dos profissionais de RH. O comprometimento dos gerentes de linha intensifica-se quando eles percebem o alinhamento entre os indicadores de RH e a consecução de seus próprios objetivos de negócios. Os processos de RH convertem-se, assim, nos primeiros indicadores antecedentes do sucesso na implementação da estratégia em todo o resto da organização. O comprometimento dos gerentes de linha com o Scorecard de RH torna-se ainda mais forte quando eles são responsáveis pelo monitoramento dos indicadores. A organização, por sua vez, tem condições de reforçar a responsabilidade, ao vincular parcela da remuneração do gerente ao Scorecard de RH. Na Sears, as atitudes dos empregados, aferidas pelas pesquisas de comprometimento, eram responsáveis por 33% dos bônus dos gerentes. Para os gerentes com potencial para receber bônus de seis dígitos, o elo entre remuneração e indicadores da arquitetura de RH conquistou sua atenção e mudou seus comportamentos. Em outro caso, uma cadeia de restaurantes passou a acompanhar o tempo de serviço dos empregados, depois de perceber que a antiguidade dos trabalhadores da linha de frente parecia correlacionar-se com a qualidade dos serviços aos clientes. Nessa organização, os gerentes eram responsáveis pelos resultados dos respectivos restaurantes e passaram a contratar pessoas com mais chances de permanência mais duradoura. Esses gerentes também se empenharam em desenvolver relações mais positivas com os empregados e em aprimorar suas estratégias de retenção.

Por vezes, a mera publicação dos dados do Scorecard de RH promove o comprometimento dos gerentes de linha. Uma empresa de produtos de consumo enfrentava problemas na retenção dos futuros gerentes de marca. A equipe de liderança decidiu que cada um dos quinze membros do comitê executivo patrocinaria cinco recém-admitidos por ano, com potencial para serem promovidos a gerentes de marca, durante cinco anos. Com o tempo, cada um dos quinze executivos seniores atuava como mentor de vinte e cinco empregados relativamente novos. Essa estratégia significava reunir-se regularmente com os empregados, os aconselhar quanto à carreira funcional e dar-lhes atenção. Embora o programa de mentorização não fosse parte do processo formal de avaliação do desempenho dos quinze executivos, os gerentes apresentavam relatórios anuais sobre a rotatividade de seus vinte e cinco pupilos. Essa pressão informal induzia cada um dos quinze executivos a empenhar-se pela retenção dos novos empregados, sobretudo em relação àqueles mais propensos a sair da empresa. Assim, esses executivos se comprometeram intensamente com o Scorecard de RH, simplesmente por causa da clareza de sua importância e visibilidade.

Os gerentes de RH também devem comprometer-se com o Scorecard. Se os itens monitorados não forem essenciais para o gerenciamento do desempenho dos profissionais de RH, algo está errado, seja com o Scorecard, seja com o processo de gerenciamento do desempenho. Testamos esse pressuposto com a chefe de RH de uma empresa de alta tecnologia. Perguntamo-lhe: "Quando o CEO conversa com você sobre assuntos mais sérios, com que temas ele mais se preocupa?" Ela respondeu que o CEO queria que ela o ajudasse a atrair líderes intelectuais do setor de atividade, desenvolvesse a próxima geração da liderança da empresa e deixasse clara a responsabilidade dos líderes pelos resultados da empresa. Em seguida, pedimos a ela que mostrasse seu Scorecard de RH e suas métricas de desempenho pessoal. Ambos os elementos refletiam as três estratégias mencionadas. Sem dúvida, ela se considerava pessoalmente responsável pelo que o CEO exigia dela e da função de RH. O alinhamento entre as expectativas do CEO, o Scorecard de RH e seus objetivos pessoais garantiam que suas ações refletiam e respaldavam os objetivos da empresa.

O comprometimento com o Scorecard de RH se intensificou na GTE à medida que os gerentes de RH adquiriam novos conhecimentos e experiências sobre a estratégia da empresa, como ela se traduzia em estratégia de RH, e como, finalmente, afetava os resultados da empresa. Utilizando mapas estratégicos e indicadores antecedentes e consequentes, os gerentes de RH tinham condições de ajudar os empregados a "pôr os pingos nos is" e a pensar em termos de organização e negócios. Ao divulgar as cadeias de valor da empresa, onde as ações de RH são partes do processo de transformação, os gerentes de RH estenderam sua visão para além dos respectivos silos funcionais. Agora, conseguiam visualizar o todo.

Não obstante esse foco no gerenciamento da mudança, alguma resistência ainda é inevitável. Garrett Walker assim se manifesta sobre o assunto:

> *Boa parte das resistências iniciais de RH resultaram da liberação de informações. Informação é poder e a perda desse poder, juntamente com o risco de "parecer ruim" converteu-se desde cedo em sério obstáculo. Contudo, a cada trimestre de vigência do Scorecard, mais informações se tornavam disponíveis. O Scorecard expôs os gerentes de RH, assim como os líderes da empresa, a questões de pessoal fora de suas áreas de expertise*

e revelou as conexões com outras áreas da empresa. Agora, os profissionais de RH e os gerentes de linha discutiam questões organizacionais e de pessoal fora do escopo de sua responsabilidade imediata. O Scorecard de RH tornou-se fator de distinção e converteu-se em linguagem comum para a divulgação de aspectos críticos referentes ao capital humano.

Lançamos todo o Scorecard de RH de uma vez; contudo, divulgamos e difundimos as informações sob uma abordagem gradual. Começamos com os líderes seniores da área de RH e das áreas de negócios, apresentando-lhes os conceitos e os modelos de mensuração. Os líderes de RH seniores os transmitiram, em seguida, às respectivas áreas de atuação. Com o objetivo de oferecer informações concisas ao pessoal de alto nível, a equipe do Scoreacard de RH promoveu rápidas apresentações nos locais de trabalho aos diferentes departamentos, em que se enfatizavam as ligações entre as ações departamentais e os resultados da empresa (mapas de causa e efeito). Também desenvolvemos "sessões de almoço e aprendizado", onde as perguntas e respostas informais conduzidas pela equipe do Scorecard de RH eram complementadas com histórias de sucesso dos profissionais de RH que haviam recorrido ao Scorecard para influenciar, de maneira positiva, o negócio.

O Scorecard também foi relacionado imediatamente à remuneração por incentivos em todos os níveis da organização de RH. Essa era uma atitude um tanto controvertida na época, mas decerto direcionou o foco da organização. Em retrospecto, essas iniciativas eliminaram boa parte da resistência ao Scorecard.[12]

O comprometimento dos gerentes de linha e dos profissionais de RH aumenta quando a empresa monitora com frequência os indicadores no Scorecard de RH e compartilha abertamente as informações. Por exemplo, determinado banco criou um relatório de RH, no formato de boletim escolar, para medir o sucesso da empresa no aumento da fatia de clientes almejados. Ao distribuir trimestralmente o boletim entre todos os profissionais de RH e gerentes de linha seniores, a empresa garantiu a influência do Scorecard sobre o comportamento da organização.

Construindo Sistemas Capacitantes

A mudança também se torna mais provável quando a empresa efetua os investimentos financeiros, tecnológicos e de RH necessários para respaldar a mudança. A experiência da Intel é um bom exemplo de apoio financeiro ao Scorecard de RH. Patty Murray, vice-presidente de RH, investe em pesquisas contínuas a fim de identificar os vetores de RH que mais contribuem para o sucesso financeiro da empresa. Para tanto, dispõe de uma área de P&D incumbida de identificar as práticas de RH mais importantes para o futuro êxito da Intel. Por exemplo, quando a Intel migrou para os negócios de internet, a equipe de P&D de Murray identificou os talentos imprescindíveis para que a empresa empreendesse a transição. A equipe não só desenvolveu uma estratégia de aquisição de talentos, mas também concebeu indicadores para monitorar a estratégia.

Os Scorecards de RH também exigem investimentos tecnológicos para respaldar a coleta, o monitoramento e o uso de dados. A Cisco, por exemplo, colige dados sobre as atitudes dos empregados por meio de sua intranet. A organização também levanta essas informações com periodicidade mensal ou trimestral, entre um subconjunto de empregados, e rapidamente codifica os dados assim obtidos para informar os gerentes sobre o nível de comprometimento dos empregados em subunidades distribuídas por toda a empresa. A utilização de tecnologias de coleta e análise de dados assegura a constante atualização e exatidão do Scorecard.

A construção de sistemas capacitantes também significa que os resultados do Scorecard devem ser objeto de ampla divulgação em toda a empresa. A GTE desenvolveu um vasto conjunto de ferramentas integradas para difundir seu Scorecard de RH e ajudar os gerentes a tomarem boas decisões com base nesses dados. O cerne do sistema é uma intranet conectada a um banco de dados. Anteriormente, a GTE tinha setenta e cinco diferentes sistemas de informação, que se integravam em um único sistema na saída do processo. Agora, o novo sistema transmite informações oportunas e relevantes para os computadores de mesa dos gerentes, acessadas mediante o uso de software especial que lhes permite fixar objetivos e monitorar o desempenho. A GTE também desenvolveu simulações interativas em CD-ROM, que mostram aos gerentes como usar o sistema para melhorar o processo decisório. Por fim, a empresa elaborou um grande aparato de relatórios e material de apoio (em cópia de papel ou na intranet), acessível aos empregados a qualquer momento.

No ambiente do Balanced Scorecard de RH da GTE, dispõe-se de diferentes indicadores para as principais funções, tais como provimento de pessoal em cada unidade de negócios, aos quais se tem acesso via tecnologia de internet. Essas características transformam o Balanced Scorecard em sistema altamente eficaz para a divulgação das metas estratégicas. Os líderes de RH passam a contar com relatórios virtuais concisos em seus computadores de mesa, exibindo a situação mais recente dos principais indicadores de desempenho em que estiverem mais interessados. Caso tenham alguma dúvida sobre determinado indicador ou resultado, eles dispõem de meios para aprofundar a prospecção, clicando no indicador para obter detalhes cada vez mais minuciosos. Boa parte dos detalhes decorrem dos próprios empregados em si, que lançam no sistema do Scorecard de RH dados e observações sobre as ocorrências na linha de frente. Esses relatórios virtuais concisos também esclarecem a cada profissional como seu desempenho se confronta com suas metas. Observa Garrett Walker:

> *O Balanced Scorecard de RH ajuda nossos profissionais de recursos humanos, como um todo, a reagir com mais rapidez, desde as suítes executivas até as linhas de frente. Ainda mais importante em um ambiente de negócios caracterizado por mercados em rápida mutação e por avanços tecnológicos em constante aceleração, o Balanced Scorecard de RH ajuda a equipe gerencial a antecipar-se às questões de pessoal, de modo a planejar em vez de reagir. Em nosso ambiente de negócios anterior, muitas vezes tínhamos semanas para tomar decisões. O sistema do Balanced Scorecard de RH possibilita que nos adaptemos com rapidez às mudanças que afetam nossos negócios em tempo real.*[13]

Em essência, a GTE usa seu Scorecard como ferramenta didática e como mecanismo crucial de apoio à implementação da estratégia. Além disso, os recursos e a visibilidade do projeto ajudam a demonstrar o comprometimento da empresa com o desenvolvimento de ferramentas de mensuração. Os resultados finais do programa são um sistema de mensuração de RH muito mais eficaz e um interesse muito maior por seus indicadores — dentro e fora da empresa. Na GTE, o Scorecard ajudou a reforçar a credibilidade interna e externa da função de RH e da empresa como um todo.

O Scorecard de RH também se mostrou muito útil na recente incorporação da GTE e da Bell Atlantic pela Verizon. O Balanced Scoreard de RH é uma ferramenta em evolução, altamente valiosa, para a equipe gerencial de RH e para a liderança da empresa. Sua importância crucial no processo de integração entre a incorporadora e as incorporadas consistiu em reunir as equipes gerenciais até então segregadas da Bell

Atlantic e da GTE. A equipe de recursos humanos da GTE adotava um modelo centralizado que fornecia os produtos e serviços de RH a partir de uma poderosa equipe central. Já a Bell Atlantic, por outro lado, seguia uma abordagem mais descentralizada. Evidentemente, as diferenças de estilo e método deram origem a várias situações de conflito depois da incorporação.

Nos primeiros dias da nova situação, o Balanced Scorecard de RH forneceu meios para que a equipe de liderança de recursos humanos da Verizon (ELRH) se concentrasse nos objetivos comuns e no futuro do novo negócio. A ênfase básica das reuniões sobre o Balanced Scorecard de RH consistiu em traduzir a estratégia de negócios em estratégia e em ações de recursos humanos. O processo criou condições para que a ELRH superasse as diferenças de estilo gerencial e se integrasse como uma única equipe. Desde os primeiros encontros, percebia-se o gradual desenvolvimento de um senso compartilhado na área de recursos humanos, em termos de estratégia e foco. O Balanced Scorecard de RH da Verizon enfatiza um foco central comum em clientes, sobretudo na necessidade de melhorar os serviços, atrair e reter talentos, e promover a criação de valor pela empresa.

A construção de sistemas capacitantes também significa ajudar a divulgar, entre o pessoal, o mapa estratégico e o consequente Scorecard de RH da empresa. A exemplo de muitas empresas, a Sears descobriu que muitos empregados não compreendiam totalmente a estratégia, o ambiente de negócios e até mesmo os principais processos internos da empresa. A reação da empresa foi divulgar sua estratégia aos empregados por meio de reuniões "coletivas" e de mapas de aprendizado.[14] Os mapas de aprendizado são grandes representações gráficas (um metro por um metro e meio) da estratégia da empresa ou de outros processos internos importantes. A figura no centro do mapa está cercada de várias perguntas e objetivos de aprendizado, que servem de base para o trabalho conjunto dos empregados reunidos em pequenos grupos, a fim de aumentarem seus conhecimentos sobre a empresa. Em seguida, os empregados retornam às equipes e unidades de trabalho para mais tarde repetirem o processo com novos grupos de empregados. Os autores do estudo na Sears descrevem o processo nos seguintes termos:

> O *objetivo dos mapas de aprendizado é transmitir noções básicas sobre economia e negócios a serviço do objetivo mais amplo de mudança comportamental. Queremos que os gerentes mudem seu comportamento*

em relação aos empregados, divulguem com mais eficácia as metas e a visão da empresa e aprendam a tomar decisões mais orientadas para os clientes, pois não conseguiremos bons resultados financeiros se não formos bons aos olhos do cliente. Queremos que os empregados de primeira linha mudem seu comportamento em relação aos clientes — que se tornem mais responsivos, tomem mais iniciativas, e forneçam melhores serviços.[15]

A Sears já desenvolveu vários mapas de aprendizado, e outros encontram-se em elaboração. A empresa os considera um meio altamente eficaz de se comunicar com o pessoal. O mapa mais recente da Sears, "Ownership" (propriedade), descreve os indicadores de desempenho total (total performance indicators — TPI) e mostra aos empregados como a mensuração os ajuda a criar valor. Com base na metáfora da água fluindo corrente abaixo, o mapa "Ownership" mostra não só os principais processos internos em torno dos temas Trabalhar, Comprar e Investir, mas também a maneira como os TPIs monitoram esses processos (ver Figura 8.2).

Finalmente, os Scorecards de RH exigem investimentos em sistemas de recursos humanos. A contratação de pessoal de RH com as competências sugeridas no Capítulo 7, a divulgação do Scorecard em toda a organização e a integração dos resultados de RH aos sistemas de remuneração e recompensas ajudam a sustentar o Scorecard. Tais sistemas devem contribuir para que os indicadores de RH influenciem os comportamentos da maneira mais adequada. Por exemplo, um Scorecard de RH poderia coligir dados sobre os custos da rotatividade de pessoal e, assim, mostrar a importância da retenção dos melhores empregados. Mas se esses dados não forem utilizados como fator de avaliação do desempenho dos gerentes (em que se formulam perguntas do tipo "Qual o índice de rotatividade do pessoal-chave, em sua unidade?") dificilmente a simples coleta de dados modificará comportamentos. Ou se, apesar da disponibilidade dos dados, os gerentes de áreas com elevada rotatividade de pessoal forem promovidos para novas posições com regularidade, o Scorecard de RH perderá a credibilidade e impacto. Na Sears, quase um terço dos bônus dos gerentes está relacionado com a capacidade de gerenciar pessoas. A Prudential vincula 20% da remuneração dos gerentes ao Scorecard de RH. Muitas outras empresas estão começando a usar os indicadores antecedentes embutidos em seus Scorecards de RH como componente da remuneração gerencial.

Figura 8.2 TPIs da Sears

Fonte: Reproduzido com permissão da Sears and Root Learning, Inc.

Monitorando e Evidenciando o Progresso

A mudança também é mais plausível quando a empresa monitora o progresso rumo à mudança. Assim, sugerimos a elaboração — e a observância persistente — de um plano de implementação do Scorecard de RH. A divisão do plano em marcos pode ser de grande utilidade. Por exemplo:

- *Indicação de um paladino*. Esta será a pessoa que liderará o programa, investirá tempo e energia nele e, em última instância, será responsável pelo sucesso do empreendimento.
- *Constituição da equipe do Scorecard*. Os componentes provavelmente serão profissionais de RH, no nível corporativo e nas unidades de negócios; gerentes de linha, que contribuem com a visão de negócios; pessoal de apoio das áreas de finanças e estratégia, capazes de garantir que os indicadores são compatíveis com as metas corporativas; e talvez especialistas externos, que trazem as experiências de outras empresas.
- *Seleção dos indicadores almejados*. Com base no processo descrito no Capítulo 3, a equipe do Scorecard seleciona indicadores apropriados para todos os elementos da arquitetura de RH. Tais indicadores devem ser compatíveis com o plano de implementação da estratégia da empresa e refletir investimentos instruídos nas práticas de RH.
- *Validação dos indicadores*. A formulação de hipóteses sobre os indicadores adequados e o teste de seu impacto sobre os resultados da empresa exigem diferentes habilidades. É possível testar algumas hipóteses com base no passado, caso se disponha de indicadores históricos da arquitetura de RH e dos resultados financeiros da empresa. Por exemplo, os estudos da Sears demonstraram as relações entre comprometimento dos empregados, lealdade dos clientes e desempenho da empresa, mediante a coleta de vinte anos de dados históricos em cada loja. Esse reservatório de dados possibilitou que os gerentes testassem a validade dos indicadores. Outros processos de validação consistem em testes piloto, pelos quais se coligem dados provenientes de uma quantidade limitada de fontes, a fim de garantir que os indicadores selecionados respaldarão os resultados almejados.
- *Coleta de dados*. Uma vez validados os indicadores, coletam-se os dados de RH necessários ao monitoramento dos principais itens. Esses dados serão provenientes de pesquisas entre os empregados,

relatórios internos já existentes, ou relatórios gerados especificamente para o monitoramento dos principais indicadores.

- *Monitoramento e atualização dos dados*. À medida que se coletam os dados, é possível monitorar tendências para a criação de um Scorecard de RH longitudinal, que salientará padrões e tendências ao longo do tempo. A disponibilidade de dados válidos também cria condições para a avaliação do impacto de RH e para a tomada de decisões sobre os investimentos em RH que mais contribuirão para melhorar os resultados da empresa.

  Os dados devem ser atualizados de acordo com o respectivo grau de variabilidade. Os dados relativamente estáveis podem ser atualizados anualmente — outros, mais voláteis ou urgentes, devem ser revistos uma vez por trimestre, mês, semana ou dia, conforme as necessidades.

O monitoramento do progresso de cada estágio do processo de criação e aplicação do Scorecard de RH garante o desenvolvimento do projeto conforme os planos. A revisão periódica do Scorecard, em si, também ajuda a avaliar o quanto essa ferramenta está contribuindo para melhorar as decisões de investimento em RH e o quanto está promovendo bem o esforço de implementação da estratégia da empresa.

Tornando-o Duradouro

E, finalmente, a mudança é mais provável quando o respectivo programa de implementação consegue sucessos precoces, fundamenta-se no aprendizado contínuo sobre o que está funcionando e o que não está, adapta-se às mudanças de condições, comemora o progresso e integra-se ao trabalho rotineiro. Para conseguir tudo isso, é preciso investir continuamente no Scorecard de RH. Eis algumas dicas para tornar o Scorecard duradouro.

Garanta Êxitos Preliminares

Muitas empresas enfrentam um dilema: devem investir no desenvolvimento de um Scorecard de RH completo, baseado em pesquisas, e abrangente, que demora alguns meses, ou é preferível limitar a iniciativa apenas àqueles indicadores que possibilitam a avaliação imediata de capacidades decisivas, com base nos dados disponíveis? Sugerimos que se opte pela alternativa que possibilita êxitos preliminares, ainda que sejam de escopo relativamente limitado. Para algumas empresas, isso talvez signifique a realização de experiências simultâneas para identificar os dados de RH que exercem maior impacto sobre os resultados. Também é possível que demande a experimentação de vários métodos de monitoramento (por exemplo, deve-se medir o comprometimento dos empregados pela rotatividade, pela produtividade ou por algum outro indicador?) e a identificação do método que melhor preveja os resultados da empresa. A disponibilidade de estudos de casos internos que demonstrem especificamente os dados de RH que mais influenciam o sucesso da empresa reforça a credibilidade de todo o processo de Scorecard.

Mantenha os Investimentos no Scorecard

Uma vez concluído o Scorecard de RH, a equipe do projeto deve permanecer intacta. À medida que a empresa continuar usando o Scorecard, os membros da equipe deverão mantê-lo atualizado e, quando necessário, modificá-lo. Além disso, a empresa deve efetuar investimentos regulares em coleta de dados, em pessoal e em recursos financeiros, a fim de garantir que o Scorecard continue vigoroso, atualizado e relevante.

Integre o Scorecard ao Trabalho Rotineiro

O Balanced Scorecard funciona porque mede todas as dimensões relevantes para o sucesso da empresa. Do mesmo modo, o Scorecard de RH deve integrar-se a outros indicadores de sucesso gerencial. A título ilustrativo, uma reunião em que os participantes examinem as ligações entre os indicadores referentes a RH, clientes, investidores e processos internos é muito mais valiosa do que outra em que os presentes se concentrem apenas em indicadores de RH. Quanto mais a empresa for capaz de integrar o Scorecard de RH aos programas de mensuração em curso, mais sustentável será o Scorecard.

Aprenda com a Experiência

Em qualquer iniciativa de mudança, é preciso realizar verificações periódicas para examinar o que está e não está funcionando. Do mesmo modo, deve-se assumir o compromisso de analisar o Scorecard de RH a cada seis meses ou pelo menos uma vez por ano. Durante essas avaliações, a equipe do Scorecard deve responder a perguntas como as seguintes:

- O que até agora tem dado certo no Scorecard de RH?

- O que não tem dado certo? Como explicar esses resultados insatisfatórios? Será que os dados necessários não estavam disponíveis, não foram coletados, não se relacionavam com os resultados, não foram monitorados, ou não eram parte de práticas gerenciais em curso?
- Com base em nossas experiências até o momento, o que deve ser feito de maneira diferente?

À medida que se responde a essas perguntas com regularidade, o Scorecard de RH impregnará cada vez mais o processo gerencial.

RESUMO: FAÇA-O

Os Scorecards de RH não são panaceias. Não curarão funções de RH mal gerenciadas. Contudo, eles realmente oferecem meios pelos quais é possível coletar dados rigorosos, previsíveis e regulares que direcionarão a atenção da empresa para os elementos mais importantes da arquitetura de RH. Quando desenvolvidos com ponderação, os Scorecards de RH ajudarão as organizações a fornecer cada vez mais valor aos empregados, aos clientes e aos investidores. Percorrendo o processo de sete fases sugerido neste capítulo, integra-se o pensamento subjacente ao Scorecard de RH a todos os aspectos importantes da gestão da empresa.

Este livro apresentou a teoria e as ferramentas necessárias para a elaboração de um Scorecard de RH. A aplicação dessas ideias e ferramentas ajudará os profissionais de RH a se tornarem verdadeiros parceiros e sócios de suas empresas. Embora boa parte do trabalho relacionado com o Scorecard de RH seja técnico, o fornecimento do Scorecard é pessoal. Exige que os profissionais de RH efetivamente *almejem* fazer diferença, *alinhem* seu trabalho à estratégia da empresa, *apliquem* a ciência da pesquisa à arte de RH, e se *comprometam* em aprender com a experiência constante. O desenvolvimento do Scorecard de RH, com base na abordagem aqui descrita, realmente significa *conectar RH ao desempenho da empresa*. Além disso, como parte do processo, também se desenvolve nova perspectiva sobre a função, as práticas e o desenvolvimento profissional em RH. Em termos de mensuração, os benefícios ultrapassarão, de longe, os custos.

Apêndice

PESQUISAS E RESULTADOS

Este livro parte da premissa de que a arquitetura de RH de uma empresa tem o potencial de transformar-se em ativo estratégico, gerando benefícios diretos para os resultados da empresa. Argumentamos que, além da contribuição de RH para a qualidade geral do capital humano, a base dessa influência estratégica é o alinhamento de RH ao processo de implementação estratégica da empresa. Finalmente, enfatizamos a importância de um sistema de mensuração cujo foco seja apropriado para orientar e avaliar o papel estratégico de RH.

PESQUISAS SOBRE O IMPACTO ESTRATÉGICO DE RH

Durante toda a década de 1990, Mark Huselid e Brian Becker desenvolveram um programa de pesquisas com várias características específicas. Primeiro, baseava-se no pressuposto da importância dos *sistemas* de RH, e não de cada uma das práticas de RH isoladamente. Segundo, considerava como certo que, para se converterem em ativo estratégico, esses sistemas de RH teriam de comprovar sua influência sobre os indicadores que importam para os CEOs, a saber, rentabilidade da empresa e valor para os acionistas. Usando indicadores de valor para os acionistas, essas pesquisas também foram inéditas por focalizar o nível da empresa e não os empregados como indivíduos, ou grupos de trabalho isolados.

O fundamento desse programa de pesquisas tem sido um estudo bianual, contínuo, de uma vasta gama de sistemas de RH, com início em 1992, abrangendo amplo grupo representativo de empresas de capital aberto, com vendas anuais superiores a US$5 milhões e mais de 100 empregados. Os dados assim obtidos são confrontados com as informações disponíveis ao público sobre o respectivo desempenho financeiro. Até esta data, coligimos dados sobre mais de 2.800 organizações, ao longo de quatro levantamentos. Embora o índice de respostas desses levantamentos se enquadre na média de pesquisas semelhantes, em torno de 20%, a Tabela A-1 deixa claro que nossos respondentes representavam os principais grupos setoriais do universo visado.

À medida que se desenvolvia nosso entendimento da influência estratégica de RH, também ampliavam-se o alcance e a complexidade de nossos indicadores do sistema de RH. O primeiro levantamento de 1992 (voltado para os sistemas de RH de 1991) limitou-se aos elementos fundamentais de um sistema de RH profissional, concebido para desenvolver e manter um quadro de pessoal de alto desempenho. Os treze itens pesquisados mediam a porcentagem da força de trabalho, tanto de mensalistas como de horistas, a que se aplicavam diversas políticas e práticas de RH, como processos de seleção validados, recrutamento interno, avaliações do desempenho anuais, aumentos salariais por mérito, planos de pagamento de incentivos, treinamento e sistemas de compartilhamento de informações.[1]

Essa abrangência foi bastante ampliada nos levantamentos de 1994 e 1996, que passaram a incluir a extensão em que as empresas usavam diferentes tipos de planos de remuneração por incentivos, o grau de alinhamento entre as estratégias de RH e de negócios, e a qualidade da divulgação e compreensão da estratégia da empresa em toda a organização. Além disso, reunimos indicadores de outras características que talvez complementassem o Sistema de Trabalho de Alto Desempenho (HPWS). Aí se incluíam as competências profissionais na função de RH, conforme evidenciadas por sua eficácia em diferentes atividades funcionais, assim como estilos de liderança sênior que enfatizavam motivação e visão, em vez de comando e controle. Finalmente, no levantamento de 1998, nossa atenção convergiu para a maneira como dois outros sistemas que respaldam a implementação da estratégia (gestão do conhecimento e mensuração do desempenho do negócio) também alavancariam a influência da estratégia de RH.

Tabela A-1 Distribuição setorial do universo de empresas e da amostra da pesquisa

Código SIC*	Título Abreviado do Setor	Média Ponderada do Universo	Média Ponderada das Respostas
000-999	Agricultura, Recursos Florestais e Pesca	0,2	0,1
1000-1999	Mineração e Construção	3,3	3,8
2000-2999	Manufatura: Alimentos, Fumo, Produtos Químicos, Gráficas	13,0	11,4
3000-3999	Manufatura: Metalurgia, Equipamentos Industriais, Material Elétrico, Transportes	28,5	31,6
4000-4999	Transportes e Utilidades Públicas	10,5	10,1
5000-5999	Comércio Atacadista e Varejista	12,5	10,6
6000-6999	Instituições Financeiras, Seguradoras e Imobiliárias	18,0	19,0
7000-7999	Serviços Industriais		
8000-8999	Serviços de Saúde, Jurídicos, Assistência Social	8,9	8,3
	e Engenharia	5,3	5,2
9000-9999	Administração Pública	0,0	0,0
Totais		100,0	100,0

* Standard Industrial Classification. (N.T.)

Com base nesses levantamentos, desenvolvemos um índice HPWS que mede a extensão em que o sistema de RH de determinada empresa é compatível com os princípios das estratégias de RH de alto desempenho. Por se tratar de indicador agregado a todos os elementos do sistema de RH, a empresa terá condições, dentro da ampla faixa intermediária, de melhorar o índice de várias maneiras, dependendo de suas circunstâncias específicas. Contudo, encontramos indícios de que os benefícios são maiores na proporção em que a empresa aprimora o sistema como um todo. Essa conclusão é compatível com a importância do entrosamento interno dentro do arcabouço dos sistemas. Embora certas mudanças no formato dos levantamentos tenham possibilitado a exploração de variações no índice, os elementos centrais de apoio à estratégia de RH voltada para o desempenho dos empregados permaneceram constantes. Eles também apresentam relações consistentes com outros resultados e sistemas organizacionais que comporiam a cultura de alto desempenho.

Em consonância com nossas teses de que os sistemas são importantes e de que a implementação bem-sucedida da estratégia exige o apoio de vários sistemas de capital intelectual, constatamos que as empresas com alta pontuação no índice HPWS também obtêm altas avaliações no uso de sistemas de gestão do conhecimento e de sistemas de avaliação do desempenho da empresa, no estilo do Balanced Scorecard. A gerência sênior dessas empresas de alto desempenho também adota filosofias que respaldam essa abordagem, encarando os empregados como fonte de criação de valor. Finalmente, as empresas desses dois grupos também se diferenciam em alguns *benchmarks* objetivos que estariam relacionados com a adoção de um Sistema de Trabalho de Alto Desempenho. Descobrimos que as empresas de alto desempenho apresentam índices de rotatividade e de sindicalização muito mais baixos. Além disso, o índice médio entre valor de mercado e valor contábil também é mais de duas vezes maior nas empresas dotadas de Sistemas de Trabalho de Alto Desempenho.

Análise Abrangente dos Efeitos de RH sobre o Desempenho da Empresa

A estimativa dos efeitos dos sistemas de RH sobre o desempenho da empresa, mediante a comparação de experiências entre centenas de empresas, é tarefa desafiadora por muitas das mesmas razões pelas quais é difícil medir tais impactos dentro de uma única empresa. Em ambos os casos, nem sempre é possível isolar as influências independentes de RH sobre o desempenho financeiro, em face dos muitos fatores que, a qualquer momento, afetam os resultados da empresa. Sob alguns aspectos, a tarefa é menos árdua quando se comparam experiências entre empresas porque, caso se consiga medir essas outras influências, dispõe-se de meios para controlar estatisticamente seu impacto sobre a relação entre RH e desempenho da empresa. Essa foi a abordagem adotada em nossa pesquisa. Estimamos a relação estatística entre o sistema de RH e o desempenho da empresa em organizações de iguais tamanho e classe de ativos, no mesmo setor, com históricos semelhantes em termos de taxas de crescimento, investimentos em P&D, índices de sindicalização e perfil de risco (beta).[2]

Essas estimativas foram apuradas em quatro amostras nacionais diferentes, durante a década de 1990. Em cada caso, descobrimos indícios muito fortes de relação positiva entre Sistema de Trabalho de Alto Desempenho e desempenho financeiro da empresa. A Tabela A-2 oferece um exemplo expressivo da magnitude desses efeitos entre vários indicadores de resultados. Como indicador do impacto *estratégico* de RH, acreditamos que o melhor reflexo dessa influência é o efeito sobre o valor para os acionistas, ou o índice entre valor de mercado e valor contábil. As duas primeiras colunas da Tabela A-2 refletem diferentes abordagens à mensuração desse efeito. Elas indicam que se a empresa média melhorasse

Tabela A-2 Efeitos do aumento de um desvio-padrão em um índice[a] HPWS de 24 itens

	No Valor de Mercado	*No* Índice Valor de Mercado/Valor Contábil	Taxa Bruta de Retorno sobre os Ativos	Vendas por Empregado	Índice de Rotatividade
Efeito percentual do aumento de um desvio-padrão no índice do sistema de RH	24%***	17%***	25%**	4,8%*	–7,6%**

*** = p < 0,001, ** = p < 0,01, * = p <0,05

a. O modelo utilizado para a estimativa desses resultados inclui como variáveis de controle: quantidade de empregados, índice de sindicalização, despesas com P&D/vendas; risco específico da empresa (beta), índice de crescimento das vendas em cinco anos. Quando a variável dependente é o Valor de Mercado ou a Taxa Bruta de Retorno, o Valor Contábil do Ativo Imobilizado é a variável independente no modelo.

Fonte: Brian E. Becker e Mark A. Huselid, "High Performance Work Systems and Firm Performance: A Syunthesis of Research and Managerial Implications", em Research in Personnel and Human Resources Management, vol. 16 (Greenwich, CT: JAI Press, 1998), 53-101.

seu sistema de RH em 33% (um desvio-padrão), o valor para os acionistas aumentaria em aproximadamente 20%. Embora acreditemos que o teste definitivo de RH como ativo estratégico seja sua relação com valor para os acionistas, também fica claro que os sistemas de RH exercem efeitos positivos sobre o lucro contábil, sobre a produtividade dos empregados e sobre a rotatividade.

Evolução da Estratégia de Alto Desempenho

Embora tenhamos descrito os sistemas de RH como se existissem num contínuo simples, sua natureza é sem dúvida mais complexa. Por exemplo, será que as empresas enfatizam, de maneira consistente, certos elementos do sistema de RH e será que essa ênfase exerce algum efeito sobre o desempenho da empresa? Em outras palavras, caso acreditemos que diferentes sistemas de RH exerçam diferentes efeitos sobre o desempenho das empresas, devemos encontrar alguns indícios de abordagens sistematicamente diferentes sobre o modo como as empresas estruturam os sistemas de RH. Se nossos dados de fato abrangem diversos sistemas de RH, a pergunta seguinte é se essas diferentes abordagens exercem diferentes efeitos sobre o desempenho da empresa. Ou, talvez, haja apenas diferentes abordagens com os mesmos objetivos, sem que realmente exista um único Sistema de Trabalho de Alto Desempenho. No Capítulo 1 encontra-se um breve resumo desses resultados.

Para analisar essa questão, comparamos nossa amostra de empresas quanto a quarenta características. Vinte e quatro dessas características referiam-se especificamente ao sistema de RH (seleção, avaliação, desenvolvimento, remuneração, comunicação etc.). Outras dezesseis mediam outros aspectos da empresa que deveriam facilitar a implementação de um Sistema de Trabalho de Alto Desempenho. Aí se incluíam a capacidade de os profissionais de RH gerenciarem com eficácia diferentes elementos do sistema de RH, o alinhamento entre o sistema de RH e a estratégia mais ampla da empresa, a transparência e a divulgação da missão da empresa, e o estilo de liderança da gerência sênior. Chamamos o conjunto dessas outras características de *alinhamento da implementação*.

Utilizando uma técnica conhecida como análise de aglomerados (*cluster analysis*), comparamos as empresas da amostra em função da maneira como estruturavam essas quarenta características numa estratégia geral de RH. A abordagem era adequada, em face de nossa ênfase na importância dos sistemas. Com efeito, esse tipo de análise indica se é possível classificar as empresas de nossa amostra em função do modo como estruturam sua arquitetura de RH. Descobrimos quatro desses sistemas que constam da Figura A-1:

- *Sistemas de Trabalho de Alto Desempenho*: as empresas desse grupo obtêm pontuações bem acima da média nas dimensões sistema de RH e alinhamento da implementação.
- *Sistemas Baseados na Remuneração*: as empresas desse grupo obtêm pontuações acima da média em sistema de RH, mas abaixo da média em alinhamento da implementação. Referimo-nos a esse grupo como se baseados na remuneração porque o único motivo pelo qual as empresas obtiveram boa pontuação no sistema de RH foi a alta avaliação sob o aspecto da remuneração.
- *Sistemas de Alinhamento*: aqui se enquadra um conjunto incomum de empresas. Elas se situam ligeiramente acima da média em alinhamento da implementação, mas suas pontuações estão entre as mais baixas em sistemas de RH. Essas empresas abordam a questão de RH estratégico de cima para baixo, mas não concluem o trabalho. Os gerentes seniores fazem o discurso certo e RH é considerado parte do processo de planejamento estratégico, mas os gerentes jamais investiram na infraestrutura de um Sistema de Trabalho de Alto Desempenho.

Figura A-1 Tipologias das arquiteturas de RH

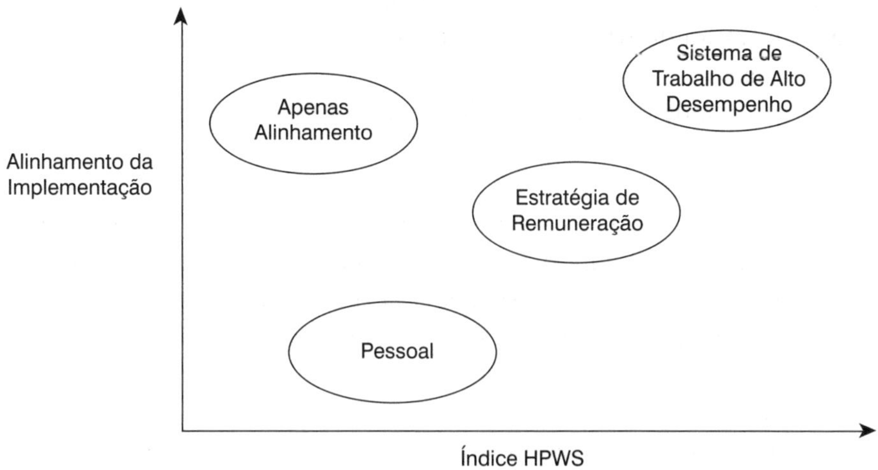

- *Sistemas de Pessoal*: essas empresas caracterizam-se por pontuações bem abaixo da média, tanto em sistemas de RH como em alinhamento da implementação. Tais organizações abordam os sistemas de RH de maneira muito tradicional e parecem não empenhar-se para explorar RH como um ativo estratégico.

Será que é importante a arquitetura de RH adotada pela empresa? Será que existem diferenças de desempenho entre essas empresas? Os dados demonstram com muita clareza que as respostas são afirmativas. Controlando-se as características de outras empresas e do setor, o valor de mercado (para dado valor contábil) das empresas que perseguem estratégias de Alto Desempenho era 65% superior ao das empresas que adotavam sistemas de pessoal ou sistemas de alinhamento. Já as empresas que adotavam apenas a estratégia de remuneração apresentavam valor de mercado 39% mais alto do que o de empresas que tinham apenas sistemas de pessoal. Não se constatou diferença estatística significativa entre as empresas com sistemas de alinhamento e com sistemas de pessoal.

PESQUISAS MAIS RECENTES SOBRE O IMPACTO FINANCEIRO DA GRH

Nesta sessão, salientamos várias descobertas importantes do levantamento mais recente conduzido por Mark Huselid e Brian Becker. Esses resultados estão resumidos na Figura 2.5 do Capítulo 2 e descrevem um padrão de relações entre vários ativos intangíveis o qual é influenciado pela arquitetura de RH e pelos sistemas de mensuração orientados para a estratégia.[3]

Os resultados do estudo podem ser sintetizados nos seguintes termos:

- A implementação da estratégia é mais importante do que o conteúdo da estratégia. Melhorias de 35% na qualidade da implementação da estratégia, para a empresa média, se associaram a melhorias de 30% no valor para os acionistas. Aprimoramentos semelhantes na adequação da estratégia em si não exerceram efeitos sobre o desempenho da empresa.
- A implementação da estratégia tem três vetores: foco estratégico dos empregados, alinhamento estratégico de RH e eficácia da gestão do conhecimento. O alinhamento estratégico de RH e o sistema de gestão do conhecimento também orientam o foco estratégico dos empregados.
- Um sistema equilibrado de gerenciamento do desempenho afeta o desempenho da empresa por meio de seu impacto sobre o foco estratégico dos empregados que, por sua vez, impulsiona a eficácia da implementação da estratégia.

Além dos efeitos que impulsionam o processo de implementação da estratégia, Becker e Huselid, em estudos anteriores, focalizaram especificamente a relação entre o Sistema de Trabalho de Alto Desempenho descrito nos Capítulos 1 e 2 e o valor para os acionistas. Nossos resultados indicam que, para a empresa média, melhorias de 35% em nosso índice RH de alto desempenho associam-se a apenas 20% de aumento no valor para os acionistas. Essas descobertas são parte de uma literatura mais ampla sobre pesquisas, demonstrando o impacto de RH sobre o desempenho da empresa.[4]

Analisamos o foco estratégico dos empregados como resposta a três sistemas gerenciais básicos, observando especificamente as seguintes relações:

- A extensão em que a empresa alinhou seu sistema de RH às demandas do *processo de implementação da estratégia*.

- A existência de um *sistema abrangente de gestão do conhecimento*, capaz de gerar e distribuir, com eficácia, o conhecimento em toda a organização.
- A presença de um *sistema de mensuração do desempenho da empresa*, que produza indicadores antecedentes e consequentes do êxito na implementação da estratégia.

Nossos dados demonstram que cada um desses três sistemas precisaria ser melhorado em 50% para produzir os ganhos decorrentes do foco estratégico dos empregados já descrito. Em síntese, muitas são as recompensas econômicas decorrentes do melhor gerenciamento do capital humano, mas não existem remendos rápidos. O desenvolvimento dessa abordagem exige métodos sistemáticos e o comprometimento de longo prazo com o desenvolvimento de pessoas.

Notas

PREFÁCIO

1. Robert S. Kaplan e David P. Norton, "The Balanced Scorecard — Measures That Drive Performance", *Harvard Business Review* 70, nº 1 (janeiro-fevereiro de 1992): 71-79

CAPÍTULO 1

1. Raphael Amit e Paul J. H. Shoemaker, "Strategic Assets and Organizational Rents", *Strategic Management Journal* 14 (1993): 33-46.
2. Steven P. Kirn, Anthony J. Rucci, Mark A. Huselid e Brian E. Becker, "Strategic Human Resource Management at Sears", *Human Resource Management* 38, nº 4: 329-336; e Anthony J. Rucci, Steven P. Kirn e Richard T. Quinn, "The Employee-Customer-Profit Chain at Sears", *Harvard Business Review* 76, nº 1 (janeiro-fevereiro de 1998); pp. 82-97.
3. Rucci, Kirn, e Quinn, "The Employee-Customer-Profit Chain at Sears", *Harvard Business Review* 89.
4. Robert McLean, *Performance Measures in The New Economy* (The Premier's Council of Ontario, Ontario, Canada, 1995), 3.
5. Thomas Stewart, "Real Assets, Unreal Reporting", *Fortune*, 6 de julho de 1998, 207.
6. Lawrence R. Whitman, GTE Corporation, extraído da transcrição de uma entrevista realizada por empregados da GTE para um artigo na revista *CFO*, fornecida aos autores deste livro.
7. J. R. Morris, W. F. Cascio e C. E. Young. "Downsizing After All These Years: Questions and Answers about Who Did It, How Many Did It, and Who Benefited from It", *Organizational Dynamics* 27, nº 3 (inverno de 1999): 78-87.
8. Para mais análises sobre o conceito de Arquitetura de RH, ver Mark A. Huselid e Brian E. Becker, "The Strategic Impact of High Performance Work Systems", trabalho apresentado na Academy of Management Annual Meeting, 1995; e Brian Becker e Mark Huselid, "High Performance Work Systems and Firm Performance: A Synthesis of Research and Managerial Implications", *Research in Personnel and Human Resources Management*, vol. 16 (Greenwich, CT: JAI Press, 1998), 53-101.
9. Mark A. Huselid, Susan E. Jackson e Randall S. Schuler, "Technical and Strategic Human Resource Management Effectiveness as Determinants of Firm Performance", *Academy of Management Journal* 40, nº 1 (1997): 171-188.

10. A quinta onda desse estudo estava em andamento na época desse escrito (verão de 2000).
11. Todo o nosso programa de pesquisa está descrito com mais detalhes no apêndice e em Becker e Huselid, "High Performance Work Systems and Firm Performance".
12. Robert S. Kaplan e David P. Norton, "Having Trouble With Your Strategy? Then Map It", *Harvard Business Review* 78, nº 5 (setembro-outubro de 2000): 167-176.
13. Robert S. Kaplan e David P. Norton, *The Balanced Scorecard: Translating Strategy into Action* (Boston, MA: Harvard Business School Press, 1996).
14. Gary Hamel e C. K. *Prahalad. Competing for the Future* (Boston, MA: Harvard Business School Press, 1994), 11.
15. Kaplan e Norton, *The Balanced Scorecard*, 144-145.

CAPÍTULO 2

1. Anthony J. Rucci, Steven P. Kirn, e Richard T. Quinn, "The Employee-Customer-Profit Chain at Sears", *Harvard Business Review* 76, nº 1 (1998): 90.
2. *Ibid.*, 91.
3. Robert S. Kaplan e David P. Norton, *The Balanced Scorecard: Translating Strategy into Action* (Boston, MA: Harvard Business School Press, 1996).
4. Descrição mais detalhada da experiência da quantum encontra-se em Deborah Barber, Mark A. Huselid, e Brian E. Becker, "Strategic Human Resources Management at Quantum", *Human Resources Management* 38, nº 4 (inverno de 1999): 321-328.
5. Robert S. Kaplan e Nicole Tempest, "Wells Fargo Online Financial Services (A)", Case 9-198-146 (Boston, MA: Harvard Business School, 1998, ver.1999); e Robert S. Kaplan e Nicole Tempest, "Wells Fargo Online Financial Services (B)", Case 9-199-019 (Boston, MA: Harvard Business School, 1998).
6. Esses resultados são parte de um programa de pesquisas contínuo, de Mark Huselid e Brian Becker, ligando RH ao desempenho da empresa.
7. Essa pesquisa também respalda a premissa fundamental do novo trabalho de Robert Kaplan e David Norton, *The Strategy-Focused Organization* (Boston: Harvard Business School Press, 2000).
8. Michael E. Porter, *Competitive Advantage: Creating and Sustaining Superior Performance* (Nova York: The Free Press, 1985).
9. Robert S. Kaplan e David P. Norton, "Having Trouble with Your Strategy? Then Map It", *Harvard Business Review* 78, nº 5 (setembro-outubro de 2000): 167-176.
10. Garret Walker, Diretor de RH, GTE Corporation, entrevista com o autor (Brian Becker), agosto de 2000; e George Donnelly, "Recruiting, Retention and Returns", *CFO* 16 (março de 2000): 68-73.

CAPÍTULO 3

1. Jeffrey Pfeffer, *Competitive Advantage through People: Unleashing the Power of the Workforce* (Boston, MA: Harvard Business School Press, 1994).
2. Para outros trabalhos sobre métricas de eficiência e eficácia, ver também Jac Fitz-enz, *How to Measure Human Resources Management* (Nova York: McGraw-Hill, 1995), e Dave Ulrich, "Measuring Human Resources: An Overview of Practice and a Prescription for Results", *Human Resource Management* 36, nº 4 (1997): 303-320.
3. Dave Ulrich e Dale Lake, *Organizational Capabilities* (Nova York: John Wiley & Sons, 1990).
4. Ver também Ulrich, *Measuring Human Resources*
5. Dave Ulrich, *Human Resource Champions: The Next Agenda for Adding Value and Delivering Results* (Boston, MA: Harvard Business School Press, 1997).

CAPÍTULO 4

1. Ver Wayne F. Cascio, *Costing Human Resources, The Financial Impact of Behavior in Organizations*, 4ª ed. (Boston, MA: PWS-Kent Publising, 2000), para uma série de exemplos detalhados.
2. Essa questão foi alvo de considerável atenção no campo da análise de utilidade. Quanto às contribuições pioneiras, ver F. L. Schmidt, J. E. Hunter e T. W. Muldrow, "Impact of Valid Selection

Procedures on Work-Force Productivity", *Journal of Applied Psychology* 64 (1979): 609-626; e John Boudreau, "Utility Analysis in Human Resource Management Decisions", in *Handbook of Industrial and Organizational Psychology*, vol. 2, ed. M. D. Dunnette e L. M. Hough (Palo Alto, CA: Consulting Psychologists Press, 1991), 621-745.
3. Schmidt, Hunter e Muldrow, "Impact of Valid Selection Procedures on Work-Force Productivity", e Boudreau, "Utility Analysis in Human Resource Management Decisions".
4. Thomas D. Cook e Donald T. Campbell, *Quasi-experimental Design and Analysis for Field Settings* (Boston, MA: Houghton-Mifflin, 1979).
5. Procedimento equivalente em termos funcionais, conhecido como taxa interna de retorno (TIR ou IRR), desconta benefícios e custos, trazendo-os ao valor presente, mas o resultado é a *taxa de juros* que gera valor presente líquido (fluxo de caixa menos custos a valor presente) igual a zero. Já o resultado da análise de valor presente líquido é a diferença entre o valor presente dos benefícios e dos custos, a determinada taxa de desconto.
6. Ver *Cascio, Costing Human Resources.*
7. Robert S. Kaplan e Robin Cooper, *Cost & Effect: Using Integrated Cost Systems to Drive Profitability and Performance* (Boston, MA: Harvard Business School Press, 1998).

CAPÍTULO 5

1. Essa famosa citação foi extraída de Steve Kerr, "On the Folly of Rewarding A While Hoping for B", *Academy of Management Journal* 18 (dezembro de 1975): 769.
2. A relação descrita nesta análise baseou-se em modelos mais sofisticados e complexos do que os incluídos em nossa descrição. O propósito desses modelos foi eliminar explicações alternativas para o efeito estimado do Índice de Envolvimento dos Empregados.
3. Há exceções nos extremos. Se for muito alta a correlação entre disponibilidade de informações sobre produtos e habilidades, será mais difícil isolar os efeitos segregados de cada um.
4. Mark A. Huselid e Brian E. Becker, "An Interview with Mike Losey, Tony Rucci e Dave Ulrich: Three Experts Respond to HRMJ's Special Issue on RH Strategy in Five Leading Firms", *Human Resource Management* 38 (inverno de 1999): 360.

CAPÍTULO 6

1. Ver também Jeffrey Pfeffer, *The Human Equation: Building Profits by Putting People First* (Boston: Harvard Busines School Press, 1998), sobre abordagem semelhante.
2. Ver R. N. Shepard, "Introduction", em *Multidimensional Scaling: Theory and Applications in the Behavioral Sciences*, vol. 1. ed. R. N. Shepard, A. Romney, e S. Nerlove (Nova York: Seminar Press, 1972), 1-20.
3. Ver J. Woelfel e E. Fink, *The Measurement of Communication Processes: Galileo Theory and Method* (Nova York: Academic Press, 1980); e J. Woefel e J. E. Danes, "Multidimensional Scaling Models for Communications Research", em *Multivariate Techniques in Human Communications Research*, ed. P. R. Monge e J. N. Capella (Nova York: Academic Press, 1980), 333-364, para uma análise das pesquisas acadêmicas em torno de Galileo. Os mapas perceptivos têm sido amplamente utilizados em marketing para ajudar a compreender as preferências dos consumidores e como ferramenta de orientação das estratégias de propaganda (ver J. Woelfel, *What's Wrong with This Picture? How to Spot a Bad Perceptual Map* (Amherst, NY: RAH Books, 1995). Adaptamos essa técnica para criar mapas perceptivos do alinhamento estratégico.
4. Woelfel, *What's Wrong with This Picture?*
5. Ver P. N. Johnson-Laird *Mental Models: Towards a Cognitive Science of Languague, Inference and Counsciousness* (Cambridge, MA: Harvard University Press, 1983).
6. A meta estratégica deste exemplo foi extraída da experiência da Mobil's North American Marketing and Refining Group. Ver Robert S. Kaplan, "Mobil USM&R (A): Linking the Balanced Scorecard", Case 9-197-025 (Boston, MA: Harvard Business School, 1996, ver. 1999), 16, quadro 7.
7. A descrição mais completa dos programas em que se baseiam esses números é de Joseph K. Woelfel, *Galileo CATPAC: User Manual and Tutorial* (Amherst, NY: The Galileo Company, 1990).

CAPÍTULO 7

1. Várias empresas de consultoria contribuíram para o desenvolvimento de competências referentes ao comportamento gerencial. Na década de 1930, o grupo Hay criou ferramentas para calcular quanto pagar aos trabalhadores com base em suas competências demonstradas. O modelo foi desenvolvido em torno dos fatores know-how, resposabilidades e solução de problemas. Com base no trabalho de Dave McClelland, a empresa de consultoria McBer também tem contribuído para a criação e divulgação de modelos de competências. Boa parte deste trabalho está resumida em R. E. Boyatzis, *The Competent Manager* (Nova York: Wiley, 1982).
2. Arthur Yeung, Patricia Woolcock e John Sullivan, "Identifying and Developing RH Competencies for the Future: Keys to Sustaining the Transformation of RH Functions", *Human Resource Planning* 19 (Primavera 1996): 48-58
3. IBM and Towers Perrin, *Priorities for Competitive Advantage* (Nova York: IBM and Towers Perrin, 1991).
4. Stephen C. Schoonover, *Competencies for the Year 2000: The Wake Up Call!* (Washington, D.C.: SHRM Foundation, 1998).
5. Dave Ulrich, Wayne Brockbank, Arthur Yeung, and Dale Lake, "Human Resource Competencies: An Empirical Assessment", *Human Resource Management* 34 (Inverno de 1995): 473-495.
6. Ibid.
7. Ibid.
8. Connie James trabalhou como gerente de projetos na terceira rodada da coleta de dados. Seu trabalho conceitual e como gerente de projetos é objeto de amplo reconhecimento e apreciação.
9. John P. Kotter e James L. Heskett, *Corporate Culture and Performance* (Nova York: Free Press, 1992).
10. Ulrich, Brockbank, Yeung, and Lake, "Human Resource Competencies".
11. Dave Ulrich e Robert Eichinger, "Delivering with na Attitude", *RH Magazine*, 43 (junho de 1998): 154-160.
12. Todd D. Jick, "Mixing Qualitative and Quantitative Methods: Triangulation in Action", *Administrative Science Quarterly* 24, nº 4 (1979): 602-611
13. Wayne Brockbank, Dave Ulrich, e Dick Beatty, "RH Professional Development: Creating the Future Creators at the University of Michigan Business School", *Human Resource Management* 38 (Verão de 1999): 111-117.

CAPÍTULO 8

1. P. M. Senge, A. Kleiner, C. Roberts, R. Ross, G. Rother, e B. Smith, *The Dance of Change: The Challenges of Sustaining Momentum in Learning Organizations* (Nova York: Currency Doubleday, 1999).
2. Ron Ashkenas, "Beyond the Fads: How Leaders Drive Change with Results", *Human Resource Planning* 17, nº 2 (1994): 25-44.
3. James Champy, *Reengineering Management: The New Mandate for Leadership* (Nova York: Harper Business, 1995).
4. Jeffrey Pfeffer e Robert I. Sutton, *The Knowing-Doing Gap* (Boston: Harvard Business School Press, 2000).
5. Ver Douglas Smith, *Taking Charge of Change: Ten Principles for Managing People and Performance* (Reading, MA: Addison Wesley, 1996); John Kotter, *Leading Change* (Boston, MA: Harvard Business School Press, 1996); e Michael Beer, Russel Eisenstat e Bert Spector, "Why Change Programs Don't Produce Change", *Harvard Business Review* 68, nº 6 (novembro-dezembro de 1990): 158-166.
6. Dave Ulrich, *Human Resource Champions* (Boston, MA: Harvard Business School Press, 1997).
7. Essa equipe de projetos incluía Steve Kerr, Dave Ulrich, Craig Schneier, Jon Biel, Ron Gager, e Mary Anne Devanna (fora da GE) e Jacquie Vierling, Cathy Friarson e Amy Howard (empregados da GE).
8. Esse material foi adaptado de Ulrich, *Human Resource Champions*, Capitulo 6.

9. Garrett Walker, Diretor de Gerenciamento do Desempenho Estratégico em RH, GTE, entrevista por telefone com o autor (Mark Huselid), agosto de 2000.
10. *Ibid.*
11. G. R. Salancik, "Commitment and the Control of Organizational Behavior and Belief", em *New Directions in Organizational Behavior*, ed. B. M. Staw e G. R. Salancik (Malabar, FL: Robert E. Drieger, 1977): 1-54; B. M. Staw e J. Ross, "Commitment to a Policy Decision: A Multi-Theoretical Perspective", *Administrative Science Quarterly* 23 (1978): 40-64; B. M. Staw e J. Ross, "Understanding Escalation Situations: Antecedents, Prototypes, and Solutions", in *Research in Organizational Behavior*, vol. 9, ed. B. M. Staw e L. L. Cummings (Greenwich, CT: JAI Press, 1987); B. M. Staw, "The Experimenting Organization", *Organizational Dynamics* 6 (1977): 2-18; B. M. Staw, "Knee-Deep in the Big Muddy: A Study of Escalating Commitment to a Chosen Course of Action", *Organizational Behavior and Human Performance* 16 (1976): 27-44.
12. Garrett Walker, entrevista com o autor.
13. *Ibid.*
14. Mapa de Aprendizado (Learning Map) é marca registrada de Root Learning, Inc., de Perryburg, Ohio. Os produtos Mapa de Aprendizado são de propriedade exclusiva de Root Learning e não podem ser reproduzidos ou modificados sob qualquer forma, sem autorização expressa, por escrito, da empresa.
15. Anthony J. Rucci, Steven P. Kirn e Richard T. Quinn, "The Employee-Customer-Profit Chain at Sears", *Harvard Business Review* 76, 1 (janeiro-fevereiro de 1998): 95

APÊNDICE

1. Todo o nosso programa de pesquisas está descrito com mais detalhes em Brian Becker e Mark Huselid, "High Performance Work Systems and Firm Performance: A Synthesis of Research and Managerial Implications", em *Research in Personnel and Human Resources Management*, vol. 16, ed. Gerald R. Ferris (Greenwich, CT: JAI Press, 1998), 53-101. Ver também Mark A. Huselid, "The Impact of Human Resource Management Practices on Turnover, Productivity, and Corporate Financial Performance", *Academy of Management Journal* 38 (1995): 635-672.
2. Também testamos várias alternativas de explicações específicas para nossos resultados. Uma possibilidade é a causação reversa. Por exemplo, é possível que empresas mais lucrativas apresentem maior probabilidade de desenvolver tais políticas porque apenas essas empresas teriam condições de fazê-lo. Outra possibilidade é que os resultados sejam atribuíveis à natureza das empresas que responderam aos nossos levantamentos. Huselid (em "The Impact of Human Resource Management Practices") não encontrou apoio para essas hipóteses.
3. O desempenho das empresas é medido pelo índice de valor de mercado em relação ao valor contábil do patrimônio líquido. Essas relações são parte de um modelo de desempenho mais amplo que inclui setores, crescimento anterior das vendas, porte, investimentos em P&D, e sindicalização.
4. Durante a última década, o interesse por esse tópico praticamente explodiu, com a realização de numerosos estudos no Canadá, Estados Unidos, Reino Unido, Alemanha, França, Hong Kong, Cingapura e Japão. Como um todo, esse novo conjunto de pesquisas também respalda a proposição básica de que "RH é importante". Os leitores interessados podem entrar em contato com Mark Huselid para obter bibliografia.

Os Autores

Brian Becker é professor de recursos humanos e diretor do Departamento de Organização e Recursos Humanos da School of Management da State University of New York, em Buffalo. O professor Becker publicou diversos trabalhos sobre os resultados financeiros dos sistemas de recursos humanos em organizações sindicalizadas e não sindicalizadas. Atualmente, seus campos de pesquisa e trabalhos de consultoria concentram-se nas relações entre sistemas de recursos humanos, implementação da estratégia e desempenho da empresa.

Mark Huselid é professor associado de estratégia de RH na School of Management and Labor Relations (SMLR) na Rutgers University. Suas pesquisas convergem para as conexões entre sistemas de gestão de recursos humanos, estratégia corporativa e desempenho da empresa, o que lhe rendeu muitos prêmios. O professor Huselid é editor do *Human Resources Management Journal* e presta consultoria em mensuração e estratégia de recursos humanos.

Dave Ulrich é professor de gestão empresarial na University of Michigan. Publicou numerosos livros e artigos sobre recursos humanos e outras questões organizacionais. Presta serviços de consultoria a diversas empresas sobre desenvolvimento de liderança, criação de capacidades organizacionais, aumento da velocidade da gestão, construção de atitudes mentais compartilhadas e formulação de agendas de RH. Recebeu prêmios de cinco associações profissionais e atuou como membro de conselhos editoriais.

Índice

Alinhamento da implementação, 228-230
  Ver também alinhamento do sistema de RH
Alinhamento do sistema de RH
  análise de pesquisas sobre, 229-231
  avaliação do alinhamento externo, 150
    escala e perspectiva em, 150
    processo de dois passos em, 151-155
  avaliação do alinhamento interno, 144
    fontes de alinhamento inadequado em, 147, 150
    na Stilwell Manufacturing, 145-147, 149
  da arquitetura de RH com os produtos de RH, 27, 49-53
  dimensões do, 142-144, 166-167
  gerenciamento do desempenho dos empregados, 166
  identificação, 60-61, 62
  mapa do, 156-159
    na Mobil Oil, 162-166
    percepção dos empregados, 159-162
  vetores da estratégia da empresa, 51-52, 67, 70-71
Alinhamento dos sistemas de RH na avaliação, 151-153
Alinhamento interno de RH
  avaliação, 144-147, 154, 166-167
    diagnóstico do entrosamento de RH em, 147-148
    diagnóstico do entrosamento RH empresa em, 149
    fontes de alinhamento inadequado em, 147, 148
  definição, 52, 67
Alteração nas leis sobre telecomunicações (Telecom Act), 207
Alternadores de dois estados, 49, 51, 125.
  Ver também indicadores de classificação ou ordenação.
Amazon.com, 9
Amoco, 192-193
Análise de custos e benefícios
  atividades de RH incluídas em, 88-89
  determinando RH, 90-92
    cálculo de benefícios menos custos em, 99-102
    custos fixos e variáveis em, 92-94
    custos irrecuperáveis em, 93-94
    e benchmarking do sistema de gestão de RH, 105-106
    hierarquia e procedimentos, 102
    impacto financeiro do desempenho dos empregados em, 95-98
  na avaliação das políticas de RH, 27, 87, 112
  noções básicas dos gerentes de RH sobre finanças, 90-91
  operacional *versus* estratégico, 87-88
Análise de pesquisas sobre estratégia, 193-200
Análise de regressão, 98
Análise de utilidades, 98
Análise dos níveis de mensuração, 121, 123, 124, 125, 140
Análise estratégica de custos e benefícios, 87-88
Análises de custos e benefícios das, 107-112
Análises de custos e benefícios operacionais, 87-88, 118
Argyris, Chris, 173, 196

Armadilha inteligente, 200
Arquitetura de RH
ativos intangíveis de, 7-8
análise dos benefícios de, 8-11
mensuração, 11-12
como ativo estratégico, 1-3
como cadeia de valor, 13
comportamento dos empregados em, 22
funções de, 13-14
leis do pensamento sistêmico em, 15-16
desenvolvimento de sistemas de mensuração para avaliação da, 27, 28
pesquisa sobre o impacto estratégico de, 223-225
análise de aglomerados (*cluster analysis*), 228-230
ativos intangíveis em, 230-231
efeitos de RH sobre o desempenho da empresa, 226-227
profissionais de RH na mensuração da contribuição de, 23-28
vantagem competitiva e criação de valor, 3-7
Ashkenas, Ron, 199
Ativos estratégicos
definição, 2
dos sistemas de RH, 3-6
alinhamento de RH na definição, 142-145
desenvolvimento e implementação, 41-44, 55
Scorecard de RH na mensuração, 58, 68, 75-76
tangíveis e intangíveis, 7-11
Ativos intangíveis
análise de pesquisas a respeito do impacto de RH sobre, 229-231
mensuração e promoção, 11-12
natureza dos, 7-8
valores e benefícios dos, 8-11
Ativos tangíveis
como principal fonte de lucro, 11-12
natureza dos, 7-8

Balanced Scorecard, The (Kaplan e Norton), 32
Balanced Scorecard. *Ver também* Scorecard de RH.
da GTE, 48, 50, 53
natureza do, 24, 26-28, 221
Barney, Jay B., 106
Beatty, Richard, 196
Becker, Brian E., 98, 223, 229
Beer, Michael, 200
Bell Atlantic, 215
Benchmarking
na análise dos sistemas de gestão de RH, 105-106
na mensuração da eficiência de RH, 71-74
na mensuração de RH, princípios de, 121, 123-124
no mau alinhamento de sistemas de RH, 148
Benefícios e custos marginais, 108-109
Bônus. *Ver* programa de incentivos
Brockbank, Wayne, 171, 196

Cadeias de valor
alinhamento entre desempenho da empresa e sistema de RH na, 23-24, 55
comportamentos estratégicos dos empregados, 23
criação de mapas estratégicos, 39, 44-46, 47
definição, 44
funções de RH, 13-14
pensamento sistêmico de RH, 14-21
Scorecard de RH na definição de elementos da, 66-68
Capacidades organizacionais, 54-55. *Ver também*, produtos de RH
Capacitadores de RH. *Ver também* produtos de RH
mapas estratégicos na identificação, mensuração e expansão, 36-40, 53-54, 57
natureza, 33-34
Scorecard de RH na definição, 58-64
Capital físico,
como principal fonte de lucro, 11-12
natureza do, 7-8
Capital intelectual, 7-8
CEOs. *Ver* liderança, paladinos da gestão (empresa)
definição, 205-206
papel na liderança da mudança, 204, 207-209, 219
Champy, James, 199
Chestnut, James, 7
Cisco, 214
Clientes
como vetores de desempenho de RH, 38-39
competências em RH na avaliação do valor para, 183, 185, 186-187
fidelidade na mensuração da criação de valor, 31-32
mensurações em RH na avaliação da satisfação dos, 118, 121, 131, 133, 139
análise Galileo em 157
na Sears, 134-135, 138
Coca-Cola Company, 7-8
Coeficiente de correlação, 132-133
Competências em RH. *Ver também* gestão de RH
criação de padrões profissionais para, 168-169, 196-197
definição, 169-170

estabelecendo prioridades, 175-181
estudo da University of Michigan sobre, 170-175
gerenciamento do desempenho estratégico de RH como, 181-182
dimensões do, 181-183
integração do, 184-188
gerenciamento, 188-189
avaliação do desempenho de RH em, 190-191
desenvolvimento de profissionais de RH em, 191-195
no alinhamento de sistemas de RH, 143-144, 162-165
paladinos na supervisão de, 206-207
Competências no gerenciamento de RH, 180-181
dimensões de, 181-182
integração da mensuração do desempenho estratégico com, 184-188
Comportamento estratégico dos empregados, 22
Ver também Desempenho dos empregados
Comportamento
avaliação da gestão de RH, 190-191
Ver também competências em RH
comportamento estratégico dos empregados, 22. *Ver também* desempenho dos empregados.
Comportamentos de valor (*value behaviors*), 36. *Ver também* desempenho dos empregados.
Comportamentos específicos por situação, 22
Comportamentos essenciais, 22. *Ver também* desempenho dos empregados
Comprometimento com a mudança, 202, 203, 204, 210-213
Conhecimento sobre o negócio
integração do gerenciamento do desempenho de RH ao, 183-186
pesquisas sobre gestão de RH, 169, 171-173, 175, 177-179
Contaminação, 126-127
Controle de custos
como padrão de mensuração de RH, 117, 118
indicadores de eficiência de RH, 72-74
Scorecard de RH no equilíbrio entre criação de valor e, 26, 61, 62-66, 83
Credibilidade pessoal
Crescimento da receita. *Ver também* criação de valor
efeitos dos indicadores de eficiência de RH sobre, 64
Scorecard de RH na mensuração, 58-59, 60
Criação de valor
alinhamento do sistema de RH com a estratégia da empresa em, 20-22, 143, 144
análise de ativos intangíveis de RH em, 8-11
implementação da estratégia de RH para, 42-43
mapas de cadeias de valor em, 45-46, 47
mensuração do desempenho da empresa para, 31-33
papel da estrutura de Rh em, 2-3, 170-6
papel dos gerentes de RH em, 15, 26
princípios de avaliação de RH, 117, 120, 121-122, 125-126, 131, 138, 140
Scorecard de RH no equilíbrio entre controle de custos e, 26, 27, 62-65, 83
Custeio baseado em atividades, 112
Custo marginal do capital, 101
Custos administrativos, 90-91
Custos constantes, 114
Custos de oportunidade, 100-101
Custos diretos, 114-115
Custos fixos, 92-94
Custos irrecuperáveis, 94-95
Custos variáveis, 92-93

D'Agostino, Mary, 38
Declarações de missão, 40
Dell, 9
Desempenho. *Ver* desempenho dos empregados; competência de RH;
Desempenho da empresa. *Ver também* mensuração do desempenho RH-empresa
alinhamento da estratégia e arquitetura de RH com, 23-24
análise de pesquisas a respeito do impacto de RH sobre, 223-231
análise do impacto do desempenho dos empregados sobre, 95-97
competências em RH e compreensão do, 171-172
índice valor de mercado em relação ao valor contábil na avaliação, 8-11
no modelo de Sistema de Trabalho de Alto Desempenho, 16, 17, 19, 20
Desempenho de RH. *Ver* competências em RH
Desempenho do negócio. Ver desempenho da empresa; mensuração do desempenho da empresa em RH
Desempenho dos empregados
análises de custos e benefícios do, 89, 95-98, 101
competências em RH no gerenciamento, 186-187
mensuração de ativos intangíveis de, 8, 11-12
mensurações de RH na avaliação, 116-119, 129, 133, 135-137

na GTE, 133-134
na Sears, 125-126, 134-135, 138
na análise dos índices de rotatividade, 107-112
no modelo de Sistema de Trabalho de Alto Desempenho, 14-15
pesquisas a respeito do impacto de RH sobre, 226-227
Scorecard de RH na definição , 60, 63, 67
uso do alinhamento do sistema de RH na avaliação, 145, 146-147, 149, 152-156, 165
na Mobil Oil, 162-165
Mapa de Alinhamento de Sistemas, 156-162
Desligamentos de pessoal, 12, 15
Director, Steve, 113-115
Downsizing, 96
Dyer, Lee, 196

E consequentes, 140-141
Eastman Kodak, 177, 191
Eficiência básica, 53
Eficiência de RH
no equilíbrio entre controle de custos e criação de valor, 62-66, 67
indicadores básicos *versus* indicadores estratégicos, 72-74
Scorecard de RH na definição, 27-28, 58, 61
Eficiência estratégica, 74
"Employee-Customer-Profit Chain at Sears, The" (Rucci, Kirn, e Quinn), 127
Empregados
análise de custos e benefícios dos índices de rotatividade, 107-112
como ativo intangível e capital intelectual, 7-8
como vetor de desempenho de RH, 34-35, 36-37
implementação de comportamentos estratégicos dos, 22, 43-45
modelo de custeio HRSP/Rutgers dos investimentos em, 112-115
no modelo de Sistema de Trabalho de Alto Desempenho, 14-15, 17-19
Scorecard de RH na definição das funções de competência e avaliações do desempenho, 60, 63, 67
construção de Sistema de Trabalho de Alto Desempenho, 69-71
custo das estratégias de contratação, 61
eficiência de RH, 72-73
identificação dos produtos de RH para, 60-61
políticas de seleção e retenção de, 61-62
Equação da mudança, 198, 199
Fay, Charles, 112, 115
Fifth Discipline, The (Senge), 17
"Firm Resources and Sustained Competitive Advantage" (Barney), 106
Fluxo causal, 22, 182
Foco estratégico dos empregados, 229-230
Força de trabalho. *Ver* Empregados
Fornecimento de práticas de RH
integração do gerenciamento do desempenho estratégico com, 184-185
pesquisas sobre gestão de RH, 172-173, 175-176, 177, 178-179
Funções técnicas em gestão de RH, 13-14. *Ver também* Gestão de RH

General Electric
competências em RH na, 177-180
lista de verificação das mudanças em RH na, 199, 200
no desenvolvimento de profissionais de RH, 190, 192, 195, 196
General Mills, 193
implementação do Scorecard de RH na, 205, 206-207
Gerência (da empresa). *Ver também* gestão de recursos humanos; liderança
comunicação do impacto estratégico de RH a, 183-186
na definição das competências em RH, 169-171
papel do alinhamento do sistema de RH, 143, 144
na avaliação do alinhamento interno, 147-148
papel na implementação do Scorecard de RH, 199
comprometimento em, 210-214
na avaliação da arquitetura de RH, 11-12
na visualização e mensuração da função de RH, 1-3, 4, 89-90
paladinos e patrocinadores em, 205-209
RH na análise do treinamento do pessoal de nível médio, 86-87, 94
Gerenciamento do desempenho estratégico de RH
análises de pesquisas a respeito do impacto de, 229-231
definição de funções em, 13-14
dimensões das competências do, 181-184
dos profissionais de RH, 188-196
integração das competências essenciais com, 184-189
natureza do, 181-182
ver também gestão de RH
Gestão da cultura
integração do gerenciamento do desempenho estratégico com, 186-187
pesquisa sobre, 174, 175, 176, 178

Gestão da mudança
integração do gerenciamento do desempenho estratégico com, 187
na implementação do Scorecard de RH, 198, 221-222
investimentos contínuos, 221-222
lista de verificação de processos, 199-203, 204
mobilização do comprometimento, 210-213
monitoramento e demonstração do progresso, 219-220
necessidade compartilhada de mudança, 207-210
paladinos e patrocinadores, 205-206
sistemas capacitantes, 213-218
visão compartilhada, 209-210
pesquisa sobre, 173, 175, 176, 177, 178-179
Gestão de RH. *Ver também* gestão da mudança; competências em RH
do desempenho estratégico de RH, 180-181
dimensões do, 181-183
funções técnicas e estratégicas de, 13-14
integração das competências essenciais com, 184-188
em sistemas de alto e baixo desempenho, 14-15, 18-22
gerenciamento do desempenho de, 188-189
avaliação das competências em RH, 190-191
desenvolvimento de profissionais de RH em, 191-195
impacto da mensuração do desempenho RH-empresa sobre, 120-121
leis do pensamento sistêmico, 15-17
mensuração das contribuições para a empresa, 23-28
mensuração do desempenho RH-empresa, 30-33
benefícios do Scorecard de RH para, 82-83
modelo de sete passos para, 40-57
produtos de RH para, 33-40
na promoção do valor dos ativos intangíveis, 7-8, 12
no orçamento e análise das funções de RH, 90-91
papel do parceiro, 5, 144
GTE
mensuração das relações causais na, 133-134
mensuração do desempenho RH-empresa na, 11, 48, 50-51, 56
Scorecard de RH na, 56, 77, 79, 83
implementação de mudanças decorrentes do, 205, 206, 207, 210, 212-213, 215-216
Hamel, Gary, 25
Hempel, Paul, 112, 115
Heskett, James, 174
Hewlett-Packard (HP), 106
HiTech
construção do Scorecard de RH no provimento de pessoal para P&D, 58-60
desenvolvimento de sistemas de mensuração de RH para P&D na, 58-62
efeitos do processo de recrutamento de RH sobre custos e valores na, 63, 65, 74
estudo de viabilidade dos princípios de mensuração de RH na, 116-119, 134
Huselid, Mark, 13, 48, 98, 112, 115, 223, 229

IBM, 51, 170
impacto da, sobre o gerenciamento de RH, 120-121
implementação do Scorecard de RH em, 207, 209, 213-214, 219-220, 222
Impulsores estratégicos, 49, 80. *Ver também* capacitadores RH
Indicadores antecedentes
do desempenho de RH, 66
e consequentes, 140-141
ligação do desempenho da empresa com, 48
mensurações de RH na separação entre indicadores antecedentes
na mensuração dos vetores de desempenho de RH, 34-35, 83
natureza dos, 33
Indicadores de atributos, 121-122, 125
Indicadores de classificação ou ordenação, 128-130, 150. *Ver também* alternadores de dois estados
Indicadores de desempenho total (IPTs), 217-218
Indicadores de índice, 130
Indicadores de intervalo, 129
Indicadores de relação, 121-123, 124, 125
significado dos, 131-132
Indicadores nominais, 128
Indicadores numéricos
extraindo resultados de, 127-131
significado dos, 123-125
Indicadores ordinais, 129-130, 151 *Ver também* alternadores de dois estados
Índices de rotatividade. *Ver também* políticas de recrutamento
Indústria automobilística, análise de custos e benefícios na, 92
Indústria de computadores, mensuração dos vetores de desempenho de RH, 36
Indústria farmacêutica, pesquisas sobre competências em RH, 177-180
Influência estratégica de, 13-16

Integração do gerenciamento do desempenho estratégico com, 186-189
Intel, 214

Jackson, Susan, 13
Johnson-Laird, demonstração da sala, 158-159

Kaplan, Robert, 21, 23, 26-27, 32, 39, 45, 149
Kerr, Steve, 198-200
Kirn, Steven P., 30, 134
Kotter, John, 174-200

Lake, Dale, 171
Lawler, Edward, 196
Levantamentos. *Ver também* desenvolvimento de programas de pesquisa
 competências em RH, 171-172
 dados e análises sobre sistemas de RH contínuos, 223-226, 229-231
 desenvolvimento de Sistema de Trabalho de Alto Desempenho, 18-21
Liderança. *Ver também* gerência (da empresa)
 na implementação do Scorecard de RH, 212
 na visualização da função de RH, 1, 3, 223
 pensamento sistêmico, 15
 Scorecard de RH na reestruturação da empresa, 75
Liderança 2000, 48
Ligação do desempenho da empresa a, 48
Lista de verificação da mudança, 199-203, 204
Low, J., 10

MacDonald, Randy, 205
Mapa de "propriedade" (Sears), 216
Mapa de Alinhamento de Sistemas
 da Marketing and Refining (M&R) na Mobil Oil, 162-166
 desenvolvimento e uso, 159-162
 natureza e benefícios dos, 154-158
Mapas de Aprendizado, 215
Mapas estratégicos
 criação, 44-46, 47
  princípios de mensuração de RH em, 121-123, 133, 134, 138
 identificação de produtos de RH em, 21, 46, 49, 55, 56
Martinez, Arthur, 6, 138
Measure What Matters: Aligning Performance Measures With Business Strategy (American Productivity and Quality Center), 48
Mensuração (definição), 122, 124, 128
Mensuração das, na GTE, 48, 53, 56
Mensuração do desempenho RH-empresa, *ver também* Scorecard de RH;
Mensuração *versus* conceitos, 125-127
Mensurações de RH na separação entre indicadores antecedentes
Metodologia Galileo
 mapa de alinhamento dos sistemas com, 162, 164-166
 natureza da, 157-158
Métricas tipo Likert, 157
Milkvich, George, 196
Mobil Oil, mapeamento do alinhamento dos sistemas na, 162-167
Modelo de sete passos para o desenvolvimento, 40-41
  alinhamento da arquitetura de RH a produtos de RH, 49-63, 74-77, 78
  construção de RH como ativo estratégico, 41-44, 84
  criação de um mapa estratégico, 45-46, 47
  definição da estratégia da empresa, 84-85
  desenvolvimento do sistema de mensuração de RH, 53-56
  implementação da gestão por mensuração, 56-57
  integração dos produtos de Rh dentro do mapa estratégico, 46-48
Murray, Patty, 214

Natureza dos produtos de Rh, 33-35
  capacitadores, 36-40
  vetores de desempenho, 34-36
Norton, David, 21, 23, 26-27, 32, 45, 142

Patrocinadores, 202-204, 205
Patrocinadores principais, 205
Patrocinadores secundários, 206
Pensamento sistêmico
 leis do, 15-17
 no modelo de mensuração do desempenho da GTE, 53
Perrin, Towers, 170
Pesquisas sobre RH, 173-176, 177, 178
Pessoal. *Ver* empregados
Petro Pipeline, 55, 57
Pfeffer, Jeffrey, 70, 196, 200
Pfizer, 177
Políticas de contratação. *Ver também* índices de rotatividade.
 alinhamento dos sistemas de RH na avaliação, 145, 146, 147, 149, 154
 análise de benefícios dos testes de seleção em, 98
 efeitos da eficiência de RH sobre, 63, 73, 74
 Scorecard de RH na definição de, 62, 63-73
Políticas de retenção, Scorecard de RH na definição de, 60-61
Porter, Michael, 45
PPG Industries, 194-196

Prahalad, C. K. , 25
Princípios de mensuração
  atributos e relações, 121-123
  competência de RH na compreensão, 181
  constructos no desenvolvimento, 124-128
  desafios na implementação, 137-141
  na escolha das métricas de avaliação, 128-131
  na obtenção de relações causais, 130-134, 136-138
    na GTE, 133-135
    na Sears, 134-136
  na orientação das contribuições de RH para o desempenho da empresa, 119-121
  significado numérico extraído de, 123-125
  utilizados no estudo de viabilidade de projetos de RH da HiTech, 116-120
Princípios de mensuração de RH na avaliação, 124, 130
Processo de dois passos, 125-129, 133, 140
Produtos de RH
  capacitadores como, 36-40
  definição, 33-35
  desenvolvimento de indicadores válidos de, 54-55, 56
  nas análises de custos e benefícios, 89
  no alinhamento dos sistemas de RH com a estratégia organizacional, 70-72
    determinação, 143, 144, 150, 151-154, 159, 162
  princípios de mensuração no desenvolvimento de, 156-157
  Scorecard de RH na definição de, 58-60, 67, 74, 80
    para controle de custos e criação de valor, 63, 64-66
    para o desempenho da empresa, 74-77, 79
    para o provimento de pessoal de P&D na HiTech, 60-62, 64
  vetores de desempenho como, 34-36
    força de trabalho orientada para a estratégia como, 43-45
    mapas estratégicos na definição de, 31, 36, 37
Profissionalismo em RH. *Ver também* competências em RH
  criação de padrões de, 168-169, 196-197
  gestão do desempenho estratégico e, dimensões da, 181-183
    integração de dimensões essenciais com, 184-188
  na avaliação do desempenho de RH, 190-191
  na gestão das competências de RH, 188
  na promoção do desempenho dos gerentes de RH, 188-189
  no desenvolvimento de gerentes de RH, 191-195
Programas de incentivos; *ver também* remuneração.
  alinhamento dos sistemas de RH na avaliação, 162-165
  como vetores de desempenho de RH, 34
  na análise de custos e benefícios do desempenho dos empregados, 97, 102
  pesquisas sobre a empresa, 224
Programas de pesquisa
  custeio HRSP/Rutgers, 113-115
  da Michigan University sobre competências em RH, 170-176
    resultados da, 175-181
  sobre gestão da mudança em RH, 213
  sobre o impacto estratégico de RH, 13-14, 223-226
    análise do, sobre o desempenho da empresa, 225-227
    evolução da estratégia de desempenho, 18-21, 227-230
  sobre o impacto financeiro da gestão de RH, 229-231
Programas de treinamento
  alinhamento dos sistemas de RH na avaliação, 150, 159, 162, 164, 165
  análises de custos e benefícios, 86-87, 88, 89, 94
  competências de RH na avaliação, 186
  no desenvolvimento de profissionais de RH, 191-195
  princípios de mensuração de RH na avaliação, 132
Projeto de custeio de RH da Human Resource Systems Professionals (HRSP) e da Rutgers University, 112-115
Prudential, 186-217

Quantum Corporation, 35
Quinn, Richard T., 30, 127

Recompensas. *Ver* programas de incentivos.
Reengenharia, 199
Relações causais
  estimativa, 182-183
  medição, 130-132
    GTE, 133-134
    Sears, 134-135
Remuneração
  análise de custos e benefícios dos empregados, 96-97
  análises de pesquisas sobre empresas, 225, 228-230
  como ativo estratégico dos sistemas de RH, 1, 3-5

como vetor de desempenho de RH, 34
e Alinhamento dos sistemas de RH, 146-147, 149, 152-153, 154
mapa de Alinhamento dos Sistemas em, 159, 163, 164
e competências de RH, 186-187
no modelo de Sistema de Trabalho de Alto Desempenho, 14
Requalificação, 36-37
Retorno sobre o investimento (ROI). *Ver também* análises de custos e benefícios.
função de RH na análise, 25-27
Scorecard de RH na mensuração, 65-66
Reuniões coletivas com os empregados, 216
Rotinas de RH, 33
Rucci, Anthony, J., 30, 127, 138
Rutgers University Human Resource, projeto de custeio, 112-115

Salários. *Ver* remuneração.
Schneier, Craig, 196
Schuler, Randall, 13
Scorecard de RH. *Ver também* mensuração do desempenho RH-empresa
análise de custos e benefícios e, 87-88, 110
benefícios, 83-85
como ferramenta gerencial, 54-56
na avaliação do alinhamento externo de RH, 150
construção, 68
alinhamento do sistema em, 71-73
com Sistemas de Trabalho de Alto Desempenho, 69-71
métricas básicas *versus* estratégicas em, 72-74
produtos de RH em, 54-56
desenvolvimento de sistemas de mensuração para, 27, 59-62
elementos de, 58-59
escolha de cadeias de valor para, 65-68
função de RH como base para, 77-83
implementação, 28, 221-222
investimentos contínuos em, 220-221
lista de verificação de processos em, 199-203, 204
mobilização do comprometimento em, 210-213
monitoramento e demonstração do progresso, 219-220
necessidades compartilhadas de mudança em, 207-209
paladinos e patrocinadores em, 205-206
sistemas capacitantes em, 213-218
visão compartilhada em, 209-210
no equilíbrio entre controle de custos e criação de valor, 62-66
princípios de mensuração
Sears e Root Learning, Inc., 219
Sears, Roebuck and Co
implementação do Scorecard de RH na, 211, 215-217, 219
princípios de mensuração de RH na, 124, 125-127, 134-136, 137-139
relação de desempenho RH-empresa na, 6-7, 30-31, 46, 47, 55, 71
Seminários, profissionais de RH, 190-192
Senge, Peter M., 15, 17
Setor de petróleo e gás, análises de custos e benefícios referentes ao desempenho dos empregados na, 95-96, 97
Setor de seguros, gerenciamento do desempenho de RH e cultura da empresa, 186-188
Setor de serviços de varejo, 36-37
análise de custos e benefícios no desempenho dos empregados, 98
arquitetura de RH na criação de valor, 6-7
princípios de mensuração de Rh em, 124, 125-127, 132, 134-136, 137, 138
relações desempenho RH-empresa, 30-31, 46-47
Setor de serviços financeiros
conexão dos capacitadores de RH com os vetores de desempenho em, 36-38, 39
gerenciamento das competências e dos profissionais de RH em, 188-189
princípios de mensuração de RH em, 127-128
relação RH-desemenho da empresa em, 51
Siesfield, T., 10
Sistema de gestão do conhecimento, 230, 231
Sistema de Trabalho de Alto Desempenho (HPWS)
análises de custos e benefícios em, 94-98
construção e implementação, 41-44
leis do pensamento sistêmico na concepção de, 15-16
natureza e funções do, 14-15, 18-22
pesquisa sobre indicadores de, 225-226, 227, 228, 229
princípios de mensuração na avaliação de, 121
Scorecard de RH na definição de, 58, 60, 63, 66-67, 68-71, 72
Sistemas capacitantes, 202, 203, 204, 213-226
Sistemas contábeis
na avaliação de ativos tangíveis e intangíveis, 11-13
papel dos, nas análises de custos e benefícios, 92
Sistemas de coleta de dados, 117, 214, 219-220, 222

Sistemas de pessoal, análises de pesquisas sobre, 228-230
Sistemas de RH de baixo desempenho, 17-20
Smith, Douglas, 200
Society for Human Resource Management (SHRM), 168-170, 190
Stilwell Manufacturing
  alinhamento externo de RH na, 151-156
  alinhamento interno de RH na, 145-148, 149
Sutton, Robert, 200

Tempest, Nicole, 39
Tempo de ciclo do recrutamento, 61, 62. *Ver também* políticas de contratação.
Terceirização, 4, 209
  análises de custos e benefícios da, 89, 99-100
Testes de seleção, 98. *Ver também* políticas de contratação
Treinamento no trabalho, 92. *Ver também* programas de treinamento
Triangulação de análises, 183

Ulrich, Dave, 171, 199
University of Michigan
  ferramenta para a avaliação do desempenho dos profissionais de RH, 190-191
  pesquisas sobre competências na, 159-175, 177, 180
  programas de treinamento de competências em RH na, 193

Valor de mercado em relação ao valor contábil dos ativos intangíveis, 8-10
  na comparação entre sistemas de RH, 19, 225, 226
Valor para os acionistas
  análise dos custos e benefícios dos empregados para, 96
  arquitetura de RH na criação de, 5
  competências de RH na promoção de, 184-186
  de ativos intangíveis, 9, 12
  efeitos dos indicadores de eficiência de RH sobre, 64
  em pesquisas sobre impacto estratégico de RH, 223-227
  no desenvolvimento de princípios de mensuração de RH 116-121
Valor presente líquido (VPL), análise, 101
  dos índices de rotatividade de pessoal, 110, 111, 112
Valor relativo, 123
Valores indutores de resultados, 132
Vantagem competitiva
  arquitetura de RH em promover a, 3-7, 52
  competências em RH em promover a, 184-185
  efeitos dos indicadores de eficiência de RH sobre, 62
Verizon, 11, 215
Vetores de desempeno de RH. Ver também produtos de RH.
  capacitadores de RH no reforço, 36-40
  força de trabalho orientada para a estratégia como, 45-46, 49
  mensuração, 34-36
  natureza de, 33-34
  princípios de mensuração de RH no desenvolvimento, 125-126, 137, 138
  Scorecard de RH na definição 58-59, 64
    para o desempenho da empresa, 75-77, 78
Visão
  declarações, 40
  mensuração, 125-127
  na implementação do Scorecard de Rh, 202, 203, 204, 207-210
Volume do ponto de equilíbrio, 100

Walker, Garrett, 48, 207, 212-213, 215
Wal-Mart, 105
Welch, Jack, 190
Wells Fargo Online Financial Services (OFS), 37-38, 39
"Wells Fargo Online Financial Services (A)" (Kaplan e Tempest), 39
Whitman, Lawrence R., 11
WorldatWork, 193

Yeung, Arthur, 171

Conheça outros livros da Alta Books

De Geração para Geração

Imunidade à Mudança

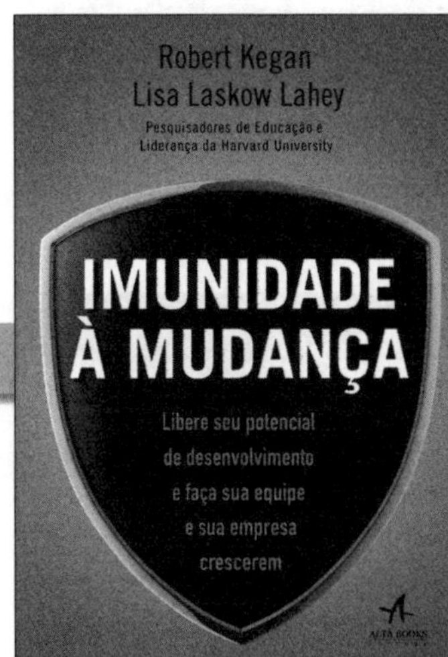

Integração de Idéias

O CORAÇÃO DA MUDANÇA

INTELIGÊNCIA FINANCEIRA NA EMPRESA

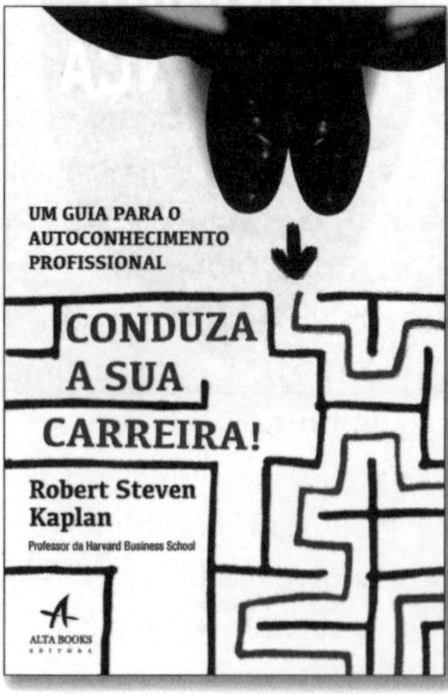

CONDUZA A SUA CARREIRA

BIG DATA NO TRABALHO

ALINHAMENTO

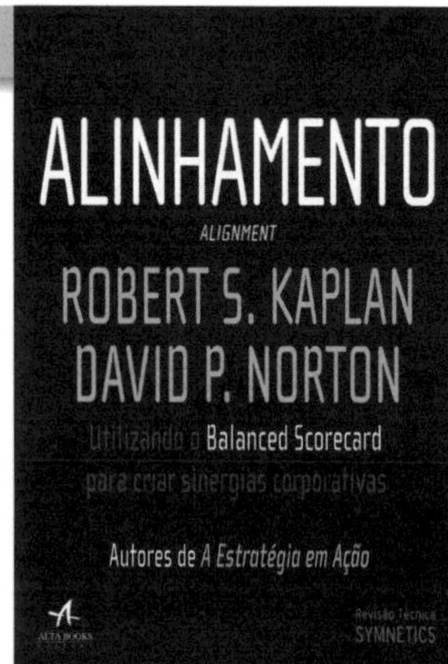

LIDERANDO MUDANÇAS

MAPAS ESTRATÉGICOS

DESIGN DE NEGÓCIOS

Impressão e acabamento:

Grupo Smart Printer
Soluções em impressão